符合《国际中文教育中文水平等级标准》

国际中文词汇学习

初阶

THE ELEMENTARY LEVEL

INTERNATIONAL CHINESE VOCABULARY LEARNING BOOK

中国教育出版传媒集团
人民教育出版社
·北京·

图书在版编目（CIP）数据

国际中文词汇学习：初阶 / 施歌主编. -- 北京：人民教育出版社，2025. 1. -- ISBN 978-7-107-38067-9

Ⅰ. H195.4

中国国家版本馆 CIP 数据核字第 2025WZ3826 号

国际中文词汇学习　初阶

责任编辑：施　歌　　责任设计：胡白珂　　责任校对：王　苗　　责任印制：师　涛

出版发行　人民教育出版社

（北京市海淀区中关村南大街 17 号院 1 号楼　邮编：100081）

网　　址　http://www.pep.com.cn

经　　销　全国新华书店

印　　刷　北京中科印刷有限公司

版　　次　2025 年 1 月第 1 版

印　　次　2025 年 2 月第 1 次印刷

开　　本　787 毫米 ×1 092 毫米　1/16

印　　张　18.75

字　　数　375 千字

定　　价　128.00 元

编委会

前言

2021 年颁布实施的《国际中文教育中文水平等级标准》(GF 0025—2021)(以下简称《等级标准》)为世界各地国际中文教育的总体设计、教材编写、课堂教学和评价测试提供了重要参考，为“互联网 +”时代国际中文教育新模式、新平台的构建提供了重要依据。

语言要素的教学是国际中文教育的基础性工程，其中词汇是语言的建筑材料，犹如建造房屋时的一砖一瓦。《国际中文词汇学习》系列丛书以《等级标准》为指导研制，以互联网背景下二语学习者习得词语语音、词形、词义的认知策略研究为依托，力求以创新的编创理念、严密的呈现逻辑、恰切的新媒体技术和友好的用户体验，帮助学习者轻松、高效地学习和掌握《等级标准》中的词汇，进而提高交际能力、参加相关考试、了解中国文化。

《国际中文词汇学习》系列丛书分为初阶、中阶、高阶三册。它严格对标《等级标准》，涵盖初等(1—3 级)2 245 个词条、中等(4—6 级)3 211 个词条、高等(7—9 级)5 636 个词条。本丛书突破传统词汇学习类产品通过单一媒介表达词条信息的惯常模式，聚焦词汇在日常交际场景和跨文化交际中的真实应用，突出可视化、情境化、数字化和联通性、交际性、学习性，体现了新时代、新标准、新理念背景下对国际中文词汇学习资源建设和应用新路径的探索。

《国际中文词汇学习》是新时代不同年龄、不同国别、不同水平中文学习者词汇学习的必备手册，也是国际中文教师备课上课、编制教学材料、组织测试评价的得力助手。本套丛书的编创特色主要体现在以下方面。

一、原创性

本丛书严格遵循《等级标准》“三等九级”初等、中等、高等的词条，所有用例均由编者团队基于语料库、数据库、词频统计、HSK 考题等，综合考虑词语不同的义项、语法位置、应用场景等进行编创。每个词条的释义、配例、选图以及句法信息、用法说明和易混淆词辨析等，都观照释义语言的选择与控制，在整个编写过程中贯穿元语言意识和正确的价值导向。

二、科学性

本丛书秉承《等级标准》研制中“等级质量”“集成创新”等新理念，利用语料库、数据库等信息化资源和科学化、体系化的编创方式，创新规范化新路径，力求每级标准的特点和要求在词条中都有相应的体现。

初阶、中阶、高阶都采取“封闭出例”的原则，科学控制元语言的难度，以适应不同水平中文学习者的需求。比如，《国际中文词汇学习（初阶）》适合 1—3 级初等学习者，用例中的词语基本都控制在《等级标准》初等 2 245 个词语范围内，偏离度控制在 5% 以内。每一阶中的词汇在等级向下兼容的前提下，综合考虑《等级标准》对应级别的言语交际能力、话题任务内容、语言量化指标等。

三、实用性

本丛书坚持“以学习者为中心”的原则，全面考虑每个中文词语的应用场景，图文并茂、纸数互动、方便实用。

1. 可视化

语言的可视化是一个跨学科的新领域。词汇可视化表征能够直观地把词语的意义、应用场景以及词语之间的关系展示出来，帮助学习者系统地去感知、加工、理解，从而有效促进学习者自主建构汉语作为第二语言的心理词库。

《国际中文词汇学习》初阶和中阶创新采用“卡片式”设计，直观明了、使用方便。我们力求对词语和插图之间的关系进行深入研究，充分利用图像对词语知识的描述能力和对语义聚合关系的形象表达，建立系统科学的插图释义模式，利用适切的插图帮助学习者建立联想记忆，提升词汇学习效率。

2. 联通性

《等级标准》语言量化指标最突出的特点就是联通性，音节、汉字、词汇及语法“四维基准”相互联通，最后都以提升言语交际能力为共同目标。本丛书尝试以系统的眼光勾勒出图文并茂的、能够直观体现词语意义用法与相互关系的教学思维导图，使每一张图、每一个用例都成为词语信息的聚集点，不同节点间相互激活、相互关联，从而互相连接构成词汇网络和知识地图，为学习者的词汇学习和交际能力提升提供有力支撑。

3. 数字化

本丛书配有相应的数字化资源。通过图片直观表义、词条语音朗读、汉字笔顺动态呈现、交互性词汇练习等多种现代化编创手段，以人工智能技术、大数据技术等赋能，帮助学习者在情境中理解、在交互中掌握，进一步加强中文词汇学习的有效性和趣味性。

《国际中文词汇学习》是2021年度教育部中外语言交流合作中心《国际中文教育中文水平等级标准》配套资源建设委托项目成果（项目编号：YHJC21WT-003），也是2022年度教育部中外语言交流合作中心、世界汉语教学学会“国际中文教育研究课题”重点项目的研究成果（项目编号：22YH58B）。在此，编写组、课题组对于教育部中外语言交流合作中心的信任、指导、帮助致以诚挚的谢意，对于编写过程中给予我们无私帮助的专家学者、一线师生表示真诚的感谢。

希望《国际中文词汇学习》在使用过程中，可以得到大家中肯的建议和意见，以便精益求精、赓续进步，让我们共同为新时代国际中文教育精品资源建设和教学模式创新作出有益的贡献。

编写说明

一、收词范围和数量

《国际中文词汇学习》分为初阶、中阶、高阶三册，严格遵循《国际中文教育中文水平等级标准》(GF 0025—2021)(以下简称《等级标准》)编制，涵盖初等(1—3级)2 245个、中等(4—6级)3 211个、高等(7—9级)5 636个词条，共计11 092个条目。

二、词语注音原则

语言现象	注音原则	示例
轻声	1. 必读轻声的音节不标声调。 2. 一般轻读、间或重读的字，注音时标声调，同时在这个字的拼音前面加上圆点。	孩子 háizi 道理 dào · lǐ
儿化	儿化音采用基本形式后面加"r"的方式。	玩儿 wánr
变调	1. "一""不"注音时标变调。 2. 词序按变调后的音序排列。	一样 yíyàng 不错 búcuò
离合词	1. 离合词的两个音节用"//"隔开。 2. 如果既是离合词，又有轻读、间或重读的字，则分别标注。	说话 shuō//huà 值得 zhí// · dé
专有名词	1. 专有名词首字母大写。 2. 由多个词组成的专有名词，每个词的首字母大写。	中国 Zhōngguó 端午节 Duānwǔ Jié
分词连写	1. 短语、习用语和一些常用结构，拼音按词分写。 2. 成语、四字短语参照《汉语拼音正词法基本规则》等语言文字规范，根据词语内部结构进行拼音的标注。	开玩笑 kāi wánxiào 半信半疑 bànxìn-bànyí 爱不释手 àibúshìshǒu 衣食住行 yī-shí-zhù-xíng

三、词类划分和词性标注

1. 本丛书遵循《等级标准》，将词性分为 12 类：名词、动词、形容词、数词、量词、代词、副词、介词、连词、助词、叹词和拟声词。

2. 词性统一用斜体的英文缩写表示。为了便于学习，除 12 类词外，词缀（前缀、后缀）也加以标注。

中文词性	英文缩写	示例
1. 名词	*n.*	苹果
2. 动词	*v.*	吃
3. 形容词	*adj.*	美丽
4. 数词	*num.*	三
5. 量词	*m.*	个
6. 代词	*pron.*	我们
7. 副词	*adv.*	非常
8. 介词	*prep.*	对于
9. 连词	*conj.*	此外
10. 助词	*aux.*	的
11. 叹词	*int.*	唉
12. 拟声词	*ono.*	哈哈
13. 前缀	*pref.*	初（初一）
14. 后缀	*suff.*	员（服务员）

3. 离合词、成语、习用语、常用结构、短语等不标注词性。比如“结婚、顾全大局、顾不上、打交道、公共场所”等。

4. 每个词只标注其常用词性，一般不超过三个。如果一个词具有两个或两个以上的词性，则按照使用频率的高低决定词性标注顺序。比如“包”，词性依次标注为“名词、量词、动词”。

四、词条出例说明

1.《等级标准》将 11 092 个词汇分为“三等九级”。本丛书分为初阶、中阶、高阶三册，分别对应初等、中等、高等的 2 245 个、3 211 个、5 636 个词条。每册分别按汉语拼音音序排列三个等级词条的顺序。

2.《等级标准》中，初等、中等词汇细分为 1—6 级，高等词汇不再细分。因此，本丛书初阶、中阶具体标注每个词条在《等级标准》中的级别，高阶不再标注。

3. 每个词条出例原则上分为“短语”和“句子”两部分。一些只能用于连接句子的词语（如“因此”），只出“句子”示例，没有“短语”示例。有两个或两个以上词性的词语，不同词性分别出例并与词性标注顺序对应。

4. 参照权威工具书、数据库词频统计以及国际中文教学的实际需要，确定每个词条义项的选取范围和编排顺序，然后译为相应的外文。

5. 科学控制语言难度，以“等”为单位，采取向下“封闭出例”的原则，以满足不同等级中文学习者的需求。比如，适合中等水平学习者的《国际中文词汇学习（中阶）》，全书用例词语基本控制在《等级标准》1—6 级范围内，偏离度控制在 5% 以内，用例中涉及的汉字和语法点也尽量不超出《等级标准》相应汉字、语法大纲规定的范围。

6. 注意选例和配图的常用性、典型性、规范性、时代性、丰富性、教学性，能体现不同语法位置、句法结构和教学顺序、应用情境等，能体现一定的知识性和信息含量，能反映社会的发展进步和正确的价值观，避免跨文化冲突和不良导向。为了更好地帮助学习者理解和使用词语，一些词条没有配图，而是从实际学习需求出发，辅以“语言积累加油站”“百科知识小卡片”“汉语语法小贴士”“应用文体小案例”等。

五、排版设计说明

《国际中文词汇学习》初阶、中阶采用“卡片式”设计，每页 8 个，彩色印刷，图文并茂，精美实用。每页除了展示词条，页脚处还专门设计有本页词汇总结，以方便学习者涂色打卡、自测自记（比如：△ = 会读这个词语；□ = 知道这个词语的意思；☆ = 会用这个词语），旨在体现学习者个性化学习轨迹，并起到“督学”“促学”“助学”的作用。此外，每 100 个词语处，有学习进度数量标识（初阶是“扇子”，中阶是“中国结”）。

这样的设计除了考虑美观实用，也希望能为多元化的词汇教学提供便利。比如，除了常规的自学、自测功能，读者也可将书上的“词卡”复印或撕下剪裁后，用作复习时的“便携式手卡”，或组织课堂活动时的“微缩式词卡”。

阅读指南 User Guide

欢迎开启一段愉快的中文学习之旅！《国际中文词汇学习》按照《国际中文教育中文水平等级标准》编排，分为初阶（1—3级）、中阶（4—6级）和高阶（7—9级）三册，共有11 092个词语。

Welcome to embark on a delightful journey of learning Chinese! *International Chinese Vocabulary Learning Book* is organized according to *Chinese Proficiency Grading Standards for International Chinese Language Education*, and divided into three volumes: Elementary (Levels 1–3), Intermediate (Levels 4–6), and Advanced (Levels 7–9), totaling 11,092 words and phrases.

1 编排科学新颖 Scientific and innovative arrangement

词语基本信息
Basic information about words

跟 1级

gēn
prep. with
conj. and
v. follow

[短语] ~我学中文 | 学生~老师 | ~不上
[句子] 这件事你~家人说了吗？| 我~她是高中同学 | 你的车~着我的车，我知道怎么走。

典型短语和例句
Typical phrases and example sentences

2 直观展示词义 Visual presentation of meanings

笔 2级

bǐ
n. pen
m. for strokes; for sums of money

[短语] 一支~ | "人"字第二~是"㇏" | 三~钱
[句子] 放学以后，你自己去超市买些~和本子 | "香蕉"的"蕉"字一共有多少~？| 这~收入算错了，你再重新计算一下。

决赛 3级

juésài
v. have a final contest
n. finals

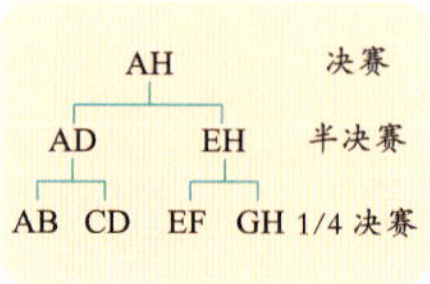

[短语] 进入~ | 参加~
[句子] 今天上午网球~，明天下午跳高~ | 现在正在进行的是女子1500米游泳~。

3　创设交际情境　Creating communicative contexts

因为　2级

yīn · wèi

conj. because

prep. because of

[句子] ~身体不舒服，王老师今天没来学校上课 | 不要~这么一点儿困难就停止努力。

连忙　3级

liánmáng

adv. promptly

[短语] ~站起来 | ~说对不起

[句子] 一听见妈妈的声音，弟弟~跑过去开门 | 要下雨了，张阿姨~把院子里的衣服收了回来。

4　包含应用指导　Including usage guidance

具有　3级

jùyǒu

v. possess

"具有"和"有"

"有"后面可以是抽象的事物，也可以是具体的事物，如"有希望""有钱"。"具有"后面多是抽象的事物，如"具有资格""具有实力"。

[短语] ~民族特色 | ~时代性

[句子] 对他来说，这块手表~特别的意义 | 你的发言很精彩，~一定的代表性。

请假　1级

qǐng//jià

v. ask for leave (of absence)

请假条

尊敬的王总：

　　我因生病，需请假三天，时间为3月6日到8日。希望批准，谢谢！

李明

3月5日

[短语] 向公司~ | 请了几天假

[句子] 上午我~去医院了，没有上班 | 我明天请不了假，就不去车站送你了。

5　呈现中国文化　Presenting Chinese culture

过年　2级

guò//nián

celebrate New Year

[短语] 什么时候~ | 过个中国年

[句子] 每年春节，我都回父母家~ | 平平安安回家去，开开心心过大年。

汉字　1级

Hànzì

n. Chinese character

[短语] 输入~ | ~的笔画

[句子] 你写的~真漂亮 | 我能听懂不少汉语，但很多~还不认识。

除了纸质图书，《国际中文词汇学习》还配有丰富的数字资源。希望它可以帮助你愉快而高效地学习中文词汇，提高中文交际能力。快来试一试吧！

In addition to the printed editions, *International Chinese Vocabulary Learning Book* offers abundant digital resources. We hope it can make your journey in mastering Chinese vocabulary enjoyable and effective, while also enhancing your proficiency in Chinese communication. Come and have a try!

目　录

（音节右边的数字是该音节在正文中的页码）

Hh

（哈哈—或者）

Jj

（机场—绝对）

Kk

（咖啡—困难）

Ll

（拉—落后）

Mm

（妈妈｜妈—目前）

Nn

（拿—暖和）

啊 2级

a

aux. used at the end of a sentence to express appreciation, doubt, agreement, urgency, etc.; used to indicate a pause to draw attention

a, e, i, o, ü	a→ia
u, ao, ou	a→ua
-n	a→na
-ng	a→nga

[句子] 好蓝的天～！| 这是你的～？| 我觉得可以～！| 快走～！| 这件事情～，我早就知道了！

爱 1级

ài

v. love; like

[短语] ～孩子 | ～吃糖

[句子] 她很～爸爸和妈妈 | 我～打篮球，不～打排球。

爱好 1级

àihào

v. love, be keen on

n. hobby

[短语] ～体育 | 个人～

[句子] 他从小就～画画儿 | 我和小红共同的～是唱歌，你有什么～？

爱情 2级

àiqíng

n. love

[短语] 产生～ | ～故事

[句子] 这是一部非常有名的～电影 | ～是美好的，值得等待。

爱人 2级

àiren

n. spouse; sweetheart

[短语] 小张的～ | 她～

[句子] 王老师的～是一位医生 | 他结婚十年了，和～的感情一直很好。

爱心 3级

àixīn

n. compassion

[短语] 一份～ | 送～

[句子] 他是一个很有～的人 | 张老师对孩子们充满～。

A

安静 2级

ānjìng

adj. quiet

v. quieten

[短语] 十分～ | ～下来

[句子] 这位老人喜欢～的环境和～的生活 | 大家不要说话了，～一下，认真听老师说。

安排 3级

ānpái

v. arrange

n. arrangement

[短语] ～工作 | 会议的～

[句子] 这次艺术节活动是怎么～的？| 按照课程表的～，今天我们上口语课。

啊 △ □ ☆　爱 △ □ ☆　爱好 △ □ ☆　爱情 △ □ ☆
爱人 △ □ ☆　爱心 △ □ ☆　安静 △ □ ☆　安排 △ □ ☆

安全 2级

ānquán
adj. safe
n. safety

[短语] ～生产 | ～第一
[句子] 请放心，这个地方很～ | 过马路的时候，一定要注意～。

安装 3级

ānzhuāng
v. make up, install, fix

[短语] ～电脑 | ～空调
[句子] 这几天，他一直忙着给工厂～机器 | 新房子的家具～好了。

按 3级

àn
v. push down
prep. according to

[短语] 把手～在上面 | ～规定处理
[句子] 中文服务请～1，英文服务请～2，人工服务请～0 | 小朋友们把水果～颜色放到了不同的桌子上。

按照 3级

ànzhào
prep. according to

[短语] ～说明书安装 | ～计划进行
[句子] ～规定，你不能买学生票 | 他们表示，一定会～要求完成任务。

八 1级

bā
num. eight; eighth

"八（bā）"和"发（fā）"读音相近，因此在中国文化中"八"经常和"发财"联系在一起，是一个吉利的数字。

[短语] ～本书 | 二年级～班
[句子] 小王每天工作～个小时 | 她准备～月～号回国。

把 3级

bǎ
prep. used to advance the object of a verb to the position before it; used to introduce a "subject+verb+complement" structure

"把"字句

1. 主语 + 把 + 宾语 + 动词 + 在 / 到 + 处所
   ◇她把包放在 / 到房间里。
2. 主语 + 把 + 宾语 + 动词 + 补语
   ◇你把门关上。

[短语] ～手机拿到教室 | ～衣服洗干净
[句子] 老师～书放在桌子上了 | 连续上了三周班，～他累病了。

把 3级

bǎ
m. used for a tool with a handle; used for sth. one can pick up with one hand

[短语] 一～刀 | 抓两～米
[句子] 桌子旁边放着两～椅子 | 弟弟手里拿着一～草。

把握 3级

bǎwò
v. grasp
n. assurance

[短语] ～方向 | 有～完成
[句子] 我们要完整～这篇文章的内容 | 这次试验能不能成功，我心里没～。

安全 △ □ ☆　安装 △ □ ☆　按 △ □ ☆　按照 △ □ ☆
八 △ □ ☆　把 △ □ ☆　把 △ □ ☆　把握 △ □ ☆

B

爸爸 | 爸 1级

bàba | bà

n. dad

［短语］爸爸和妈妈 | 这是我爸

［句子］爸爸，我们什么时候去公园？| 她爸今年六十岁了。

吧 1级

ba

aux. used at the end of a sentence to offer a suggestion or indicate uncertainty; used before a pause after each one of a pair of opposite suppositions to imply a dilemma

1. 那就明天吧。（舒缓语气）
2. 你是中国人吧？（表疑问）
3. 他不会来了吧。（表推测）
4. 走吧，不合适；不走吧，也不合适。（表停顿）

［句子］上课时间到了，快走～ | 我们明天能见到他～ | 去～，不好；不去～，也不好。

白 1级

bái

adj. white

［短语］～头发 | ～纸黑字

［句子］这面墙真～啊！| 真没想到，这种树开的花是～的，不是红的。

白 3级

bái

adv. in vain; free of charge

语言积累

白给　白送　白费力气

白吃一顿　白跑一趟

白花50块钱　道理白讲了

［短语］～忙了半天 | ～吃～喝

［句子］我～等了一上午，他也没来 | 我从不～拿别人的东西。

白菜 3级

báicài

n. Chinese cabbage

［短语］一斤～ | 两车～

［句子］那里的～特别好吃 | ～是老百姓饭桌上最常见的一种菜。

白色 2级

báisè

n. white

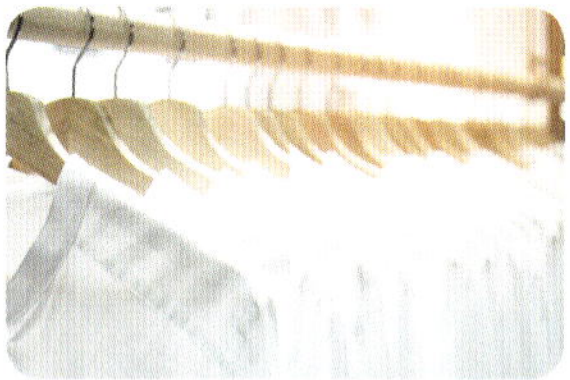

［短语］～的衬衣 | 一座～小楼

［句子］哥哥总喜欢穿～的衣服 | ～显得干净，所以他买的家具都是～的。

白天 1级

báitiān

n. daytime

［短语］～黑夜 | ～和晚上

［句子］有些动物～睡觉，晚上出来找吃的 | 昨天～一直在下雨，半夜才停。

百 1级

bǎi

num. hundred

100	200	300
400	500	600
700	800	900

［短语］二～ | 两～四十

［句子］这次～米短跑比赛，二班又得了第一名 | 一年三～六十五天，他有一半的时间在外地工作。

爸爸 | 爸	△□☆	吧	△□☆	白	△□☆	白	△□☆
白菜	△□☆	白色	△□☆	白天	△□☆	百	△□☆

班 1级

bān

n. order of classes; shift
m. used for scheduled forms of transportation

[短语] 三年级一～｜上白～｜第一～飞机
[句子] 我们～有二十个学生｜李大夫今天是夜～｜王老师坐最后一～火车来。

班级 3级

bānjí

n. classes

[短语] ～管理｜～的特色
[句子] 这所学校一共有 32 个～｜小明的～是四年级六班。

班长 2级

bānzhǎng

n. class monitor

[短语] 选～｜二年级五班的～
[句子] 大学四年，他一直当～｜他们班的～很负责，工作起来特别认真。

搬 3级

bān

v. move, carry; move (house), migrant

[短语] ～东西｜～到新房子
[句子] 这张桌子太重了，我一个人～不动｜小张已经～到另一个城市了。

搬家 3级

bān//jiā

move house; relocate

[短语] ～公司｜帮人～
[句子] 这家工厂新建了厂房，打算四月份～｜老张去年搬了三次家。

板 3级

bǎn

n. board

[短语] 一块木～｜看黑～
[句子] 你把那块～也拿过来吧｜这块～可以做桌子，大小很合适。

办 2级

bàn

v. do, handle

语言积累

办工厂　办好事
办活动　办杂志
办得到　办不到
公事公办　大操大办

[短语] ～手续｜～身份证
[句子] 这件事情～得真漂亮｜李先生的护照已经～下来了。

办法 2级

bànfǎ

n. way

[短语] 想～｜省事的～
[句子] 这个～不错，谁还有更好的～？｜大家一起努力，～总比困难多。

B

班	△ □ ☆	班级	△ □ ☆	班长	△ □ ☆	搬	△ □ ☆
搬家	△ □ ☆	板	△ □ ☆	办	△ □ ☆	办法	△ □ ☆

办公室 2级

bàngōngshì

n. office

[短语] 一间～ | 校长～

[句子] 请问国际中文学院～在几楼？| 王经理的～一直很干净。

办理 3级

bànlǐ

v. handle

[短语] ～身份证 | ～银行卡

[句子] 这家公司专门～国际旅游 | 你下午先去～护照，明天再订机票。

半 1级

bàn

num. half; semi-

[短语] ～个苹果 | ～学期

[句子] 我买了～斤鸡蛋、两斤～牛肉 | 他～小时就学会了这些词语。

半年 1级

bàn nián

half of a year

语言积累

上半年　下半年
半年前　半年后
学了半年中文
工作不到半年

[短语] ～没上班 | ～下雨～晴

[句子] 张老师讲课比较慢，～下来只教了半本书 | 她画这张画儿用了大～的时间。

半天 1级

bàntiān

half day; quite a while

"半天"指白天的一半。如"这本书我半天就读完了"。"半天"也可以指好长时间（多从说话人角度）。如"等了半天，他也没来"。

[短语] ～时间 | 想了～

[句子] 这么多手续只用～就办理完了 | 我说了～，爸爸还是不同意。

半夜 2级

bànyè

n. half of a night; midnight

[短语] 后～ | ～鸡叫

[句子] 雪下了～，今天早上才停 | 昨天晚上我们谈到～，他终于同意了。

B

帮 1级

bāng

v. help

[短语] ～他修电脑 | ～我一把

[句子] 他最近工作比较忙，大家多～～他 | 这种事情必须自己解决，我真～不了你。

帮忙 1级

bāng//máng

help

[短语] ～买票 | 帮了不少忙

[句子] 她昨天搬家，我们都去给她～了 | 你还是请小王帮帮忙吧，他办法多。

办公室	△ □ ☆	办理	△ □ ☆	半	△ □ ☆	半年	△ □ ☆
半天	△ □ ☆	半夜	△ □ ☆	帮	△ □ ☆	帮忙	△ □ ☆

帮助 2级

bāngzhù

v. help

“帮助”和“帮忙”

1. 帮助别人√　帮忙别人 ×
2. 帮帮助 ×　帮帮忙√
3. 在他的帮助下√
   在他的帮忙下 ×

[短语] ~同学 | 互相~

[句子] ~别人是一件幸福的事情 | 你从学习上多~~她。

包 1级

bāo

n. package, bag

m. packet, pack

v. wrap

[短语] 三个~ | 两~衣服 | ~饺子

[句子] 这是谁的~? | 奶奶给我买了一大~玩具 | 纸里~不住火。

包子 1级

bāozi

n. steamed stuffed bun

[短语] 好吃的菜~ | 包~

[句子] 他今天的早餐是三两~加一碗鸡蛋汤 | 肉~打狗——有去无回。

饱 2级

bǎo

adj. full

[短语] 吃~了 | 没吃~

[句子] 晚饭不能吃得太~，对健康不好 | 你~没~? 没~再吃点儿。

保 3级

bǎo

v. maintain, protect, guarantee

语言积累

保湿　保鲜　保价

自身难保　保国安民

保质保量　保修保换

[短语] ~温杯 | ~家卫国 | ~你满意

[句子] 手术很及时，他的两只眼睛都~住了 | 一人做事一人当，这一次谁也没有办法~他 | 中文不难学，~你一学就会。

保安 3级

bǎo'ān

n. security guard

[短语] 两名~ | ~队长

[句子] 小李在那家商场干~ | 我们单位的~对工作都很负责。

保持 3级

bǎochí

v. maintain

[短语] ~联系 | 水土~

[句子] 他始终~着每天跑步的习惯 | 不论碰到什么样的情况，~好的心情最重要。

保存 3级

bǎocún

v. preserve

[短语] 用保鲜盒~ | ~实力

[句子] 你帮我把这些照片~起来吧 | 这种水果不太好~，两三天就坏了。

帮助 △□☆　包 △□☆　包子 △□☆　饱 △□☆

保 △□☆　保安 △□☆　保持 △□☆　保存 △□☆

B

保护 3级

bǎohù

v. protect

［短语］～眼睛｜重点～

［句子］放心吧，我们会把孩子们～好的｜通过这次事故，大家都认识到了～环境的重要性。

保留 3级

bǎoliú

v. retain, keep back

［短语］～下来｜～实力

［句子］这些文件很有价值，我们都～起来了｜那些图片办公室只～了一小部分，大部分图片现在都找不到了。

保险 3级

bǎoxiǎn

adj. safe

n. insurance

［短语］不太～｜买～

［句子］奶奶觉得钱放银行最～｜爸爸最近在这家～公司给汽车上了一份～。

保证 3级

bǎozhèng

v. guarantee

n. assurance

［短语］～完成任务｜成功的～

［句子］我向您～，一定把这件事情办好｜团结是我们取得胜利的根本～。

报 3级

bào

n. newspaper

［短语］看～｜订～

［句子］王奶奶每天早上都会买一份～｜今天的～上有什么重要新闻吗?

报到 3级

bào//dào

report for duty, register

［短语］及时～｜～时间

［句子］小刘明天上午去新公司～｜到今天下午五点，已经有四百多名会议代表报过到了。

B

报道 3级

bàodào

v. report through newspaper, TV or broadcast

n. news report

［短语］～最新消息｜一篇体育～

［句子］报纸、电台、电视台和网站都～了这件事｜这篇～写得非常及时。

报告 3级

bàogào

v. report

n. report

［短语］～调查结果｜做一场～

［句子］碰到紧急情况，你要及时向领导～｜小马利用假期的时间，完成了一份工作～。

保护 △ □ ☆　保留 △ □ ☆　保险 △ □ ☆　保证 △ □ ☆

报 △ □ ☆　报到 △ □ ☆　报道 △ □ ☆　报告 △ □ ☆

报名 2级

bào//míng
sign up

[短语] 开始～ | ～参赛
[句子] 同学们积极～参加这次演出活动 | HSK考试你报上名了吗？

报纸 2级

bàozhǐ
n. newspaper

[短语] 两份～ | 卖～
[句子] 这张～上的广告设计很有意思 | 那份～上有篇文章值得关注。

杯 1级

bēi
m. cup, glass

[短语] 一～牛奶 | 三～咖啡
[句子] 她给朋友点了一～奶茶 | 王先生一～接一～地喝水，看样子他渴坏了。

杯子 1级

bēizi
n. cup, glass

[短语] 蓝色的～ | 空空的～
[句子] 桌子上的～是谁的？走的时候别忘了拿 | 她喜欢用这个～喝红茶，用那个～喝绿茶。

背 3级

bēi
v. carry on the back

[短语] ～着孩子 | ～得动
[句子] 这个包太重了，我～不动 | 先别说了，赶快把他～到医院去。

北 1级

běi
n. north

语言积累

北极　北半球　北斗星
天南地北　东南西北
喝西北风　找不着北

[短语] 往～走 | 从南到～
[句子] 地图上的方向一般是“上～下南，左西右东” | 这条铁路从南到～大约有两千三百公里。

北边 1级

běibian
n. north

[短语] 房子～ | ～的教室
[句子] 饭馆在电影院的～ | 教学楼～是图书馆。

北部 3级

běibù
n. northern part

“北部”和“北边”

1. 体育馆在图书馆的北边。
（*北部）
2. 河北省在河南省北边。
（两个不同的省）
安阳市在河南省北部。
（安阳市属于河南省）

[短语] 中国～ | 在～
[句子] 那座城市的～地区经济比较发达 | 这个国家的～离大海比较近。

B

报名 △ □ ☆　报纸 △ □ ☆　杯 △ □ ☆　杯子 △ □ ☆
背 △ □ ☆　北 △ □ ☆　北边 △ □ ☆　北部 △ □ ☆

北方 2级

běifāng
n. north; northern region

在中国，"北方"一般指黄河流域及其以北地区。北方地区的地形以平原和高原为主。

[短语] ~的天气｜来自~
[句子] ~的夏天比南方凉快一些｜一到春天，它们就飞回~来。

北京 1级

Běijīng
n. Beijing

[短语] 去~｜~的秋天
[句子] ~是中国的首都｜从这里到~大概有多远？

背 2级

bèi
v. recite

[短语] ~课文｜~不会
[句子] 这篇文章太长了，我~不下来｜为了学好中文，他坚持每天~30个生词。

背 3级

bèi
n. back

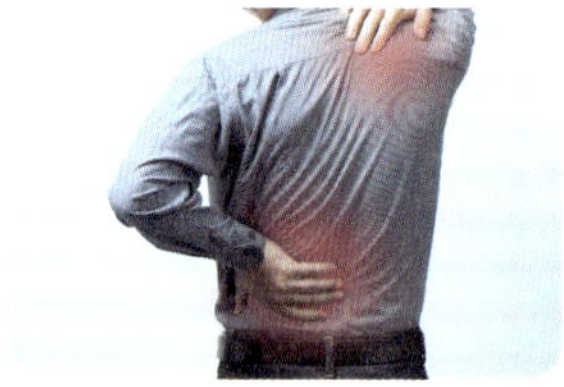

[短语] 马~｜手心手~
[句子] 他觉得后~有些疼｜孩子骑在牛~上，唱着歌慢慢往前走。

背后 3级

bèihòu
n. behind

[短语] 在他~｜~的力量
[句子] 我们面前是一条小河，~是一座大山｜照片的~写着一行小字。

被 3级

bèi
prep. used in a passive sentence to introduce the agent or doer

"被"字句
主语＋被＋宾语＋动词＋……
◇大树被风刮倒了。
◇报纸被他拿走了。
◇衣服被弟弟弄脏了。

[短语] ~打倒｜~我吃完了
[句子] 那本书~别的同学借走了｜王老师~选为这次会议的代表。

B

被子 3级

bèizi
n. quilt

[短语] 买~｜一床~
[句子] 这条~暖和吗？｜我结婚的时候，妈妈亲自做了两床新~，特别舒服。

本 1级

běn
m. used for books of various kinds

[短语] 一~书｜五~教材
[句子] 我昨天从图书馆借了三~英文杂志｜姐姐花了一个月的时间，才整理完那位科学家的两~笔记。

北方 △□☆　北京 △□☆　背 △□☆　背 △□☆
背后 △□☆　被 △□☆　被子 △□☆　本 △□☆

本来 3级

běnlái
adj. original
adv. originally

[短语] ~的性格｜~很害怕
[句子] 哥哥~的专业是数学，现在改成计算机了｜它~是一只虫子，后来变成了蝴蝶。

本领 3级

běnlǐng
n. ability

[短语] 真~｜有~
[句子] 小刘终于学会了开车的~｜他~高强，这次任务难不住他。

本事 3级

běnshi
n. capability

[短语] 长~｜~大
[句子] 他真有~，把问题全都解决了｜你有~爬上这棵大树吗？

本子 1级

běnzi
n. notebook

[短语] 新~｜写作业的~
[句子] 超市里有没有这种~？｜他喜欢把有意思的句子记到一个小~上。

比 1级

bǐ
prep. than
v. compare

[短语] ~我高｜~速度
[句子] 新手机~旧手机功能强大｜到底谁跑得更快，咱们~一~就知道了。

比较 3级

bǐjiào
adv. relatively
v. compare

[短语] ~顺利｜~大小
[句子] 我们队长~喜欢穿白色的球鞋｜她买东西时总是先~~，然后再决定买哪种商品。

比例 3级

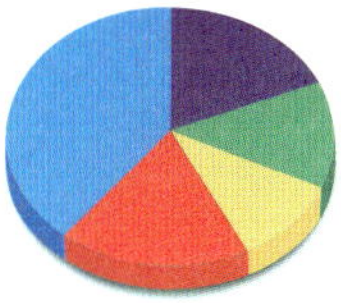

bǐlì
n. proportion

[短语] 加大~｜相同的~
[句子] 奶茶里牛奶占多大~？｜这两所学校的男女生~基本相同。

比如 2级

bǐrú
v. take for example

[句子] 很多种水果我都爱吃，~苹果、香蕉……｜在城市生活也有许多不方便的地方，~住房、交通等。

B

本来	△ □ ☆	本领	△ □ ☆	本事	△ □ ☆	本子	△ □ ☆
比	△ □ ☆	比较	△ □ ☆	比例	△ □ ☆	比如	△ □ ☆

比如说 2级

bǐrú shuō
take for example

"比如""比如说"后边的话是举例子。
◇他喜欢球类运动，比如足球、网球等。
◇中国有很多美食，比如说烤鸭、火锅什么的。

[句子] 北京好看的地方太多了，~长城、故宫 | 再~，除了电影院，剧场也有这样的规定。

比赛 3级

bǐsài
v. have a contest
n. game

[短语] ~游泳 | 精彩的~
[句子] 今天下午五点半开始~，请大家四点半以前到体育馆 | 这几天~比较多，你要注意多休息。

笔 2级

bǐ
n. pen
m. for strokes; for sums of money

[短语] 一支~ | "人"字第二~是"㇏" | 三~钱
[句子] 放学以后，你自己去超市买些~和本子 | "香蕉"的"蕉"字一共有多少~？| 这~收入算错了，你再重新计算一下。

笔记 2级

bǐjì
n. notes

[短语] 记~ | 学习~
[句子] 小刘一晚上都在忙着整理课堂~ | 大部分同学都是一边听课一边做~，只有他一个字也没写。

笔记本 2级

bǐjìběn
n. notebook

[短语] 三个~ | 漂亮的~
[句子] 我选蓝色的~，你呢？| 不要在~上乱写乱画。

必然 3级

bìrán
adj. inevitable

[短语] ~结果 | 存在~的联系
[句子] 认真训练是打好比赛的~要求 | 刚参加工作，好多事情不适应是~的。

必须 2级

bìxū
adv. must

[短语] ~参加 | ~吃完
[句子] 学语言~多听、多读、多记、多背、多说 | 班长说，下星期一~交作业。

必要 3级

bìyào
adj. necessary
n. necessary

[短语] 十分~ | 很有~
[句子] 阳光和水是花草生长的~条件 | 他觉得没有~去医院，这种小伤自己就能处理。

比如说	△ □ ☆	比赛	△ □ ☆	笔	△ □ ☆	笔记	△ □ ☆
笔记本	△ □ ☆	必然	△ □ ☆	必须	△ □ ☆	必要	△ □ ☆

B

边 2级

biān

n. edge; side

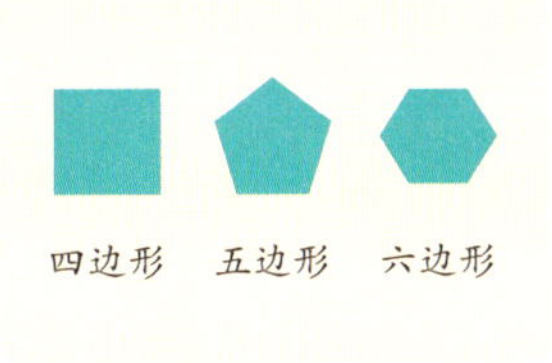

[短语] 一条～ | 马路～

[句子] 正方形有四条～，而且每条～都一样长 | 学校～上有公园，也有书店。

变 2级

biàn

v. change

[短语] 一直没～ | ～了样子

[句子] 秋天来了，树叶慢慢～黄了 | 环境～了，人的想法也会～。

变成 2级

biànchéng

become

[短语] ～花园 | 大家一条心，黄土～金

[句子] 他从少年～了中年人 | 二十年过去了，我的家乡已经～了一座现代化大城市。

变化 3级

biànhuà

v. change

n. change

[短语] 快速～ | 重大的～

[句子] 她态度不坚决，想法总是在不断地～ | 机会来自～，你一定要抓住。

变为 3级

biànwéi

become

[短语] 虫子～蝴蝶 | 压力～动力

[句子] 经过努力，小王的理想终于～了现实 | 把想法～行动，需要一个过程。

遍 2级

biàn

m. once through, one time

一个动作从开始到结束的整个过程叫一"遍"，相当于"次""回"。如"问了三遍""读过两遍"。

[短语] 看一～ | 问了三～

[句子] 刚才我没听清楚，麻烦你再说一～ | 为了学好中文，同学们一～又一～地反复练习。

标题 3级

biāotí

n. heading

[短语] 小～ | 课文的～

[句子] 新闻报道的～很重要 | 这部小说的～非常有意思，内容是讲一个人做的梦吗？

标准 3级

biāozhǔn

n. standard

adj. standard

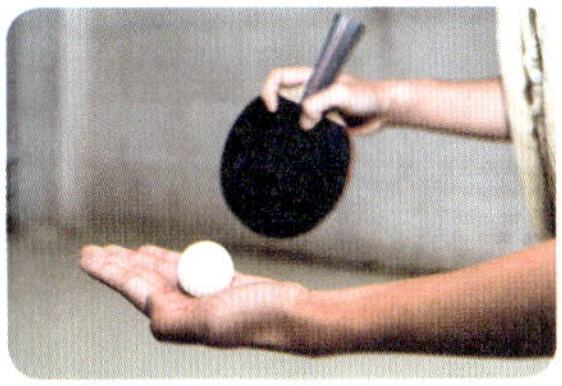

[短语] 国际～ | ～的普通话

[句子] 他们会按照相关～进行检查 | 这个队员的动作很～，大家可以向他学习。

B

边 △□☆　变 △□☆　变成 △□☆　变化 △□☆
变为 △□☆　遍 △□☆　标题 △□☆　标准 △□☆

表 2级

biǎo
n. watch; form

[短语] 一块～ | 报名～
[句子] 这种～不仅特别准，而且还防水 | 这学期的课程～已经发到同学们的电子邮箱里了。

表达 3级

biǎodá
v. express

[短语] 准确～ | ～得很清楚
[句子] 这位歌手用歌声～了对家人的爱 | 这门课主要训练大家的口语～能力。

表格 3级

biǎogé
n. form

[短语] 两份～ | 填写～
[句子] 请大家领一下～ | 王老师能用计算机制作各种复杂的～。

表面 3级

biǎomiàn
n. surface; appearance

[短语] 地球～ | ～现象
[句子] 这个教室很久不用了，桌子～都是土 | 看问题不能只看～，要通过现象看到事情背后的联系。

表明 3级

biǎomíng
v. make clear

[短语] ～观点 | ～态度
[句子] 她在会议上～了自己的看法 | 实验～，这些食品对人的身体没有坏处，可以放心吃。

表示 2级

biǎoshì
v. express, mean
n. expression

[短语] ～关心 | 没有任何～
[句子] 你知道这些标志分别～什么意思吗？ | 他主动向你问好，是一种友好的～。

表现 3级

biǎoxiàn
v. display
n. behaviour

[短语] 积极～ | 日常～
[句子] 问题主要～在以下几个方面 | 小马在课堂上的～一直很不错。

表演 3级

biǎoyǎn
v. perform
n. performance

[短语] ～节目 | 精彩的～
[句子] 他在晚会上～了中国武术，受到大家的热烈欢迎 | 留学生的～给观众留下了深刻的印象。

B

100

表 △□☆　表达 △□☆　表格 △□☆　表面 △□☆
表明 △□☆　表示 △□☆　表现 △□☆　表演 △□☆

别 1级

bié

adv. had better not

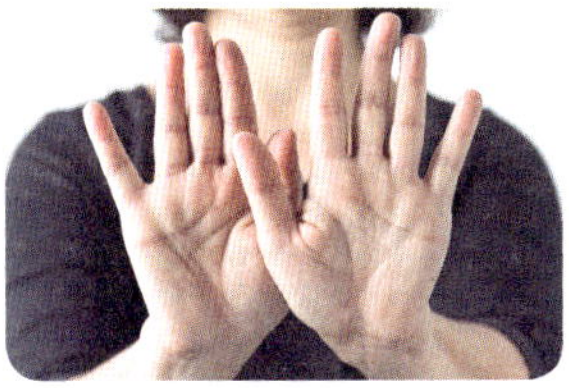

[短语] ~害怕 | ~紧张

[句子] 事情都过去了，~再讨论了 | 你今天~走了，在这里多玩儿两天吧。

别的 1级

biéde

pron. other

[短语] ~人 | ~做法

[句子] 只有一个是苹果，~都不是 | 她没有~爱好，就喜欢音乐。

别人 1级

bié · rén

pron. someone else

[短语] 为~打算 | 学习~的长处

[句子] 这件事情我确实不知道，你问问~吧 | 靠~不如靠自己。

并 3级

bìng

adv. actually (used before a negative for emphasis)

conj. and

“并”可以用在否定词前面，加强否定语气。试比较“她没有生气”和“她并没有生气”。“并”还可以表示更进一层，相当于“并且”，如“讨论并通过”。

[短语] ~不奇怪 | 痛~快乐着

[句子] 两个地方的生活环境区别~不大 | 我们相信~坚决支持他。

并且 3级

bìngqiě

conj. and, besides

1. 连接动词：我们同情并且支持他们。
2. 连接形容词：她的桌子干净并且整齐。
3. 连接句子：大雨终于来了，并且一下就是三天三夜。

[短语] 认真~负责 | 超过~领先

[句子] 那里的房子环境不错，~价格便宜 | 会议讨论~通过了这个计划。

病 1级

bìng

n. disease

v. fall ill

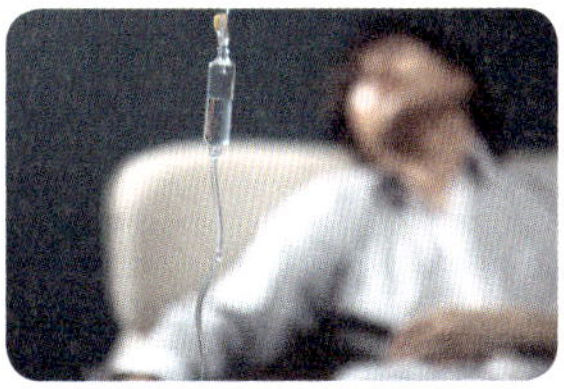

[短语] 得了奇怪的~ | ~得很重

[句子] 老王去年生了一场大~，身体明显不如以前了 | 他~得不轻，都住院了。

病人 1级

bìngrén

n. sick person

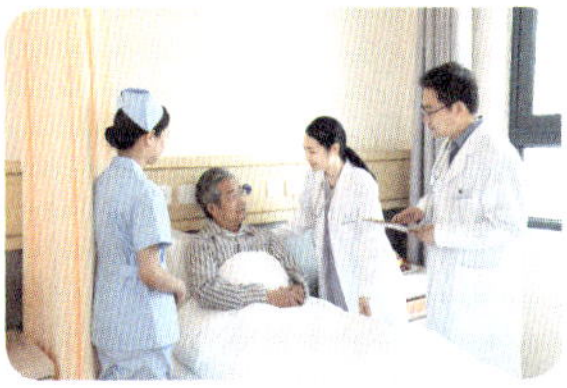

[短语] 一位~ | 照顾~

[句子] 最近感冒的~比较多 | ~到三楼做检查去了，你先等一会儿。

播出 3级

bōchū

broadcast

[短语] ~社会新闻 | ~最新消息

[句子] 这部电视剧准备在哪个电视台~？| 篮球比赛的~时间是今天晚上八点。

B

别 △ □ ☆	别的 △ □ ☆	别人 △ □ ☆	并 △ □ ☆
并且 △ □ ☆	病 △ □ ☆	病人 △ □ ☆	播出 △ □ ☆

播放 3级

bōfàng

v. play on air, televise

［短语］~音乐｜~了三个小时

［句子］电台正在~市长的讲话｜你昨天制作的那篇报道电视台~了两遍。

不必 3级

búbì

adv. not necessarily

［短语］~伤心｜~紧张

［句子］这种事情很常见，你~太难过｜演出九点才开始，~去得太早。

不错 2级

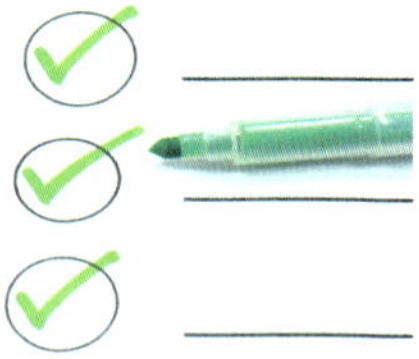

búcuò

adj. right; pretty good

［短语］真~｜~的结果

［句子］~，我就是你们的中文老师｜这个实验室的条件还~。

不大 1级

bú dà

not very; not often

［短语］~满意｜~回家

［句子］看了一会儿电脑，他感觉眼睛~舒服｜爸爸~看连续剧，他觉得太浪费时间了。

不但 2级

búdàn

conj. not only

> "不但"用在上句中，下句常有"而且、并且、也、还"等呼应，表示更进一层的意思。

［句子］马老师~会唱歌跳舞，而且还会唱京剧、演话剧｜张医生~学过西医，还懂一些中医。

不断 3级

búduàn

v. not stop

adv. constantly

［短语］歌声~｜~增长

［句子］大病没有，小病~，老张的身体越来越差了｜这两年，他的中文水平在~地提高。

不对 1级

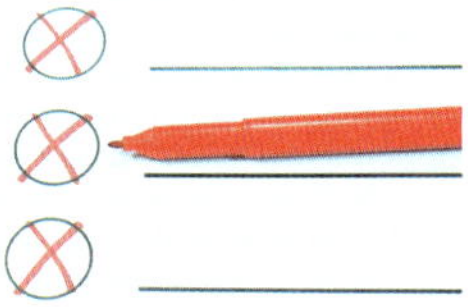

búduì

adj. wrong, odd

［短语］算得~｜情况~

［句子］我说得~的地方，请大家多批评｜今天买的果汁颜色~，大家先别喝。

不够 2级

búgòu

v. be insufficient

adv. insufficiently

［短语］条件~｜~坚强

［句子］他的钱~，买不起那个房子｜温度~高，菜就长得慢。

播放 △□☆　不必 △□☆　不错 △□☆　不大 △□☆

不但 △□☆　不断 △□☆　不对 △□☆　不够 △□☆

不过 2级

búguò

conj. however

[句子] 雪停了，太阳出来了，~仍然非常冷｜这道题很难，~他还是做出来了。

不客气 1级

bú kèqi

you are welcome; straightforward

[短语] 很~｜太~了

[句子]“谢谢您！”“~，以后有事儿你随时跟我说。”｜大家都是老朋友，就~了，我先说两点建议。

不论 3级

búlùn

conj. regardless of

[短语] ~天气好坏｜~有多大困难

[句子] ~篮球、排球、网球，他都打得不错｜~是电影还是电视剧，妈妈都爱看。

不太 2级

bú tài

not really; not often

[短语] ~高兴｜~爱运动

[句子] 他们这样说~合适吧｜姐姐夏天~穿裙子，她觉得不方便。

不要 2级

búyào

adv. don't

[短语] ~浪费｜~太乐观

[句子] 别人说话的时候，~老是打断｜我们~再讨论了，赶紧行动起来吧。

不用 1级

búyòng

adv. need not

[短语] ~难过｜~介绍

[句子] ~过马路，医院就在前边｜~害怕，世界上没有克服不了的困难。

补 3级

bǔ

v. repair

[短语] ~衣服｜~好了

[句子] 我的裤子破了个洞，妈妈在那里~了一朵小花｜书包破了，~一~还能用。

补充 3级

bǔchōng

v. supplement, add

n. supplement

[短语] ~完整｜必要的~

[句子] 孩子正在长身体，要多给他~营养｜你的计划写得很全面，我没有什么~了。

B

不过	△ □ ☆	不客气	△ □ ☆	不论	△ □ ☆	不太	△ □ ☆
不要	△ □ ☆	不用	△ □ ☆	补	△ □ ☆	补充	△ □ ☆

不 1级

bù

adv. not; no

"不"的变调

当"不"后面的字是第四声时，"不"不读 bù，而是读 bú。如"不是（bú shì）""不对（búduì）"。

[短语] ~参加｜吃~完｜~是中国人

[句子] 奶奶想看京剧，~想看话剧｜沙发太重了，我一个人搬~动｜"你是大学生吗？""~，我是中学生。"

不安 3级

bù'ān

adj. uneasy

[短语] 内心~｜~的样子

[句子] 晚上十点多了孩子还没到家，妈妈心中有些~｜我越想越~，就给王老师打电话进一步说明了当时的情况。

不得不 3级

bùdébù

have no choice but to

"不得不"和"必须"

1. 他有事儿找我，我不得不去。（我不想去，但没办法）
2. 他有事儿找我，我必须去。（按道理应该去）

[短语] ~同意｜~退出

[句子] 雨越下越大，学校~调整足球比赛的安排｜~说，你想的这个办法还真不错。

不光 3级

bùguāng

adv. not the only one

conj. not only

[短语] ~我一个｜~会英文，还会日文

[句子] 报名参加比赛的员工~有年轻人，也有老同志｜她今天很忙，~要回很多电话，还要写两个报告。

不好意思 2级

bù hǎoyìsi

be embarrassed; find it embarrassing; excuse me

[短语] ~地笑了｜~再问｜~，请让一下

[句子] 别再说了，她都~了｜实在~，我早上起晚了｜~，麻烦您了。

不仅 3级

bùjǐn

conj. not only

"不仅"和"不但""不光"用法基本相同，都用在递进复句上半句中，常和"还、也、而且"等搭配使用。

[句子] 哥哥~会跳远，还会跳高｜他~学习好，篮球也打得很好。

不久 2级

bùjiǔ

adj. soon, soon after

[短语] ~以后｜~的将来

[句子] 这个留学生~就要回国了｜吃完晚饭~，他又到实验室做实验去了。

不满 2级

bùmǎn

adj. resentful

[短语] 十分~｜心中~

[句子] 导演对这场晚会的节目安排很~｜她非常~地看了看我说："开玩笑要注意场合。"

B

不	△□☆	不安	△□☆	不得不	△□☆	不光	△□☆
不好意思	△□☆	不仅	△□☆	不久	△□☆	不满	△□☆

不如 2级

bùrú

v. be inferior to

[短语] ~从前｜买书~借书

[句子] 这种苹果~那种苹果好吃｜从这里去北京的话，坐飞机~坐火车方便。

不少 2级

bù shǎo

many

[短语] 机会~｜买了~书

[句子] 每年夏天，~人喜欢到这里来旅游｜这位歌手的歌迷真~。

不同 2级

bù tóng

different

[短语] 印象~｜~的态度

[句子] ~的单位，上下班时间也~｜她和姐姐的性格、爱好完全~。

不行 2级

bùxíng

v. not allow; be unbearable

adj. poor; unworkable

[短语] 不去~｜水平~

[句子] 学中文，不会写汉字可~｜我照相的技术~，你最好让她给你拍。

不一定 2级

bùyídìng

adv. not sure

[短语] ~反对｜~合适

[句子] 我明天~能去，你们等我电话吧｜学生们~喜欢这样的课程，需要先听听他们的意见。

不一会儿 2级

bù yíhuìr

in a moment

[短语] ~的时间｜~的工夫

[句子] ~，司机就把家具送来了｜我们刚回到家~，天就下起雨来。

布 3级

bù

n. cloth

[短语] 一块~｜~沙发

[句子] 你觉得哪种颜色的~最好看｜做条男士的裤子一般要多少~？

步 3级

bù

n. step

m. used for measurement of length

[短语] 走几~｜五十~笑百~

[句子] 一~跟不上，~~跟不上｜从院子门口到这里大概有八十~。

B

不如	△ □ ☆	不少	△ □ ☆	不同	△ □ ☆	不行	△ □ ☆
不一定	△ □ ☆	不一会儿	△ □ ☆	布	△ □ ☆	步	△ □ ☆

部 3级

bù

n. ministry; department; part

m. used for books, films, machines, vehicles, etc.

语言积累

东部　西部　南部　北部
头部　手部　脸部　腿部
外交部　科技部　公安部
一部小说　一部机器

[短语] 教育～｜南～地区｜三～汽车

[句子] 今年市场～新来了一位大学生｜我这几个月总觉得腿～不舒服，麻烦您给看看｜这是王导演最成功的一～电影。

部分 2级

bùfen

n. part

[短语] 少了一～｜～试题

[句子] 整篇课文由三～组成，我们先来学习第一～｜～工厂收到了通知，其他工厂还没收到。

部门 3级

bùmén

n. department

[短语] 商业～｜相关～

[句子] 交通～要及时关注全国的商品运输问题｜这一次时间紧、任务重，各～要积极配合。

部长 3级

bùzhǎng

n. minister

[短语] 张～｜外交部～

[句子] 小马是我们公司广告部～｜王～这几天的活动特别多。

才 2级

cái

adv. not until; only just; only

"才"可以表示一件事实际发生的时间比说话人预期晚。如"爸爸十点多才回家"。"才"还可以表示时量或数量少于预期。如"昨天他才吃了一顿饭"。

[短语] 去了～知道｜电影～开始｜～五年级

[句子] 小李说了半天，我～明白是怎么回事｜直到九点半，演出～结束｜这是只有妈妈～能做出来的味道。

才能 3级

cáinéng

n. ability

[短语] 领导～｜～突出

[句子] 他缺少专业～，当不了技术部门的主任｜张大夫在中医方面很有～，许多人来找他看病。

采取 3级

cǎiqǔ

v. adopt

[短语] ～合理的方式｜～正确的态度

[句子] 不要再等了，我们直接～行动吧｜面对这样的问题，我们应该～什么样的办法呢？

采用 3级

cǎiyòng

v. use

[短语] 积极～｜～合理的建议

[句子] 这里有三种不同的新技术，该～哪一种呢？｜那本杂志在今年第三期～了孙院长的文章。

C

部 △□☆　部分 △□☆　部门 △□☆　部长 △□☆
才 △□☆　才能 △□☆　采取 △□☆　采用 △□☆

彩色 3级

cǎisè

n. colour

[短语] ~图片 | ~的电影

[句子] 大家都觉得~照片效果更好 | 他的画儿都是黑白的，没有~的。

菜 1级

cài

n. vegetable; dish

[短语] 去市场买~ | 两道~

[句子] 这家超市的~又好又便宜 | 咱们每人点一个自己喜欢的~。

菜单 2级

càidān

n. menu

[短语] 一份~ | 凉菜~

[句子] 服务员，请把~拿来 | 您好！这是我们店的~，您在手机上也可以点。

参观 2级

cānguān

v. visit

[短语] ~工厂 | 一起~

[句子] 一到假期，到这里~的学生就特别多 | 欢迎大家来我们公司~访问。

参加 2级

cānjiā

v. join, take part in

[短语] ~比赛 | 积极~

[句子] 这次会议很重要，我一定去~ | 这几位歌手都~过去年的春节晚会。

草 2级

cǎo

n. grass

[短语] 青青的~ | 风吹~动

[句子] 公园里到处是红花绿~ | 小牛和小羊最爱吃这种~。

草地 2级

cǎodì

n. lawn

[短语] 绿色的~ | 爬雪山，过~

[句子] 孩子们在~上唱歌、跳舞、做游戏 | 广场前面有一大片~。

层 2级

céng

m. storey; layer

[短语] 三~楼 | 掉一~皮

[句子] 整座大楼一共有26~ | 沙发上有一~土。

彩色	△ □ ☆	菜	△ □ ☆	菜单	△ □ ☆	参观	△ □ ☆
参加	△ □ ☆	草	△ □ ☆	草地	△ □ ☆	层	△ □ ☆

曾经 3级

céngjīng
adv. once

“曾经”表示以前有过某种行为或情况，现在已经结束了。如“我曾经在北京住过一年”（现在不住了）。

[短语] ～说过 | ～认为
[句子] 你忘了？我们～一起去过那家饭馆 | 她～是大学老师，现在是公务员。

茶 1级

chá
n. tea

[短语] 一杯～ | 二斤～
[句子] 你喝～还是喝咖啡？| ～分好多种，比如说红～、绿～、花～等。

查 2级

chá
v. check; investigate; consult

[短语] ～火车票 | 一～到底 | ～字典
[句子] 那笔钱收到了吗？你～一下银行卡 | 事故原因已经～清楚了 | 碰到不懂的词语，可以～词典。

差 1级

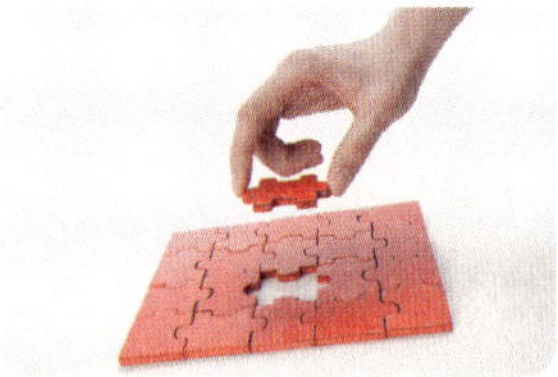

chà
v. differ from; be short of
adj. wrong; inferior

[短语] ～最后一块 | 越来越～
[句子] 别的人都来了，就～李先生 | 这家酒店的服务太～了。

差不多 2级

chàbuduō
adj. roughly the same
adv. nearly

[短语] 样子～ | ～一样高
[句子] 夏天这两个地方的气温～ | 坐飞机去北京～要三个半小时。

产生 3级

chǎnshēng
v. produce

[短语] ～问题 | ～作用
[句子] 新时代～新思想 | 马经理认真负责的做法在公司里～了积极的影响。

C

长 2级

cháng
adj. long

[短语] 时间太～ | ～～的头发
[句子] 我们在机场等了很～时间，她也没来 | 那件衬衫太～了，我根本穿不了。

长城 3级

Chángchéng
n. the Great Wall

[短语] 参观～ | 不到～非好汉
[句子] 我们周末去了～旅游，拍了很多照片 | 下雪以后，～的景色非常美。

曾经 △□☆　茶 △□☆　查 △□☆　差 △□☆
差不多 △□☆　产生 △□☆　长 △□☆　长城 △□☆

长处 3级

chángchù

n. strength

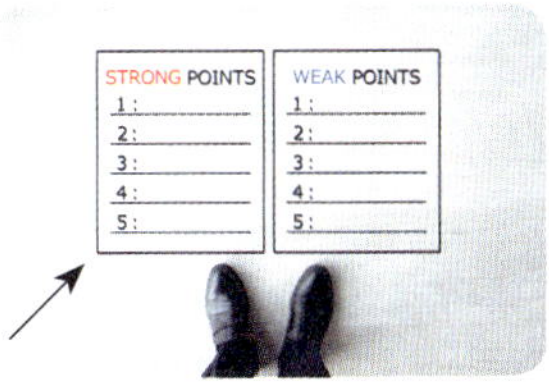

[短语] ～和短处｜学习别人的～

[句子] 她的～是反应速度快，表达能力强｜李院长反复强调，要正确对待自己的～和别人的短处。

长期 3级

chángqī

n. long period of time

[短语] ～目标｜～合作

[句子] 成功来自～的坚持和不断的努力｜如果房间～没人住，家具表面会落一层土。

常 1级

cháng

adv. frequently

[短语] ～打电话｜～来～往

[句子] 同事们～去那家中国饭馆吃饭｜除了准备比赛，平时他们个～在一起训练。

常常 1级

chángcháng

adv. often

[短语] ～下雪｜～开玩笑

[句子] 小时候，父母～带我去那个公园玩儿｜节目播出以后，她～接到观众打来的电话。

常见 2级

cháng jiàn

be common

[短语] ～的问题｜十分～

[句子] 在中国，用手机付钱很～｜这种树在草原上十分～。

常用 2级

cháng yòng

commonly used

[短语] ～药｜～的方法

[句子] 这 500 个汉字是中文学习中最～的｜在他的专业中，这是一个～概念。

厂 3级

chǎng

n. yard, factory

[短语] 食品加工～｜爱～如家

[句子] 那个家具～从来没有生产过这种椅子｜全～有一千五百多名员工，其中九百多名是女员工。

场 2级

chǎng

m. used for sports and recreation

[短语] 一～京剧演出｜看～电影

[句子] 三月份他要在北京举办两～音乐会｜一～接一～的比赛把他累病了。

长处 △ □ ☆　长期 △ □ ☆　常 △ □ ☆　常常 △ □ ☆
常见 △ □ ☆　常用 △ □ ☆　厂 △ □ ☆　场 △ □ ☆

场合 3级

chǎnghé

n. occasion

[短语] 正式～ | 重要的～

[句子] 说话要注意～，不能乱说 | 他在好几个单位工作过，什么样的～都能适应。

场所 3级

chǎngsuǒ

n. arena

[短语] 重点～ | 工作～

[句子] 公共～不要大喊大叫 | 复习功课需要一个安静的～。

唱 1级

chàng

v. sing

[短语] ～国歌 | 大声～

[句子] 奶奶年轻的时候喜欢～京剧 | 她们一边～一边跳，玩儿得非常开心。

唱歌 1级

chàng//gē

sing

[短语] 学～ | 不太会～

[句子] 退休以后，她经常去公园～ | 我来为大家唱支歌吧。

超过 2级

chāoguò

v. outdo (sb. at sth.), overtake; exceed

[短语] ～标准 | 在数量上～

[句子] 你快点儿跑，一定要～她 | 按照规定，每个人的行李不能～25 公斤。

超级 3级

chāojí

adj. super

[短语] ～市场 | ～计算机

[句子] 你看看，他的动作是不是～可爱？ | 20 年过去了，这里已经发展成为～城市群。

超市 2级

chāoshì

n. supermarket

[短语] 食品～ | 新开的～

[句子] 小王常去路边的那家～买东西 | 这家～规定，大包不能带进去，你可以先存起来。

朝 3级

cháo

prep. towards

v. face

[短语] ～南走 | 面～大海

[句子] 汽车慢慢～车站开去 | 妈妈～着女儿笑了笑。

C

场合	△ □ ☆	场所	△ □ ☆	唱	△ □ ☆	唱歌	△ □ ☆
超过	△ □ ☆	超级	△ □ ☆	超市	△ □ ☆	朝	△ □ ☆

吵　3 级

chǎo

adj. noisy

v. make a noise, quarrel

［短语］非常～｜～了半天

［句子］超市里面太～了，我听不清你说什么｜他们两个说着说着就～了起来。

吵架　3 级

chǎo//jià

have a row, quarrel

［短语］不要～｜吵了一架

［句子］别老是跟他～，这样的话你会失去这个朋友的｜你们好好说话，吵什么架啊！

车　1 级

chē

n. a vehicle; a car

［短语］三辆～｜坐～去

［句子］你新买的～是什么牌子的？｜老板派了一辆～去机场接客人。

车辆　2 级

chēliàng

n. vehicle

［短语］许多～｜检查～

［句子］停车场停满了各种～｜骑车的时候，一定要注意路上的～。

车票　1 级

chēpiào

n. ticket

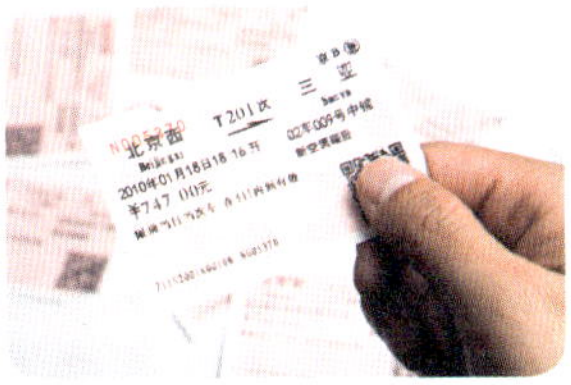

［短语］两张～｜回家的～

［句子］去那里的～好买吗？｜在网上订～也需要身份证。

车上　1 级

chē shang

in the car, bus, train, etc.

［短语］坐在～｜～的座位

［句子］～吵得很，我下车以后再给你打电话｜先把行李放在～吧，我们去吃饭。

车站　1 级

chēzhàn

n. stop, station

［短语］一座～｜～外面

［句子］这路公交车一共有三十几个～｜上下班的时候，在～等车的人特别多。

衬衫　3 级

chènshān

n. shirt

［短语］六件～｜白色的～

［句子］他喜欢蓝色，买了很多件蓝～｜搬东西时小心，别把～弄脏了。

吵 △□☆　吵架 △□☆　车 △□☆　车辆 △□☆

车票 △□☆　车上 △□☆　车站 △□☆　衬衫 △□☆

衬衣 3级

chènyī
n. shirt

［短语］一件～｜漂亮的～
［句子］爸爸在网上买了几件新～｜这种～不能用洗衣机洗，只能手洗。

称 2级

chēng
v. weigh

［短语］～水果｜～一下
［句子］请～一～这些苹果有多重｜奶奶～了三斤牛肉、两斤鸡蛋。

称为 3级

chēngwéi
be known as

［短语］～教育家｜被～国宝
［句子］她被孩子们亲切地～“开心姐姐”｜小明认识很多字，同学们把他～“活字典”。

成 2级

chéng
v. accomplish; become, grow

［短语］去不～｜长～大姑娘
［句子］几年不见，小张已经～了工程师了｜他花一周的时间写～了这篇报道。

成功 3级

chénggōng
v. succeed
adj. successful

［短语］一定会～｜会议很～
［句子］试验终于～了，我们的努力没有白费｜这部电影非常～，受到全社会的关注。

成果 3级

chéngguǒ
n. fruition, achievement

［短语］取得～｜重大～
［句子］近几年，马老师在教学方面出了不少研究～｜整个谈判过程精彩，～丰富。

C

成绩 2级

chéngjì
n. achievement, result

［短语］学习～｜～突出
［句子］妹妹取得了 100 分的好～｜说实在的，我觉得过程比～重要。

成就 3级

chéngjiù
n. achievement
v. achieve

语言积累

艺术成就　伟大成就
考试成绩　学习成绩
研究成果　劳动成果

［短语］科技～｜～自己的事业
［句子］在这些作家中，他的文学～最高｜持续不断地努力～了他的成功。

200

衬衣	△ □ ☆	称	△ □ ☆	称为	△ □ ☆	成	△ □ ☆
成功	△ □ ☆	成果	△ □ ☆	成绩	△ □ ☆	成就	△ □ ☆

成立 3级

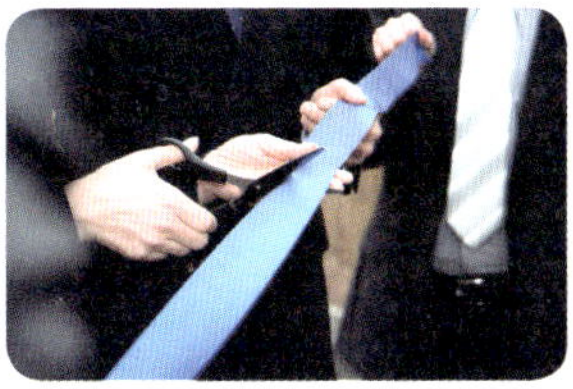

chénglì
v. found

[短语] ～公司｜～新学院
[句子] 我们医院去年才刚刚～｜这家银行已经～六十多年了。

成熟 3级

chéngshú
adj. mature

[短语] ～起来｜～的想法
[句子] 这里的苹果几月份～？｜条件还不够～，晚些时候再进行实验吧。

成为 2级

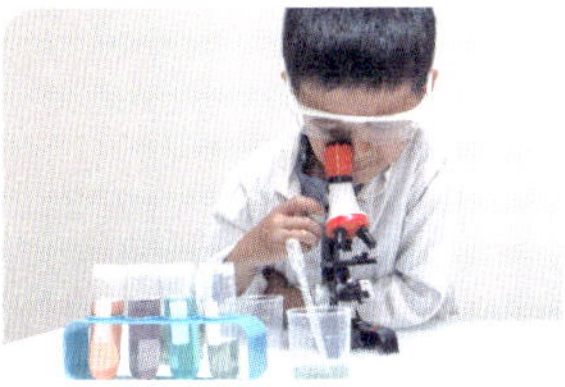

chéngwéi
v. become

[短语] ～朋友｜～习惯
[句子] 长大以后，我想～一名科学家｜经过一周的培训，他～一名合格的志愿者。

成员 3级

chéngyuán
n. member

[短语] 家庭～｜主要～
[句子] 技术部来了一位新～，他的专业是计算机｜谈判小组由四位～组成，组长姓王。

成长 3级

chéngzhǎng
v. grow

[短语] 慢慢～｜～的过程
[句子] 那家公司～速度很快｜我们的目标是让每一个孩子都能够健康快乐地～。

城 3级

chéng
n. city, town

[短语] ～里～外｜服装～
[句子] 哥哥一上完高中就到～里打工了｜美食～有许多好吃的东西。

城市 3级

chéngshì
n. city

[短语] 农村和～｜～建设
[句子] 上海是一座现代化的大～｜我们接下来的任务是进一步解决～交通问题。

程度 3级

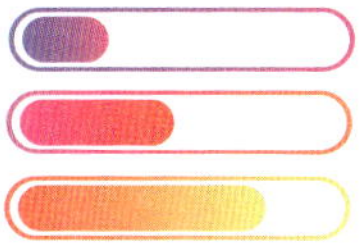

chéngdù
n. level; degree

[短语] 文明～｜发展～
[句子] 你的中文学到什么～了？可以看中文电影了吧？｜她的病已经到了必须住院的～了。

成立 △ □ ☆　成熟 △ □ ☆　成为 △ □ ☆　成员 △ □ ☆
成长 △ □ ☆　城 △ □ ☆　城市 △ □ ☆　程度 △ □ ☆

吃 1级

chī

v. eat

[短语] ~饺子 | ~中餐

[句子] 小王饿坏了，一下子~了三碗面条儿 | ~点儿水果吧，这里太干了。

吃饭 1级

chī//fàn

eat a meal

[短语] 正在~ | 吃过饭了

[句子] “民以食为天”的意思是，~是生活中的头等大事 | 你晚上有时间吗？一起吃个饭吧！

持续 3级

chíxù

v. last

[短语] ~不断 | ~努力

[句子] 城市人口的~增长，带来了不少问题 | 这种状况~了两年，最后终于结束了。

充满 3级

chōngmǎn

v. be full of, be brimming with

[短语] ~阳光 | ~爱心

[句子] 孩子们常常对周围的一切都~好奇 | 教室里~了欢乐的歌声。

重 3级

chóng

adv. again

[短语] ~来一遍 | ~写一下

[句子] 我刚才没听清楚，麻烦您~说一次 | 衬衣没洗干净，我只好~洗。

重复 2级

chóngfù

v. recur; duplicate

[短语] 前后~ | ~播出

[句子] 这两篇文章的内容有些~ | 我读一遍，请你~一遍。

C

重新 2级

chóngxīn

adv. again

[短语] ~开始 | ~讨论

[句子] 我明天没有时间，请~调整一下计划 | 写了好几遍都不满意，他准备~写。

出 1级

chū

v. go out; offer; used after a verb to indicate direction or completion of an action

[短语] ~太阳 | ~主意 | 拿~护照

[句子] ~学校大门往东走，电影院就在书店旁边 | 遇到困难，大家有钱的~钱，有力的~力，很快就解决了 | 孙太太说~了大家的心里话。

吃 △□☆	吃饭 △□☆	持续 △□☆	充满 △□☆
重 △□☆	重复 △□☆	重新 △□☆	出 △□☆

出发 2级

chūfā

v. set out

[短语] 马上～ | ～时间

[句子] 明天早上八点咱们一起从学校～ | 我们还是从实际～吧，不要把问题想得太复杂了。

出国 2级

chū//guó

go abroad

[短语] 准备～ | ～的机会

[句子] 弟弟想读完高中后～上大学 | 李经理上半年出了四次国。

出口 2级

chūkǒu

n. exit

[短语] 安全～ | 车站～

[句子] 请问这个剧场有几个～？| 找了半天，他们也没有找到停车场～。

出来 1级

chū// · lái

come out, be out; complete; used after a verb indicating revealing

[短语] ～散步 | 做～ | 看不～

[句子] 你快～，外面有人找 | 一个小时过去了，我一个字也没写～ | 你能听～这是谁的声音吗？| 你晚上有空儿吗？出得来出不来？

出门 2级

chū//mén

go out, be away from home

[短语] ～买菜 | ～在外

[句子] 早上～的时候，他忘了带钱包 | 在家靠父母，～靠朋友。在家千日好，～一时难 | 他的腿受伤了，出不了门。

出去 1级

chū// · qù

go out, be out; used after a verb indicating outward movement

[短语] 马上～ | 卖不～

[句子] 吃完饭，咱们～走走吧 | 那封电子邮件发送～了没有？| 小王今天得在家带孩子，根本出不去。

出生 2级

chūshēng

v. be born

[短语] ～地 | ～日期

[句子] 他刚～的时候，家里的条件不太好 | 弟弟 2024 年 3 月 5 日在北京～，属龙。

出现 2级

chūxiàn

v. appear

[短语] ～错误 | ～问题

[句子] 最近几年～了很多优秀的电影作品 | 家属跟大夫说，病人以前也～过这种情况。

C

出发 △□☆	出国 △□☆	出口 △□☆	出来 △□☆
出门 △□☆	出去 △□☆	出生 △□☆	出现 △□☆

出院 2级

chū//yuàn
leave hospital

[短语] 明天～ | 出不了院
[句子] 王大夫，我什么时候能～？| 爷爷出了院好多天了，可是身体还没有完全好起来。

出租 2级

chūzū
v. rent out

[短语] ～房屋 | ～了三个月
[句子] 这套房子早就～出去了 | 公司把汽车～给了几个大学生。

出租车 2级

chūzūchē
n. taxi

[短语] 黄色～ | 一辆～
[句子] 小孙坐～去机场接朋友 | 这位司机开了二十多年～了。

初 3级

chū
adv. initially

语言积累

初试　初次见面
初犯　初见成效
初恋　如梦初醒
初婚　雪后初晴

[短语] ～学汉语 | ～来中国
[句子] ～进大学，小张还需要慢慢适应 | ～到北京，我想去参观的地方太多了。

初 3级

chū
pref. first

"初"放在数字"一"到"十"的前面，表示农历一个月前十天的次序。比如，春节是"正月初一"，端午节是"五月初五"。

[短语] 二月～八 | 五月～十
[句子] 在这里，三月～三是大家出门看花的日子 | 他这半个月太忙了，从～一一直忙到十五。

初步 3级

chūbù
adj. initial

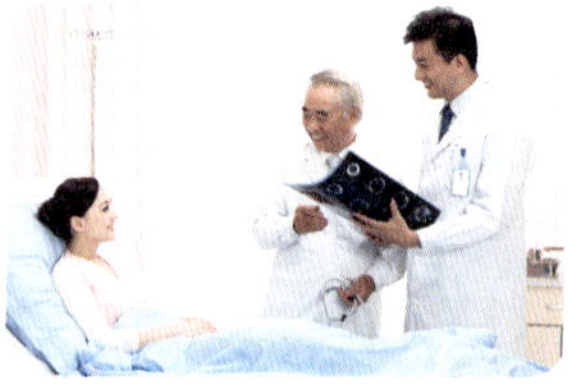

[短语] ～的想法 | ～同意
[句子] 大夫～的意见是：先住院，再检查 | 这些问题已经得到～解决。

初级 3级

chūjí
adj. primary

[短语] ～班 | ～中学
[句子] 我的英文只是～水平，许多话还听不懂 | 这家工厂特别需要～技术工人。

初中 3级

chūzhōng
n. junior middle school

[短语] 读～ | ～课程
[句子] 那所～就在这个公园的后面 | 马老师是我的～语文老师。

出院 △□☆　出租 △□☆　出租车 △□☆　初 △□☆
初 △□☆　初步 △□☆　初级 △□☆　初中 △□☆

除了 3级

chúle

prep. except; besides; either … or …

［短语］～他谁也不去｜～买菜还要做饭｜～吃就是睡

［句子］～看书，爸爸没有别的爱好｜～听力，我还想练练写作｜周末他～看电视，就是睡觉。

处理 3级

chǔlǐ

v. handle; deal with

n. the way to handle sth.; solution

［短语］～问题｜做出～

［句子］昨天的事情请按有关规定～｜这是一种大家都认可的～。

穿 1级

chuān

v. wear; pass through; used after certain verbs to indicate thoroughness or completeness

［短语］～衣服｜～过草地｜看～他的想法

［句子］今天她～了一条漂亮的新裙子｜～过马路就是中心广场｜我知道你想干什么，只是不愿意说～而已。

传 3级

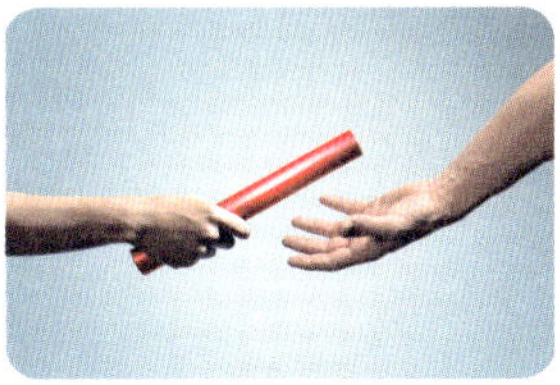

chuán

v. pass; spread

［短语］从前往后～｜好事不出门，坏事～千里

［句子］请把篮球～给最后那名队员｜胜利的消息立刻～遍了全国。

传播 3级

chuánbō

v. spread

［短语］～知识｜快速～

［句子］光的～速度比声音快｜这种先进的技术很快～到了西方。

传来 3级

chuánlái

arrive (of news, information, etc.)

［短语］～电话声｜刚刚～

［句子］校园里～整齐的读书声｜前方记者～消息，这起事故共有四人受伤。

传说 3级

chuánshuō

v. it is said

n. legend

［短语］民间～｜古代的～

［句子］～很久很久以前，大海中有一座美丽的山｜这只是一种～，你不必太认真。

船 2级

chuán

n. boat

［短语］一条～｜三只大～

［句子］湖面停满了彩色的小～｜～到桥头自然直。

除了 △□☆　处理 △□☆　穿 △□☆　传 △□☆
传播 △□☆　传来 △□☆　传说 △□☆　船 △□☆

床 1级

chuáng

n. bed

［短语］一张～｜双人～

［句子］明天上午有考试，我今天晚上要早点儿上～睡觉｜你的～也太乱了，找时间整理一下。

创新 3级

chuàngxīn

v. break fresh ground, bring forth new ideas

n. creativity, originality

［短语］～精神｜有一定的～

［句子］如果公司想快速发展，需要在技术上持续～｜这样的设计是一种～，值得推广。

创业 3级

chuàngyè

v. break new ground

［短语］～精神｜自主～

［句子］这家科技公司是在困难中坚持～、坚强成长的代表｜有关部门表示，全面支持留学生回国～。

创造 3级

chuàngzào

v. bring about, create

n. creation

［短语］～历史｜一项～

［句子］他在比赛中～了新的世界纪录｜电灯是一个伟大的发明～。

创作 3级

chuàngzuò

v. create

n. literary or artistic work

［短语］～新作品｜文学～

［句子］近几年，这位作家连续～了几部很有影响的长篇小说｜她的美术～还不够成熟。

吹 2级

chuī

v. blow

［短语］～一口气｜风～草动

［句子］眼里进沙子了，你帮我～一～｜大风把很多树～倒了。

C

春节 2级

Chūnjié

n. Spring Festival

［短语］过～｜欢乐的～

［句子］王老师，祝您～快乐，全家幸福！｜～是全世界华人共同的节日。

春天 2级

chūntiān

n. spring

［短语］～来了｜每年～

［句子］一年四季，我觉得～最美丽｜冬天来了，～还会远吗？

床 △ □ ☆　创新 △ □ ☆　创业 △ □ ☆　创造 △ □ ☆

创作 △ □ ☆　吹 △ □ ☆　春节 △ □ ☆　春天 △ □ ☆

词 2级

cí

n. word

［短语］常用～ ｜组～造句

［句子］碰到不会的～就问老师 ｜ 这个～到底是什么意思？

词典 2级

cídiǎn

n. dictionary

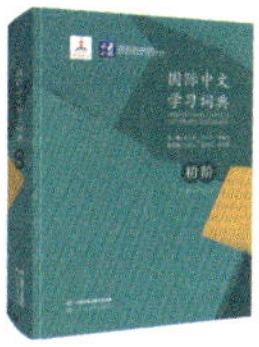

［短语］查～ ｜中文学习～

［句子］这本～有一万多个词 ｜ 每个学生都会买几本～。

词语 2级

cíyǔ

n. words and expressions

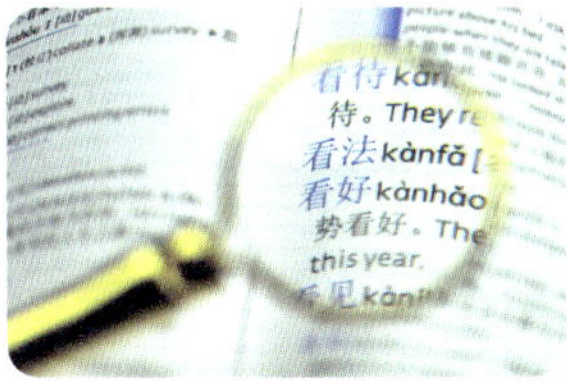

［短语］学习～ ｜汉语～

［句子］这篇课文有四十多个要学的新～ ｜ 这两个～的意思差不多。

次 1级

cì

m. time

［短语］第一～ ｜去过三～北京

［句子］他得过几～全国第一？｜ 经过一～又一～地试验，他们终于成功了。

从 1级

cóng

prep. from, through

1. 表示起点。
   ◇从南到北　从少到多
2. 表示经过、通过。
   ◇从小路走　从门口过
3. 表示根据。
   ◇从下午的表现看，他最适合这个工作。

［短语］～明天起 ｜ ～桥下走 ｜ ～实际出发

［句子］～前天到今天，试验进行得非常顺利 ｜ 爸爸～电视上看到了这个消息 ｜ ～长远看，他这么做是对的。

从来 3级

cónglái

adv. always; at all times

“从来”表示从过去到现在一直这样，多用于否定句。如“我从来没见过这么大的西瓜”“上了两年班，他从来没请过假”。

［短语］～不害怕 ｜ ～没听说

［句子］以前同学们～不知道还有这些杂志 ｜ 对待工作，马主任～都是这么认真。

从前 3级

cóngqián

n. the past

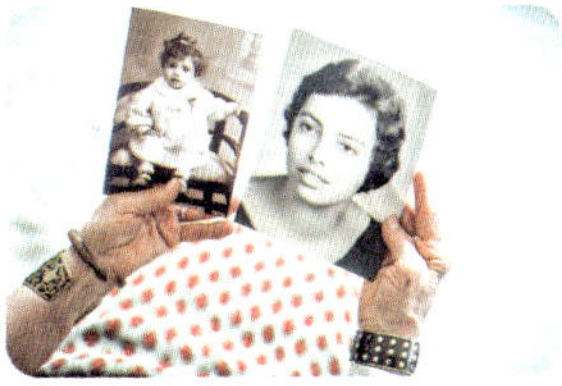

［短语］～的样子 ｜跟～一样

［句子］～的那些事儿，我从来没问过她 ｜ 小李成熟了很多，跟～完全不一样了。

从事 3级

cóngshì

v. undertake

［短语］～科学研究 ｜ ～工业生产

［句子］三十多年来，高校长一直～国际中文教学工作 ｜ 她一直～艺术表演，一生中演了将近一百部电影和电视剧。

词	△□☆	词典	△□☆	词语	△□☆	次	△□☆
从	△□☆	从来	△□☆	从前	△□☆	从事	△□☆

从小 2 级

cóngxiǎo
adv. since childhood

[短语] ～爱运动｜～就是好朋友
[句子] 哥哥～就懂得学习的重要性｜我们家在南方，我～没见过下雪。

村 3 级

cūn
n. village

[短语] ～～通公路｜～办工厂
[句子] 这个～本来有一千二百多人，大多数年轻人都进城打工了｜过了这个～，没有这个店，你最好抓住机会。

存 3 级

cún
v. keep, deposit; save in a bank

[短语] ～包｜整～整取
[句子] 姐姐把文件都～在电脑里了｜这笔钱在银行里～了四五年了。

存在 3 级

cúnzài
v. exist

[短语] 普遍～｜～不少问题
[句子] 我们要努力克服工作中～的困难｜这种事情在我们单位根本不～。

错 1 级

cuò
adj. wrong
n. mistake

[短语] 两个～字｜及时改～
[句子] 算了大半天，那道题我还是做～了｜这虽然不是什么大～，但是以后要注意。

错误 3 级

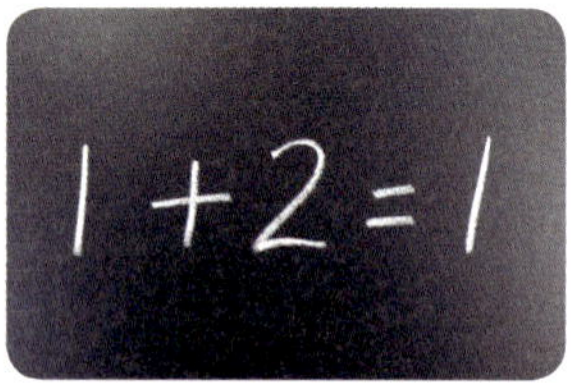

cuòwù
adj. wrong
n. mistake

[短语] ～的决定｜明显的～
[句子] 你这样理解是～的｜那篇报道在某些方面存在观念性～。

D

答应 2 级

dāying
v. reply; comply with, agree

[短语] ～一声｜～了他的要求
[句子] 楼下有人喊你，你怎么不～呢？｜她终于～和我结婚了。

达到 3 级

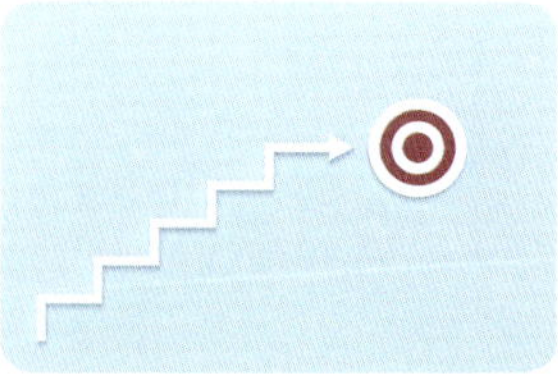

dá//dào
reach

[短语] ～目的｜～要求
[句子] 冬天最冷的时候，这里的气温能～零下 30 度｜没有努力，就永远达不到目标。

从小 △ □ ☆　村 △ □ ☆　存 △ □ ☆　存在 △ □ ☆
错 △ □ ☆　错误 △ □ ☆　答应 △ □ ☆　达到 △ □ ☆

打 1级

dǎ

v. beat, attack; gain; make

[短语] ～人｜～水｜～家具

[句子] 不论什么情况，家长也不能～孩子｜中午别忘了帮我～饭｜妈妈手特别巧，她～的毛衣比买的还漂亮。

打车 1级

dǎ//chē

take a taxi

[短语] 出门～｜打不着车

[句子] 她每天下班～回家｜你别担心，我用手机帮你打辆车。

打电话 1级

dǎ diànhuà

call

[短语] 给朋友～｜一直在～

[句子] 会议改时间了，请你～通知一下｜我们经常～交流学习经验。

打工 2级

dǎ//gōng

do temporary work

[短语] 第一次～｜打了两份工

[句子] 村里的年轻人大部分都外出～了｜这个假期，他一边在饭馆～，一边准备考试。

打开 1级

dǎ//kāi

open

[短语] ～书包｜打不开

[句子] ～朋友送的礼物，她开心地笑了｜这是别人的电脑，不能随便～。

打破 3级

dǎ//pò

break into pieces; break a record

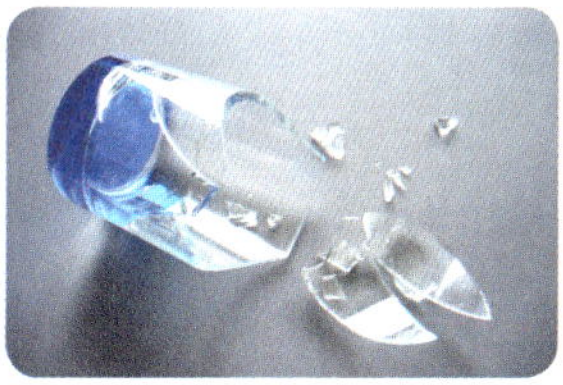

[短语] ～瓶子｜～纪录

[句子] 弟弟不小心把妈妈最喜欢的杯子～了｜他终于～了跳高比赛的世界纪录。

打球 1级

dǎ qiú

play a ball game

[短语] 经常～｜和朋友～

[句子] 他喜欢～，特别是篮球｜～不仅对个人健康有好处，还能体现团结精神。

打算 2级

dǎ · suàn

v. plan

n. plan

[短语] ～吃面条儿｜有什么～

[句子] 今年春天他～多种几棵树｜她这个假期的～是学会开车。

D

打	△ □ ☆	打车	△ □ ☆	打电话	△ □ ☆	打工	△ □ ☆
打开	△ □ ☆	打破	△ □ ☆	打球	△ □ ☆	打算	△ □ ☆

打听 3级

dǎting

v. ask about, inquire about

［短语］～情况｜到处～

［句子］班长要我去～小张的消息｜你去～一下周围有什么好玩儿的地方。

打印 2级

dǎyìn

v. print

［短语］～文件｜～报告

［句子］请把这篇文章～出来发给大家｜别客气，我帮你多～几份。

大 1级

dà

adj. big, large, great; old

［短语］～房间｜～得多

［句子］我们学校新建的教学楼可～了｜我哥比我～八岁，我姐比我～三岁。

大部分 2级

dàbùfen

n. majority

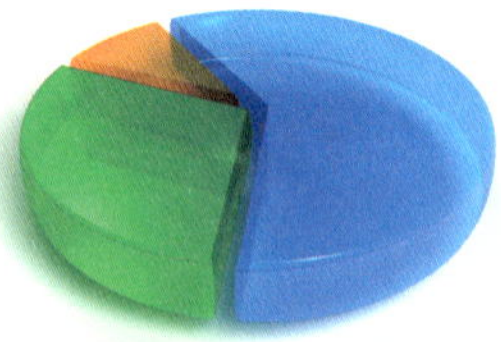

［短语］～家长｜～时间

［句子］超市里有各种各样的菜，～都是我爱吃的｜这座城市～公园里都有这种花。

大大 2级

dàdà

adv. greatly

［短语］～增加｜～加快

［句子］最近几年，人们的生活水平～提高了｜这个项目的成果已经～超过了他们的要求。

大多数 2级

dàduōshù

n. vast majority

［短语］占～｜～同事

［句子］他提出的建议很合理，得到～人的支持｜在～情况下，我们会让女人和孩子先离开危险的地方。

D

大概 3级

dàgài

adj. approximate

adv. approximately; probably

［短语］～的数字｜A 到 B～80 米｜～出去了

［句子］我只记得～的情况，你最好再问问别人｜这个问题有难度，～需要两个小时才能解决｜那个人和他长得很像，～是他弟弟。

大海 2级

dàhǎi

n. sea, ocean

［短语］蓝色的～｜面朝～

［句子］小时候妈妈对我讲，～就是我的故乡｜～的颜色随着天空的阴晴而不断变化。

打听	△□☆	打印	△□☆	大	△□☆	大部分	△□☆
大大	△□☆	大多数	△□☆	大概	△□☆	大海	△□☆

大家 2级

dàjiā

pron. everybody

[短语] ~好 | 谢谢~

[句子] 这是我们~的事情，就要~一起来办 | 我们队终于赢了，~高兴得跳了起来。

大量 2级

dàliàng

adj. many, much

[短语] ~工作 | ~的资金

[句子] 超市进了~南方的水果，咱们去买一些吧 | ~事实表明，这个国家的经济水平在不断提高。

大门 2级

dàmén

n. main gate

[短语] 关上~ | 动物园~

[句子] 这个时间图书馆的~还没开呢 | 十几年了，这道~一直都没有打开过。

大人 2级

dàren

n. adult

[短语] 长成~ | ~和小孩儿

[句子] 小朋友，你家~去哪儿了? | 在我们家，~和孩子是平等的，有事儿就一起商量。

大声 2级

dà shēng

loud, in a loud voice

[短语] ~唱歌 | ~喊出来

[句子] 她的性格非常好，喜欢~说话~笑 | 在电影院最好不要~说话。

大使馆 3级

dàshǐguǎn

n. embassy

两个国家如果建立外交关系，一般来说都会在双方的首都设立大使馆。大使馆代表整个国家的利益，全面负责两国关系。

[短语] 设立~ | 中国~

[句子] 我们学校离~很近 | 在国外生活，有困难可以去找自己国家的~。

大小 2级

dàxiǎo

n. size

[短语] ~合适 | 不分~

[句子] 这两双鞋~一样，就是颜色不一样 | 你试试这件衣服，看看~怎么样。

大学 1级

dàxué

n. university

[短语] 上~ | ~校园

[句子] 哥哥~时的专业是信息安全 | 这所~特别有名，很多科学家都出自这里。

D

大家 △□☆	大量 △□☆	大门 △□☆	大人 △□☆
大声 △□☆	大使馆 △□☆	大小 △□☆	大学 △□☆

大学生 1级

dàxuéshēng

n. university student

[短语] 一群～ | ～创业

[句子] 她是一名在校的～，在中文系读大四 | 他作为～代表参加了这次会议。

大衣 2级

dàyī

n. overcoat

[短语] 长～ | 咖啡色的～

[句子] 这件～特别适合妈妈穿 | 这里一年四季都是夏天，根本不需要～。

大约 3级

dàyuē

adv. approximately, probably

“大约”和“大概”

二者都可以表示对数量的估计，也可以表示对情况的推测。“大概”可以作形容词，如“大概的情况我都知道了”。“大约”无此用法。

[短语] ～15岁 | ～30人

[句子] 这个苹果～多重？| 来看表演的人～有一万人。

大自然 2级

dàzìrán

n. nature

[短语] 美丽的～ | ～的声音

[句子] 保护～是人类的责任 | 走进～，让我们更深入地认识它。

大夫 3级

dàifu

n. doctor

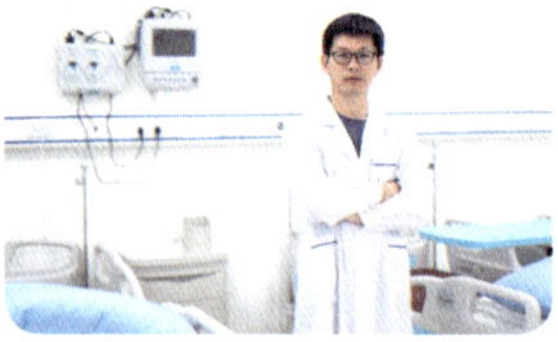

[短语] 年轻的～ | 男～

[句子] 王～，麻烦您看看我的检查结果 | 李～在人民医院工作，平时特别忙。

代 3级

dài

v. act for

n. generation

[短语] ～我问老师好 | 老少三～

[句子] 我今天感冒了，你能帮我～一下晚班吗？| 我们家两～人都是教师。

D

代表 3级

dàibiǎo

n. representative

v. represent

[短语] 工人～ | ～全体员工发言

[句子] 作为学生～，他向学校提了几点建议 | 我～公司热烈欢迎所有新职工。

代表团 3级

dàibiǎotuán

n. delegation

[短语] 成立～ | ～成员

[句子] 这个～由20名团员组成 | 现在走进体育馆的是中国～。

大学生 △□☆ 大衣 △□☆ 大约 △□☆ 大自然 △□☆

大夫 △□☆ 代 △□☆ 代表 △□☆ 代表团 △□☆

带 2级

dài

v. carry, have; lead

[短语] ~些水果 | ~他走

[句子] 每到假期，爸爸妈妈都会~我去旅游 | 张老师的办公室在前面，我~你去。

带动 3级

dàidòng

v. spur on

[短语] ~经济发展 | ~年轻人创业

[句子] 在教练的~下，大家跳得越来越好 | 这个活动很好，一定要~更多的人参加。

300

带来 2级

dài · lái

bring along sth. or sb.; bring about

[短语] ~机会 | ~新知识

[句子] 村里要通铁路的消息给大家~了希望 | 这个项目时间紧、任务重，给我们~很大压力。

带领 3级

dàilǐng

v. lead

[短语] ~全体同学 | ~广大百姓

[句子] 工程师老李~大家一起改进技术 | 他~我们克服困难，不断前进。

单位 2级

dānwèi

n. unit

[短语] ~同事 | 国际标准~

[句子] 她的工作~就在公园旁边，环境特别好 | 在这个实验中，计算时间的~是“分钟”，不是“小时”。

单元 3级

dānyuán

n. unit

第二单元　我的家

第四课　爸爸、妈妈
第五课　我有一只小猫
第六课　我家不大

[短语] ~练习 | 三~102室

[句子] 明天的考试主要是第五~的内容 | 为了方便照顾父母，我新买的房子和他们在同一个~。

D

但 2级

dàn

conj. but; yet

“但”用在后半句话中表示转折，前半句中常有“虽然、尽管”等，后面常有“还、也”等。

[句子] 她的房间不大，~又干净又舒服 | 他虽然工作很忙，~还坚持每天运动。

但是 2级

dànshì

conj. but; yet

“但是”和“但”“不过”意思、用法差不多，也是用在后半句话中表示转折。

[句子] 虽然公司离我家很远，~交通比较方便 | 我们要看到大家的努力，~也要看到存在的问题。

带 △□☆　带动 △□☆　带来 △□☆　带领 △□☆
单位 △□☆　单元 △□☆　但 △□☆　但是 △□☆

蛋 2级

dàn

n. egg

[短语] 下了个～｜鸡飞～打

[句子] 据说这种～更有营养｜你认为先有鸡还是先有～？为什么？

当 2级

dāng

v. serve as

prep. when

[短语] ～大夫｜～冬天到来的时候

[句子] 长大后，你想～什么？｜～王老师赶过来时，问题已经解决了。

当初 3级

dāngchū

n. beginning

[短语] 想～｜～的计划

[句子] 她～还是一个小姑娘，现在都当上总经理了｜～，这个城市没有这么多的高楼和汽车。

当地 3级

dāngdì

n. locality

[短语] ～人｜～的美食

[句子] 那年他考上了～的一所大学｜这种小吃只能在～吃到，你多吃一些。

当然 3级

dāngrán

adj. natural; generally understood and accepted

adv. of course

[短语] 理所～｜～可以

[句子] 他跑得这么快，能破学校纪录是～的｜朋友有困难，～应该帮助解决。

当时 2级

dāngshí

n. that time

[短语] ～的人和事｜～的情况

[句子] ～这首歌在青少年中十分流行｜这种收音机在～是很高级的。

当中 3级

dāngzhōng

n. middle; among

[短语] 站在～｜同学～

[句子] 公园～有一个大广场，晚上很多人在这里跳舞｜在所有的朋友～，我们三个人关系最好。

刀 3级

dāo

n. knife

[短语] 三把～｜西餐～

[句子] 这把水果～又好看又好用｜我家有两把～，一把是切肉的，一把是切菜的。

蛋	△□☆	当	△□☆	当初	△□☆	当地	△□☆
当然	△□☆	当时	△□☆	当中	△□☆	刀	△□☆

导演 3级

dǎoyǎn

v. direct

n. director

[短语] ～话剧 | 有名的～

[句子] 他曾经～过很多部电影，很受观众欢迎 | 这位中国～在世界上很有影响。

倒 2级

dǎo

v. fall; change (trains, buses or shifts)

[短语] 墙～了 | 工作三班～

[句子] 大风把广场上的广告牌都吹～了 | 这个地方交通不方便，要 几次车才能到。

到 1级

dào

v. arrive, go to; reach; used as a complement of a verb indicating the result of an action

[短语] ～单位 | 周三～周五 | 看～

[句子] 他明天晚上～北京 | 下班时间～了，赶紧回家吧 | 从他的歌声里我们听～了幸福。

到处 2级

dàochù

adv. everywhere

[短语] ～是广告 | ～旅行

[句子] 广场上～都是人，我根本找不到她 | 他的东西～乱放，房间里乱极了。

到达 3级

dàodá

v. arrive

"到达"和"达到"

"到达"后面多跟地名，表示到了某个地方，如"到达北京"。"达到"后面可以跟名词或表示程度的词语，指经过努力后实现，如"达到中等水平"。

[短语] ～医院 | 八点～

[句子] 飞机已经～机场，我们去出口接她吧 | 到了学校记得打个电话，让我知道你平安～了。

到底 3级

dàodǐ

adv. in the end; after all; used in questions for emphasis

"到底"可以用在问句中，表示进一步追问。试比较："火星上有没有生命?""火星上到底有没有生命?"

[句子] 我听老师讲了三遍，～明白了 | ～是年轻人干事创业的热情高 | 这道菜～好不好吃，试一下就知道了。

倒 2级

dào

v. pour; turn upside down; move backwards

[短语] ～水 | ～过来 | 开～车

[句子] 把牛奶～在杯子里 | 第一个节目和第二个节目～一下 | 他把车～进了停车场。

道 2级

dào

m. used for long and narrow objects; for doors, walls; for orders, questions, courses in a meal, stages in a procedure etc.

[短语] 两～黄线 | 三～门 | 一～数学题

[句子] 过了这～河，就到奶奶家了 | 这个院子很深，走进去有好几～门 | 这～难题终于被我们解开了。

导演 △ □ ☆
到达 △ □ ☆
倒 △ □ ☆
到底 △ □ ☆
到 △ □ ☆
倒 △ □ ☆
到处 △ □ ☆
道 △ □ ☆

道理 2级

dào · lǐ

n. principle; reason

［短语］深刻的～ | 有～

［句子］妈妈在给女儿讲书中的～ | 做事要讲～，不能乱来。

道路 2级

dàolù

n. road; path or direction of certain career

［短语］～不平 | 成长的～

［句子］新修的～两旁全种上了树 | 在家人的支持下，他的创作～走得越来越顺。

得 2级

dé

v. get; used before verbs to express permission or possibility

［短语］～了场大病 | 不～进入

［句子］她～了感冒，今天在家休息 | 没有经过领导批准，不～使用这笔钱。

得出 2级

déchū

arrive at

［短语］～答案 | ～结论

［句子］在大家的共同努力下，我们～了正确的结果 | 通过反复实验，学生们～了准确的数据。

得到 1级

dé//dào

obtain

［短语］～消息 | 得不到支持

［句子］他们的报告～了全校师生的认可 | 她～了自己最想要的礼物。

得分 3级

défēn

v. score

n. score

［短语］连连～ | 最后的～

［句子］前三道题比较容易～，后两道题不容易～ | 这次全校的足球比赛，我们班～最高。

地 1级

de

aux. used with an adverb or adverbial phrase

语言积累

慢慢地吃　仔细地调查
高兴地说　顺利地完成
飞快地跑　安静地坐下

［短语］开心～笑 | 难过～哭

［句子］我推开门的时候，小王正在认真～学习 | 她静静～坐在那里，好像在等谁。

的 1级

de

aux. indicating a possessive relationship; used with an adjective or attribute phrase; indicating a positive tone

语言积累

哥哥的书　弟弟的玩具
红色的花　可爱的孩子
绿绿的草　强大的对手

［短语］小张～手机 | 绿色～裤子 | 他知道～

［句子］这是谁～自行车？不能放在这里 | 晚会上，她收到了一件特别～礼物 | 你放心，这件事情我不会忘记～。

道理 △ □ ☆　道路 △ □ ☆　得 △ □ ☆　得出 △ □ ☆
得到 △ □ ☆　得分 △ □ ☆　地 △ □ ☆　的 △ □ ☆

的话 2级

dehuà

aux. used at the end of a conditional clause

“的话”不单独用，一般用在表示假设的分句后面，表示假设语气。如“明天下午没事儿的话，我去学校找你”。

[句子] 你要是不参加～，我也不参加｜明天下雨～，咱们就在体育馆打球，不去运动场了。

得 2级

de

aux. used between a verb or an adjective and its complement to indicate the result or degree; used between a verb and its complement to express possibility or capability

语言积累

跑得快　说得对
吃得完　睡得着
走得更远　飞得更高
天热得很　水深得很

[短语] 起～早｜考～上
[句子] 她跳舞跳～非常好，一开学就参加了学校的艺术团｜这么多书，你的书包装～下吗？

灯 2级

dēng

n. light

[短语] 夜～｜开～
[句子] 图书馆每天晚上十点关～｜远远的街～亮了，好像天上的星星。

等 1级

děng

v. wait

[短语] ～妈妈｜～不到
[句子] 我在～一个重要的电话｜超市买东西的人很多，付钱时要排队～很长时间。

等 2级

děng

aux. and so on; indicating the end of an enumeration
n. grade, kind

[短语] 苹果、香蕉～水果｜三六九～
[句子] 医生告诉他少喝果汁、可乐～带糖的饮料｜这次考试成绩 B～的同学最多。

等待 3级

děngdài

v. wait for

[短语] ～机会｜～上课
[句子] 弟弟正站在路边～校车的到来｜我一直在～你的好消息。

等到 2级

děngdào

prep. by the time

[短语] ～七点十分｜～春暖花开
[句子] ～那个大超市建好了，我们的生活就方便了｜别害怕，～天亮我们就可以离开这里了。

等于 2级

děngyú

v. be equal to

$1+1=2$

$8-7=1$

$3\times3=9$

$20\div4=5$

[短语] 一加一～二｜～没说
[句子] 计算了半天，最后的结果～零｜浪费时间，就～浪费生命。

D

的话 △ □ ☆　得 △ □ ☆　灯 △ □ ☆　等 △ □ ☆
等 △ □ ☆　等待 △ □ ☆　等到 △ □ ☆　等于 △ □ ☆

低 2 级

dī

adj. low; below average

v. lower

［短语］一高一～｜水平～｜排名～了五位

［句子］水往～处流，人往高处走｜和周围人相比，他的收入可不～｜他～下头，看着刚出生的孩子。

底下 3 级

dǐxia

n. beneath

［短语］床～｜沙发～

［句子］小猫在椅子～｜孩子们正在大树～玩儿游戏。

地 1 级

dì

n. earth; land; fields

［短语］天和～｜～底下｜下～干活儿

［句子］愿你们的爱情天长～久｜这条河有一段在～下｜这块～里种的是什么？

地点 1 级

dìdiǎn

n. site

［短语］活动～｜工作～

［句子］请告诉我开会的时间和～｜事故发生的～就在前面。

地方 1 级

dìfang

n. place, space; part

［短语］吃饭的～｜修改两个～

［句子］这个～很有名，因为这里的山水非常美｜请把要求背的～画出来。

地球 2 级

dìqiú

n. earth

［短语］～表面｜在～上

［句子］～是我们的母亲，保护～是每个公民的责任｜一百万年前的～是什么样子的？

地区 3 级

dìqū

n. area

“地区”和“地点”“地方”

“地点”指某一具体位置；“地区”指一个较大的区域范围；“地方”所指区域一般比“地点”大、比“地区”小。如“上车地点”“西部地区”“这个地方原来是一所学校”。

［短语］东部～｜经济发达～

［句子］这个国家北部～靠海，南部～多山｜北京在华北～，上海在华东～，广州在华南～。

地上 1 级

dìshang

on the ground

［短语］～有水｜坐在～

［句子］～太乱了，赶快把玩具收起来｜秋天到了，～落满了树叶。

低	△□☆	底下	△□☆	地	△□☆	地点	△□☆
地方	△□☆	地球	△□☆	地区	△□☆	地上	△□☆

地铁 2级

dìtiě

n. subway, underground railway

[短语] 建～ | ～上

[句子] 近几年全国各地的～交通发展得特别快 | 去北京西站坐几号线～？

地铁站 2级

dìtiězhàn

n. subway station

[短语] 去～ | 修～

[句子] 这个～的设计很有中国特色 | 出门往北走，大约 200 米就到～了。

地图 1级

dìtú

n. map

[短语] 北京～ | 一张～

[句子] 你能在～上找到中国在哪里吗？| 办公室的墙上挂着一张世界～。

弟弟 | 弟 1级

dìdi | dì

n. younger brother

[短语] 可爱的弟弟 | 这是我弟

[句子] 我有两个弟弟，一个喜欢打球，一个爱好文学 | 他二弟在一所大学当老师。

第 1级

dì

pref. indicating ordinal numbers

"第"用在整数的前面，表示次序。如"第二天""第四次""第一百零一个"。注意"第二"不能说成"第两"。

[短语] ～八名 | ～一排

[句子] 在自行车比赛中，他得了～二名 | 这条信息很重要，广播里已经～三次播放了。

点 1级

diǎn

m. a bit; hour

v. select; check one by one

n. aspect; (in Chinese characters) dot stroke

[短语] 少吃～儿 | 下午两～ | ～一支歌 | 上课～名 | 五～要求 | 三～水

[句子] 出去旅游要多带～儿钱 | 现在刚四～，时间还早 | 我想～一份中餐 | 你～一下儿，一共来了多少人 | 这几～你要特别注意 | "心"字最后一笔是～。

点头 2级

diǎn//tóu

nod; give one's consent

[短语] ～答应 | 点了点头

[句子] 她一边听一边～，表示同意他的看法 | 这件事情我说了不算，得领导～。

电 1级

diàn

n. electricity

[短语] 修～表 | 风力发～

[句子] 请大家注意用～安全 | 你去查一下，看看还有多少度～。

地铁 △ □ ☆　地铁站 △ □ ☆　地图 △ □ ☆　弟弟 | 弟 △ □ ☆

第 △ □ ☆　点 △ □ ☆　点头 △ □ ☆　电 △ □ ☆

D

电话 1级

diànhuà

n. telephone; call

[短语] 打～｜来过两次～

[句子] 这部～很先进，功能特别多｜他正在接～，晚一会儿过来。

电脑 1级

diànnǎo

n. computer

[短语] 两台～｜～游戏

[句子] 最近我们单位给新员工配了～｜笔记本～又小又轻，带到哪儿都很方便。

电视 1级

diànshì

n. television programme; television set (TV)

[短语] 看～｜打开～

[句子] 现在的～节目真丰富｜这台～使用了最新技术，效果特别好。

电视机 1级

diànshìjī

n. television set (TV)

[短语] 一台～｜修～

[句子] 这个牌子的～为什么这么贵？｜小时候，我家的～是黑白的。

电视剧 3级

diànshìjù

n. television drama

[短语] 演～｜～导演

[句子] 我喜欢看讲家庭生活的～｜听说老张最近又拍了一部～，特别好看。

电视台 3级

diànshìtái

n. television station

[短语] 地方～｜两家～

[句子] 我最喜欢看北京～的晚会｜他是中央～经济节目的导演。

电台 3级

diàntái

n. transmitter-receiver, radio station

[短语] ～设备｜音乐～

[句子] 这些信号是从哪个～发送出来的？赶紧查一下｜上下班的路上我都会听交通～的广播。

电影 1级

diànyǐng

n. film, movie

[短语] 看～｜～公司

[句子] 这部老～记录了那个年代的故事｜国际～节上播出了大量有名的～作品。

电话	△ □ ☆	电脑	△ □ ☆	电视	△ □ ☆	电视机	△ □ ☆
电视剧	△ □ ☆	电视台	△ □ ☆	电台	△ □ ☆	电影	△ □ ☆

电影院 1级

diànyǐngyuàn

n. cinema, movie theater

[短语] 一家～ | ～门口

[句子] 在～看电影时，不要大声说话 | 出了地铁站就能看到对面的～。

电子邮件 3级

diànzǐ yóujiàn

n. email

[短语] 写～ | 一封～

[句子] 会议总结将通过～发给各位 | 这封～很重要，请你及时保存。

店 2级

diàn

n. shop

[短语] 服装～ | 百年老～

[句子] 这是一家专门卖女鞋的～ | 我喜欢去那条商业街，因为那里每个～都很有特色。

调 3级

diào

v. transfer; shift

[短语] ～单位 | 南水北～

[句子] 他刚刚～到我们部门工作 | 我能不能和你～一下座位？

调查 3级

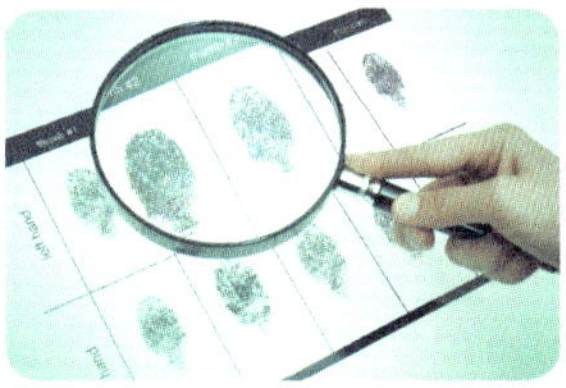

diàochá

v. investigate, inquire to

n. research report, investigation, inquiry

[短语] ～情况 | 配合～

[句子] 这件事情已经～清楚了 | 对小王的～结束了，他的做法没有问题。

掉 2级

diào

v. fall; be missing; used after transitive verbs to indicate removal; turn

[短语] 钱包～了 | 别～东西 | 坏毛病改不～ | ～过脸去

[句子] 离湖边远一点儿，小心别～下去 | 我的手机不知道～在哪儿了 | 新买的衣服不合适，请帮忙退～ | 你把车～过来，咱们去另一个方向。

订 3级

dìng

v. conclude, formulate; order

[短语] ～计划 | ～快餐

[句子] 新学期开始了，我们来～个学习目标吧 | 旅行社已经帮我们把酒店～好了。

定期 3级

dìngqī

v. set a time or date

adj. time-bound, regular

[短语] 会议还没～ | ～检查

[句子] 学校运动会～三天，5号开始，7号结束 | 为了买房，他借了银行80万元，每月16号～还钱。

D

电影院	△ □ ☆	电子邮件	△ □ ☆	店	△ □ ☆	调	△ □ ☆
调查	△ □ ☆	掉	△ □ ☆	订	△ □ ☆	定期	△ □ ☆

东 1级

dōng

n. east

[短语] 从～到西｜房子朝～

[句子] 早上起来，面向太阳，前边是～，后边是西，左边是北，右边是南｜从超市往～走大约200米就到银行了。

东北 2级

dōngběi

n. north-east

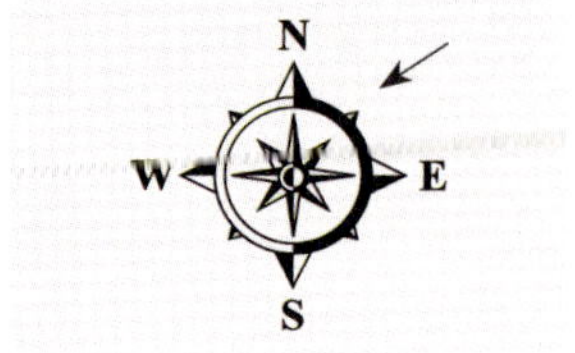

[短语] ～方向｜～风

[句子] 冬天可以去中国～三省旅游｜学校～边的那座楼是实验楼。

东边 1级

dōngbian

n. east

[短语] 在～｜～日出西边雨

[句子] 早晨，太阳从～升起来｜这条马路～有几家商店。

东部 3级

dōngbù

n. eastern part

[短语] ～城市｜～地区

[句子] 这种树一般生长在～靠海的地方｜这个国家～的经济比较发达。

东方 2级

dōngfāng

n. east; the East

"东方"除了表示方位，还可以表示亚洲各国，习惯上也包括埃及。如"东方国家""东方文明"。

[短语] ～红，太阳升｜～文化

[句子] 古老的～有一条龙，它的名字就叫中国｜《一千零一夜》是～文学的代表作品之一。

东南 2级

dōngnán

n. south-east

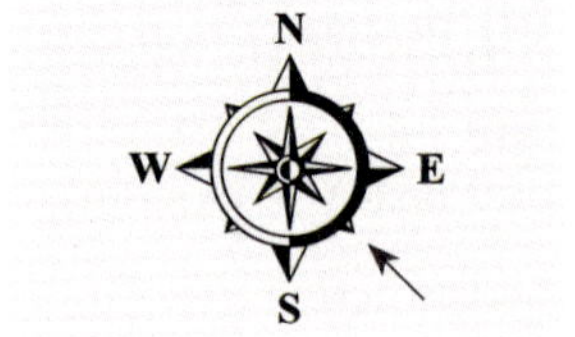

[短语] ～角｜向～飞

[句子] 在大海的～方向，有一个美丽的地方｜这几天我国～地区气温一直很高。

D

东西 1级

dōngxi

n. thing

[短语] 买～｜其他～

[句子] 这家超市有各种各样的～｜你家里～这么多，搬家的时候怎么办？

冬天 2级

dōngtiān

n. winter

[短语] ～和夏天｜去年～

[句子] ～到了，一片片雪花落在大地上｜那年～，我在一家咖啡馆认识了她。

东	△□☆	东北	△□☆	东边	△□☆	东部	△□☆
东方	△□☆	东南	△□☆	东西	△□☆	冬天	△□☆

懂 2级

dǒng

v. understand, know

［短语］听得～｜～中文

［句子］大家都～了吗？现在开始做题｜我的老师～好几门外语，日语、法语和西班牙语都会一些。

懂得 2级

dǒngde

v. understand

［短语］～生活｜～这句话的意思

［句子］读书让我们学到很多知识，～很多道理｜这次经历让他～：只要努力，就有希望。

动 1级

dòng

v. move; use; act

［短语］风吹草～｜～脑子｜～起来

［句子］不要随便～别人的东西｜学习语言就要多～嘴｜教练没说“开始”，谁也别～。

动力 3级

dònglì

n. energy used to operate a machine; impetus

［短语］～不足｜找到前进的～

［句子］这台机器年代太久，已经不能做～设备了｜同事的信任和支持是我工作的最大～。

动人 3级

dòngrén

adj. moving

［短语］～的歌声｜～的语言

［句子］这部电视剧拍得太～了，她看哭了好几次｜这部～的电影原来是他导演的。

动物 2级

dòngwù

n. animal

［短语］～世界｜食肉～

［句子］～是人类的朋友，我们要好好保护它们｜能够适应环境变化的～才能生存下来。

动物园 2级

dòngwùyuán

n. zoo

［短语］一座～｜管理～

［句子］很多小朋友最喜欢去的地方就是～｜北京～里有很多种动物，每年来参观的人特别多。

动作 1级

dòngzuò

n. action

［短语］慢～｜～电影

［句子］飞机在空中做着各种～｜京剧里的有些～很难，多多练习才能做好。

D

懂	△ □ ☆	懂得	△ □ ☆	动	△ □ ☆	动力	△ □ ☆
动人	△ □ ☆	动物	△ □ ☆	动物园	△ □ ☆	动作	△ □ ☆

都 1级

dōu

adv. all, both; already

注意否定词用在“都”后，表示否定全部；用在“都”前，表示否定一部分。试比较：“我们班同学都不参加。”“我们班同学不都参加，有一半参加。”

［短语］大人小孩儿～要票｜～12点了还不睡

［句子］这个会议挺重要的，大家～要参加｜你～上大学了，还不会算这道题吗？

读 1级

dú

v. read; read aloud

［短语］～小说｜～报纸

［句子］爷爷最大的爱好就是～书看报｜我来给大家～～这篇报道吧。

读书 1级

dú//shū

read, study; attend school

［短语］～小组｜读过几年书

［句子］他从小就有爱～的好习惯｜我儿子在北京读了四年书。

读音 2级

dúyīn

n. pronunciation

［短语］练习～｜～不准确

［句子］“教”是多音字，有两种～｜这几个词的～都一样，但意思各不相同。

读者 3级

dúzhě

n. reader

［短语］～见面会｜一位小～

［句子］广大～给这本小说的作者提出了一些意见和建议｜欢迎～朋友们参加这次新书推广活动。

度 2级

dù

n. rules; limit; extent

m. degree

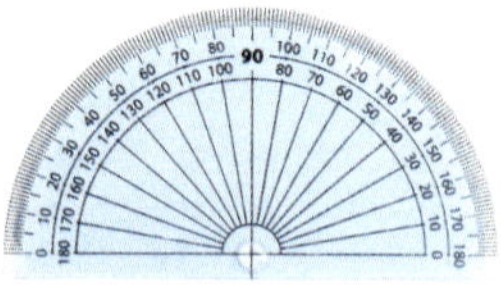

［短语］法～｜关心过～｜长～和高～｜45～角

［句子］关于请假，公司有明确的制～｜开玩笑要有个～，不能什么都说｜这位画家在国际上知名～很高｜游泳池的水温最好保持在26～左右。

短 2级

duǎn

adj. short; brief

［短语］～头发｜报告很～

［句子］这支笔太～了，请帮我换一支长的｜这篇文章有点儿～，你再改一改吧。

短处 3级

duǎnchù

n. shortcoming, weakness

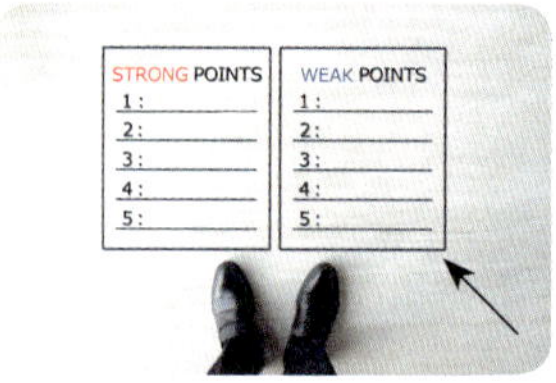

［短语］存在～｜长处和～

［句子］不要拿自己的长处和别人的～相比｜不论什么人，都各有长处和～。

D

都 △□☆　读 △□☆　读书 △□☆　读音 △□☆
读者 △□☆　度 △□☆　短 △□☆　短处 △□☆

短裤 3级

duǎnkù

n. shorts

[短语] 游泳~ | 红色~

[句子] 这条~是妈妈给我做的 | 我在网上买了几条运动~。

短期 3级

duǎnqī

n. short time

[短语] ~旅行 | ~学习

[句子] 我们要有~目标，也要有长期计划 | 他父母报了一个~的旅行团，三天就回来了。

短信 2级

duǎnxìn

n. text message

[短语] 回~ | 发送~

[句子] 这条~很重要，一定要保存好 | 你打算什么时候来，请提前给我发个~。

段 2级

duàn

m. used for a section or segment of sth. that is long; used for distance, time, writing, speech, etc.

[短语] 分成几~ | 一~时间

[句子] 请把这条线分成四~，每~都一样长 | 我常常想起在国外上学时的那~经历。

断 3级

duàn

v. break; cut off

[短语] 腿~了 | ~了联系

[句子] 绳子从中间~了 | 广播听到一半突然~了，可能是信号不好。

队 2级

duì

n. queue, line; team

[短语] 排成两~ | 篮球~

[句子] 买东西的人站成了长长的一~ | 进入决赛的是红~和蓝~。

队员 3级

duìyuán

n. team member

[短语] 足球~ | 所有~

[句子] 全体~身穿黄黑色运动服走进体育馆 | 他是我们队里年纪最小的~。

队长 2级

duìzhǎng

n. captain, team leader

[短语] 中~ | 篮球队~

[句子] 她小学六年级时当上了学校的大~ | 这个任务交给三个小队，小王是二队的~。

短裤 △ □ ☆　短期 △ □ ☆　短信 △ □ ☆　段 △ □ ☆
断 △ □ ☆　队 △ □ ☆　队员 △ □ ☆　队长 △ □ ☆

对 1级

duì

adj. correct

[短语] 答～了｜不论～错

[句子] 这道题全班同学都做～了｜他的回答不全面，不能算～。

对 2级

duì

prep. to

v. face; check

[短语] ～我说｜～着门｜～时间

[句子] 小林～同事很热情｜他的眼睛～着电脑，一动不动｜你们～一下那几道题，看看谁的结果正确。

对不起 1级

duìbuqǐ

v. sorry; let sb. down

[短语] ～大家｜感到～父母

[句子] ～，明天不能参加你们的活动了｜你弄坏了别人的笔，要说一声“～”。

对待 3级

duìdài

v. treat

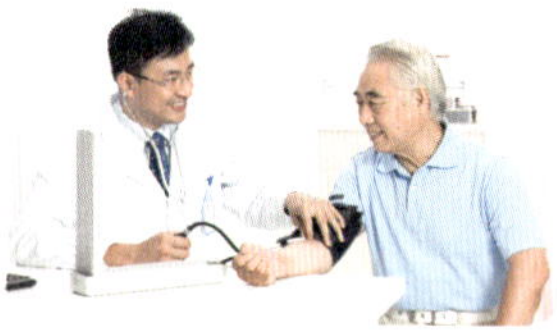

[短语] ～朋友｜好好～自己

[句子] 王大夫～病人很有爱心｜我们～工作要认真负责。

对方 3级

duìfāng

n. other party

[短语] 联系～｜～的态度

[句子] 会议时间有变化，请马上通知～｜双方合作时，要学会从～的角度想问题。

对话 2级

duìhuà

v. hold a dialogue

n. dialogue

[短语] 用中文～｜一段～

[句子] 国家之间要平等～｜他们从茶文化开始，展开了一场～。

对面 2级

duìmiàn

n. opposite side; front

[短语] 坐在他～｜～来了一个人

[句子] 火车站～有一家快餐店｜一辆汽车从～开过来，停在我面前。

对手 3级

duìshǒu

n. opponent; equal

[短语] 比赛～｜你不是他的～

[句子] 这次运动会上，我们班最大的～是二班｜我们的谈判～水平很高，一定要特别重视。

对 △□☆　对 △□☆　对不起 △□☆　对待 △□☆

对方 △□☆　对话 △□☆　对面 △□☆　对手 △□☆

对象 3级

duìxiàng
n. object; boyfriend, girlfriend

[短语] 调查~ | 找~
[句子] 老人和孩子是被照顾的~ | 朋友给她介绍的~是一名画家。

顿 3级

dùn
m. time

[短语] 两~饭 | 打了一~
[句子] 每到周末，妈妈都要给我们包~饺子 | 他因为浪费米饭，被妈妈批评了一~。

多 1级

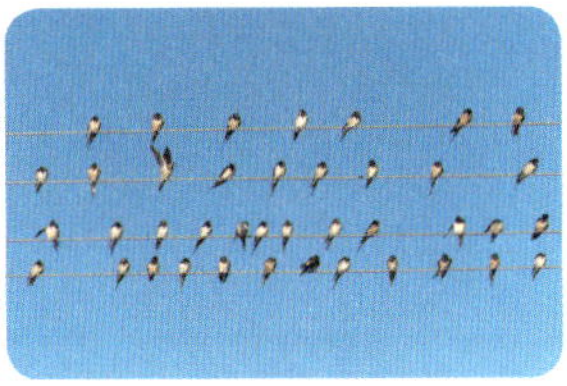

duō
adj. many; much more
pron. in questions about number or quantity

[短语] ~快好省 | 吃~了 | 天有~高
[句子] 电线上有很~鸟 | 刚才她有些不舒服，吃完药好~了 | 你的孩子今年~大了?

多 2级

duō
adv. (used in exclamations) how; to an unspecified extent

[短语] ~可爱的小狗 | 要~冷有~冷
[句子] 这件衣服穿在你身上~合适啊！ | 这个时候，不论~伤心，你都不能哭。

多久 2级

duōjiǔ
pron. how long; how often

[短语] 等了~ | ~去一次
[句子] 你们有~没联系了? | 你们部门~开一次会?

多么 2级

duōme
adv. how; no matter how

"多么"和"多"

二者都可以用在感叹句中，表示程度很高。如"多么漂亮的花""多好的人"。"多"还可以用在疑问句中询问程度或数量，如"你今年多大"。"多么"无此用法。

[短语] ~幸福 | 雨~大都要去
[句子] 能到这所学校读书，我是~幸运 | 不论每天~忙，他都要给父母打个电话。

多少 1级

duōshao
pron. how many, how much; expressing an unspecified number or amount

"多少"可以用于询问数量，如"这个玩具多少钱"；也可以表示不定的数量，如"要多少给多少""吃多少拿多少"。

[短语] 有~种图书 | 知道~说~
[句子] 看看这辆车上一共有~人 | 你不要客气，能吃~就吃~。

多数 2级

duōshù
n. majority

[短语] 小朋友占~ | ~地区
[句子] 我们班~学生已经报名了 | ~青年人都喜欢这个电视节目。

对象 △□☆　顿 △□☆　多 △□☆　多 △□☆
多久 △□☆　多么 △□☆　多少 △□☆　多数 △□☆

多云 2级

duōyún

n. cloudy weather

［短语］～天气｜～转晴

［句子］天气预报说部分地区～转阴，有小到中雨｜最近几天的天气以～为主，气温还是很高。

饿 1级

è

adj. hungry

v. starve

［短语］又累又～｜～坏了

［句子］我今天早饭吃得多，中午一点儿也不～｜多给小狗放些吃的，可别～着它。

儿子 1级

érzi

n. son

［短语］一个～｜生了个～

［句子］我有个可爱的～，还希望再生个女儿｜他家大～是一位大夫，小～是一位工程师。

而且 2级

érqiě

conj. and, but also

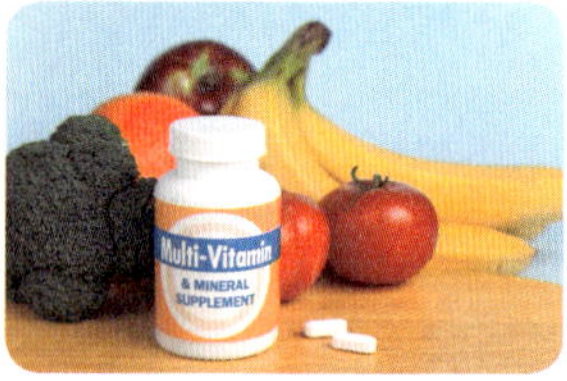

［短语］聪明～努力｜路很远～不好走

［句子］一日三餐很重要，不仅要好吃，～要有营养｜她不光长得漂亮，～性格也很好。

二 1级

èr

num. two; second

语言积累

十二　二十　三十二

二百　二万　三万二千

第二　零点二　三分之二

二姐　二月　二楼　二手车

［短语］一加一等于～｜～年级

［句子］我的房间号是一～～｜早春～月，到处都是绿色的希望。

发 2级

fā

v. give out; produce, show one's feelings; flourish

［短语］～短信｜一言不～｜～家致富

［句子］今天～工资了，我准备给父母买些好吃的｜这张老照片已经有些～黄了｜小王在外地做生意，今年～了一大笔财。

F

发表 3级

fābiǎo

v. issue; publish

［短语］～意见｜～作品

［句子］对目前的市场情况，他～了自己的看法｜王校长最近在报纸上～了两篇文章。

发出 3级

fāchū

v. send out; issue

［短语］～声音｜～消息

［句子］春天来了，鸟儿～快乐的叫声｜学校～紧急通知，今天下午提前放学。

多云	△□☆	饿	△□☆	儿子	△□☆	而且	△□☆
二	△□☆	发	△□☆	发表	△□☆	发出	△□☆

发达 3级

fādá

adj. developed

[短语] 商业～｜～国家

[句子] 这个城市的工业很～｜东部靠海地区经济比较～。

发动 3级

fādòng

v. start, launch; mobilize

[短语] ～机器｜～员工

[句子] 我的汽车突然～不起来了｜老师～全班同学报名参加学校运动会。

发明 3级

fāmíng

v. invent

n. invention

[短语] ～电话｜最新～

[句子] 他从小就喜欢～创造，长大后成为了一名科学家｜中国古代四大～在全世界影响很大。

发生 3级

fāshēng

v. happen

[短语] ～问题｜～变化

[句子] 前面～了一起交通事故｜别担心，这种情况以前也～过。

发送 3级

fāsòng

v. dispatch; transmit by radio

[短语] ～电子邮件｜～信号

[句子] 我给朋友～了短信，他还没有回我｜请把这次的会议记录～给大家。

发现 2级

fāxiàn

v. discover

n. discovery

[短语] ～石油｜意外～

[句子] 科学家～这块石头不是普通的石头，很有研究价值｜经过长时间观察，他们终于有了一个重大的～。

发言 3级

fāyán

v. make a speech

n. speech

[短语] 主动～｜精彩的～

[句子] 下面请我们的项目合作方～｜校长的～打动了所有同学和老师。

发展 3级

fāzhǎn

v. develop

n. development

[短语] ～工业｜社会的～

[句子] 努力～经济，让老百姓过上好日子｜近几年他们公司在技术创新方面取得较大～。

F

发达 △ □ ☆　发动 △ □ ☆　发明 △ □ ☆　发生 △ □ ☆

发送 △ □ ☆　发现 △ □ ☆　发言 △ □ ☆　发展 △ □ ☆

反对 3级

fǎnduì

v. oppose

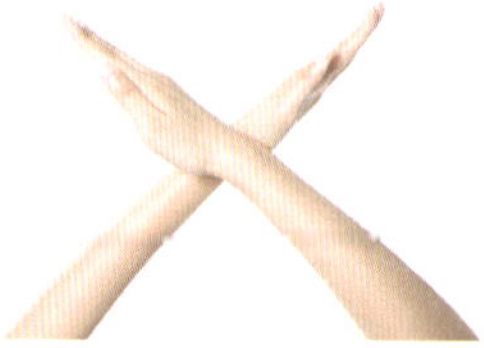

[短语] ～浪费｜强烈～

[句子] 我不～大家提意见，但是提得要合理｜他坚决～在商业街旁边建工厂。

反复 3级

fǎnfù

adv. repeatedly

n. repetition

[短语] ～使用｜出现～

[句子] 医生～强调每天要记得吃药，可昨天我还是忘了｜你要多观察，这种病往往会有～。

反应 3级

fǎnyìng

v. react

n. reaction

[短语] ～慢｜没一点儿～

[句子] 红队的队员们～快极了，蓝队很快就输了｜他看书看得太认真了，我喊了好几声他都没～。

反正 3级

fǎn · zhèng

adv. anyway

1. 表示任何情况下结果都一样。
   ◇你说什么都没用，反正我不信。
2. 表示强调理由或原因。
   ◇反正不远，我们走着去吧。

[句子] 你爱去不去，～我是不会去的｜不论你怎么说，～我不会改变主意。

饭 1级

fàn

n. meal

[短语] 好～不怕晚｜～后百步走

[句子] 一天三顿～，顿顿不能少｜把碗里的～吃干净，不能浪费。

饭店 1级

fàndiàn

n. restaurant; hotel

[短语] 去～吃饭｜五星级～

[句子] 这家～的饭菜以川菜为主｜去旅游的时候，我不喜欢住大～，喜欢住有特色的小旅馆。

饭馆 2级

fànguǎn

n. small restaurant

[短语] 开～｜经营～

[句子] 我们经常去单位旁边的一家～吃饭｜这个～专门做面条儿，在这周围很有名。

范围 3级

fànwéi

n. scope

[短语] 活动～｜规定的～

[句子] 这家公司的经营～是什么？｜高中课程复习的～很广，要注意学好基础知识。

F

反对	△ □ ☆	反复	△ □ ☆	反应	△ □ ☆	反正	△ □ ☆
饭	△ □ ☆	饭店	△ □ ☆	饭馆	△ □ ☆	范围	△ □ ☆

方便 2级

fāngbiàn

adj. convenient; appropriate

[短语] ~食品 | 不~接电话

[句子] 在中国，用手机付钱很~ | 屋子里人太多了，不~说话，我们出去说吧。

方便面 2级

fāngbiànmiàn

n. instant noodles

[短语] 鸡肉味儿~ | 一箱~

[句子] 我常常会买一些~存在家里 | ~有很多种吃法，可以放鸡蛋，还可以放菜。

方法 2级

fāngfǎ

n. way

[短语] 改进~ | ~简单

[句子] 做这道题有两种~ | 碰到问题要多动脑，试试不同的解决~。

方面 2级

fāngmiàn

n. respect

[短语] 多~ | 各~的意见

[句子] 妹妹从小在画画儿~表现突出 | 这~大家要多向小张学习，她很有经验。

方式 3级

fāngshì

n. way

"方式"和"方法"

二者都表示说话、做事的办法。"方式"多用于抽象的、大的方面，可以表现文化、思想等，如"东方人和西方人生活方式不同"。"方法"是具体的做法，用来解决具体问题，如"做这道数学题有两种方法"。

[短语] 其他~ | 工作~

[句子] 那位父亲用自己的~表达对孩子的爱 | 做别人的思想工作要注意~和方法。

方向 2级

fāngxiàng

n. geographical direction; orientation

[短语] ~朝南 | 前进的~

[句子] 加油站在东北~三公里处 | 做事情首先要确定~，然后再制订行动计划。

防 3级

fáng

v. prevent

[短语] 年年~火 | ~不住

[句子] 夏天雨水多，老房子一定要注意~水 | 这次篮球比赛，你的任务就是~住对方，不让他们进球。

防止 3级

fángzhǐ

v. prevent

[短语] ~浪费 | 有效地~

[句子] 开车时一定要精神集中，~出现交通事故 | 这几天气温变化大，要~感冒。

F

方便 △ □ ☆　方便面 △ □ ☆　方法 △ □ ☆　方面 △ □ ☆

方式 △ □ ☆　方向 △ □ ☆　防 △ □ ☆　防止 △ □ ☆

房东 3级

fángdōng
n. landlord, landlady

[短语] ~和房客 | ~的责任
[句子] 他是我的朋友，也是我的~ | 这套房子的~同意我们短期租住。

房间 1级

fángjiān
n. room

[短语] 三个~ | 干净的~
[句子] 这个漂亮的~是我弟弟的 | 我们家朝南的~给爷爷奶奶住。

房屋 3级

fángwū
n. house

[短语] 现代化~ | ~出租
[句子] 一些~被大水冲倒了 | 在这个城市，很多有价值的~都被保留了下来。

房子 1级

fángzi
n. house

“房子”和“房屋”

“房屋”是房子的总称，多用于书面语，一般不说“一个房屋”，可以说“房屋维修”“房屋改造”。“房子”可以指具体的，如“我家的房子”“几间房子”。

[短语] 买~ | 新~
[句子] 村里有很多三层楼的~ | 我很想有一个面朝大海的~。

房租 3级

fángzū
n. house rent

[短语] 收~ | 一年的~
[句子] 这个地区交通很方便，所以~比较贵 | 我终于自己买了房子，再也不用交~了。

访问 3级

fǎngwèn
v. visit

[短语] 接受记者~ | ~量很大
[句子] 今年上半年，他一共~了三个国家 | 欢迎~我们学校的网站。

放 1级

fàng
v. put; put in; show

[短语] ~东西 | ~点儿油 | ~首歌
[句子] 请让一下，我~一下行李 | 咖啡里~些牛奶和糖，味道会更好 | 妹妹喜欢一边~音乐一边写作业。

放到 3级

fàngdào
put

[短语] ~桌子上 | 把行李~车里
[句子] 脏衣服~洗衣机里了 | 我把手机~书包里了，没接到你的电话。

房东	△ □ ☆	房间	△ □ ☆	房屋	△ □ ☆	房子	△ □ ☆
房租	△ □ ☆	访问	△ □ ☆	放	△ □ ☆	放到	△ □ ☆

放假 1级

fàng//jià
have a holiday

[短语] 春节～ | 放几天假
[句子] ～前我就做好了旅游的准备 | 国庆节放七天假，可以好好休息一下了。

放下 2级

fàngxia
lay down; lay aside

[短语] ～笔 | ～工作
[句子] 爸爸～孩子们的书包，准备做饭 | 一见朋友来了，他赶紧～手中的事情，去门口迎接。

放心 2级

fàng//xīn
feel at ease

[短语] ～离开 | 放一百个心
[句子] 这件事情交给我，你就～吧 | 父母年纪大了，孩子们一直～不下。

放学 1级

fàng//xué
dismiss class

[短语] ～回家 | ～时间
[句子] 这个主意不错，～后咱们好好商量商量 | 现在才三点，学校还放不了学。

飞 1级

fēi
v. fly

[短语] ～得更高 | ～来～去
[句子] 一只鸟从天空～过 | 爸爸送给我一个会～的玩具。

飞机 1级

fēijī
n. airplane

[短语] 一架～ | 坐～
[句子] 弟弟的理想是长大后开～ | 我和朋友坐～去巴西看世界杯足球比赛。

飞行 3级

fēixíng
v. fly

[短语] ～设备 | 做好～准备
[句子] 飞机在云里～，像一只大鸟 | 今天，我们国家自己制造的飞机第一次上天～。

非常 1级

fēicháng
adv. extremely

语言积累

非常生气　非常爱学中文
非常可爱　非常非常高兴
非常不好　非常不爱说话

[短语] ～感动 | ～年轻
[句子] 这家咖啡店的咖啡～好喝，我们经常去 | 我身边有一群～努力的年轻人。

F

放假	△ □ ☆	放下	△ □ ☆	放心	△ □ ☆	放学	△ □ ☆
飞	△ □ ☆	飞机	△ □ ☆	飞行	△ □ ☆	非常	△ □ ☆

费 3级

fèi

v. cost

n. fee

[短语] ~工夫｜办公~

[句子] 这顿晚餐~了妈妈整整一下午的时间｜天气太热，这个月的水~和电~都增加了。

费用 3级

fèiyong

n. cost

[短语] 生活~｜其他~

[句子] 每个月房租~占了他一半工资｜为了节约交通~，我每天骑自行车上下班。

分 1级

fēn

n. mark

m. *fen*, a fractional unit of money in China; a minute; a point, a mark

[短语] 得~｜三角二~｜八点十~｜考 100~

[句子] 这道题没有~｜苹果一共九元四角八~｜现在是早上六点五~，时间来得及｜这场球赛双方只差了一~。

分 2级

fēn

v. divide

[短语] ~蛋糕｜~一~

[句子] 妈妈把水果~成两份，一份给我，一份给姐姐｜请你把这些文件~好，下午开会时发给大家。

分别 3级

fēnbié

v. part; distinguish

adv. differently, respectively

[短语] ~的时候｜~好坏｜~对待

[句子] 我们~十年了，再见面仍然觉得十分亲切｜两个球看起来差不多，我~不出来｜对于不同的情况，我们要~处理。

分开 2级

fēn//kāi

part; separate

[短语] ~不久｜~保存

[句子] 我们本来在一条路上，走着走着就~了｜好的和坏的分得开分不开？

F

分配 3级

fēnpèi

v. distribute, assign

[短语] ~任务｜合理~

[句子] 经理给大家~了这个月的工作｜今年公司给新员工~的电脑都是同一个牌子的。

分数 2级

fēnshù

n. mark; fraction

语言积累

1/5	五分之一
$\frac{2}{3}$	三分之二
$2\frac{1}{4}$	二又四分之一

[短语] 考试~｜用~表示

[句子] 今年这所大学的~线比去年高｜这道题最后的结果是一个~。

费 △□☆　费用 △□☆　分 △□☆　分 △□☆

分别 △□☆　分开 △□☆　分配 △□☆　分数 △□☆

分钟 2级

fēnzhōng

m. minute

[短语] 课间十～ | 五～以后

[句子] 会议大约在30～后结束 | 演出还差两～就开始了，我们不等他了。

分组 3级

fēn zǔ

divide into groups

[短语] ～学习 | ～完成任务

[句子] 这个问题很有意思，大家～讨论一下吧 | 请班长负责～，每四个人一组。

份 2级

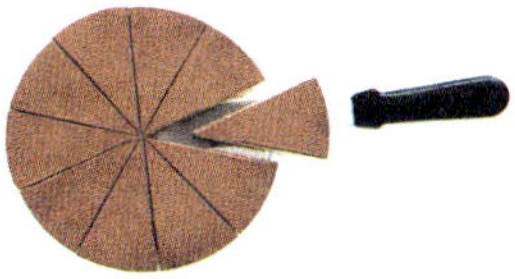

fèn

m. portion; used for newspapers, magazines, jobs, food, etc.

[短语] 分成十～ | 一～午饭

[句子] 每人一～，请大家排好队来领 | 这～丰富的早餐里有妈妈深深的爱。

丰富 3级

fēngfù

adj. plentiful

[短语] 经验～ | ～的内容

[句子] 这家超市的商品很～，大部分东西都能买到 | 多学知识可以让自己的头脑更～。

风 1级

fēng

n. wind

[短语] 东北～ | ～里来，雨里去

[句子] 春天的～吹到脸上，舒服极了 | 外面这么大的～，出门要注意安全。

风险 3级

fēngxiǎn

n. risk

[短语] 高～ | 有一定的～

[句子] 跟谁做生意都会有～的 | 合作前我们要先想到各种～。

封 2级

fēng

m. used for sth. sealed or wrapped up

[短语] 一～家书 | 写～信

[句子] 这～信是给小张的，不是给我的 | 这～电子邮件下班前必须发出去。

否定 3级

fǒudìng

v. negate

adj. negative

[短语] ～一切 | ～的意见

[句子] 我们要认真研究研究，不能随便～别人 | 对这个设计，我的态度是～的。

F

分钟	△ □ ☆	分组	△ □ ☆	份	△ □ ☆	丰富	△ □ ☆
风	△ □ ☆	风险	△ □ ☆	封	△ □ ☆	否定	△ □ ☆

否认 3级

fǒurèn

v. deny

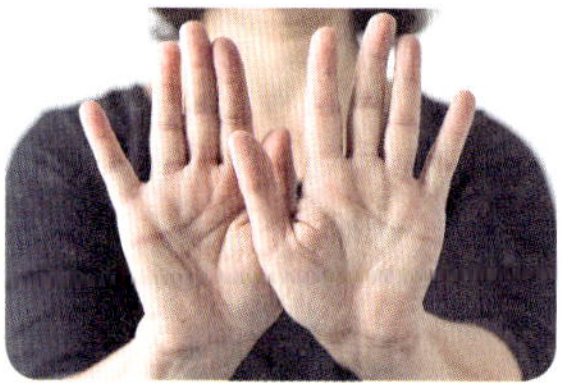

[短语] ～事实｜全部～

[句子] 她～自己那天说过这样的话｜我们不能完全～他的成绩。

服务 2级

fúwù

v. serve

[短语] 为人民～｜热情地～

[句子] 她已经在那家银行～了五年｜我是旅行社的工作人员，很高兴能有机会为大家～。

服装 3级

fúzhuāng

n. dress

[短语] 演出～｜经营～厂

[句子] 参加这次活动的同学一定要～整齐，动作规范｜中心广场有好几家卖～的商店。

福 3级

fú

n. good luck, good fortune

[短语] 健康是～｜有～之人

[句子] 儿孙自有儿孙～，父母不用什么都管｜奶奶，祝您生日快乐，～如东海，寿比南山。

父母 3级

fùmǔ

n. parents

[短语] 他～｜～在，不远游

[句子] 天下所有的～都爱自己的孩子｜希望我的～永远健康平安。

父亲 3级

fù · qīn

n. father

[短语] ～的一生｜她的～

[句子] 我的～和母亲都是教师｜做了～后，他才真正感受到责任重大。

付 3级

fù

v. hand over, pay

[短语] ～钱｜～工资

[句子] 她～了我三个月房租｜你放心，到这个月底所有该～的费用我都会～清。

负责 3级

fùzé

v. be responsible for

adj. responsible

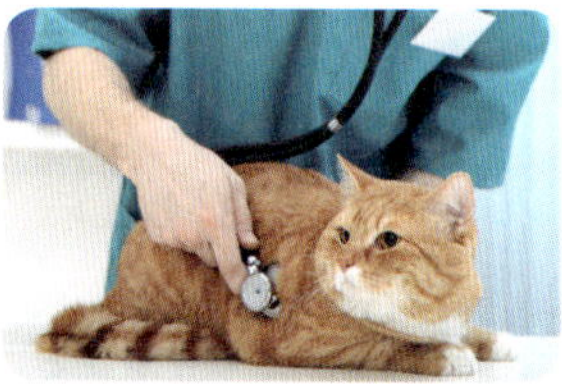

[短语] ～教学工作｜认真～

[句子] 你养了猫，就要对它～｜张老师对学生非常～。

F

否认	△ □ ☆	服务	△ □ ☆	服装	△ □ ☆	福	△ □ ☆
父母	△ □ ☆	父亲	△ □ ☆	付	△ □ ☆	负责	△ □ ☆

复习 2级

fùxí

v. revise

[短语] ~功课｜认真~

[句子] 今天新学的知识很多，一定要好好~｜她要参加中文考试，最近一直在~。

复印 3级

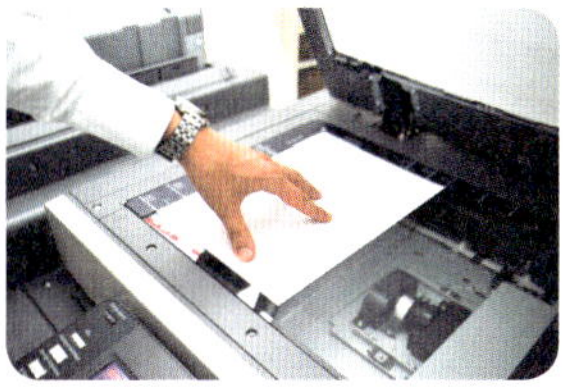

fùyìn

v. copy

[短语] ~文章｜身份证~件

[句子] 这份文件你要~几份?｜我把儿子的作文~下来，留作纪念。

复杂 3级

fùzá

adj. complex

[短语] ~的关系｜情况~

[句子] 他总是把简单的问题弄得很~｜目前国际环境变得越来越~。

富 3级

fù

adj. rich

[短语] 国~民安｜要想~，先修路

[句子] 我们的目标是让所有人都过上~日子｜随着国家经济的快速发展，大家都~起来了。

该 2级

gāi

v. ought to; be one's turn

[短语] ~起床了｜~她发言了

[句子] 我~坚持自己的看法，不~听他的｜上次小王已经请过客了，这次~我请客了。

改 2级

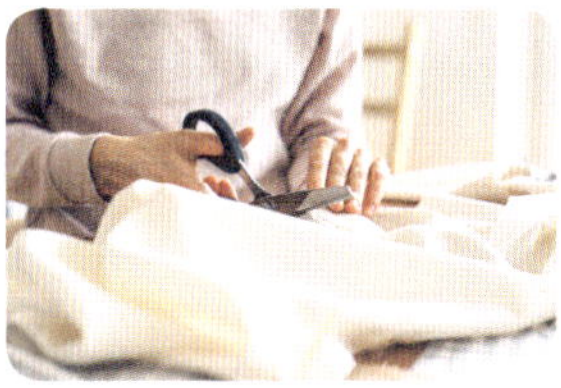

gǎi

v. change

[短语] ~主意｜机票~好了

[句子] 你这些坏习惯真该~~了｜这件衣服~一下，还能给妹妹穿。

改变 2级

gǎibiàn

v. change

n. change

[短语] ~计划｜样子没什么~

[句子] 社会的发展~了人类的生活｜这学期他的学习态度发生了很大的~。

改进 3级

gǎijìn

v. improve

[短语] ~生产技术｜提出~方法

[句子] 我们要进一步~公司的管理｜这家饭店服务太差了，需要好好~~。

G

复习	△ □ ☆	复印	△ □ ☆	复杂	△ □ ☆	富	△ □ ☆
该	△ □ ☆	改	△ □ ☆	改变	△ □ ☆	改进	△ □ ☆

改造 3级

gǎizào
v. transform

［短语］～房屋｜把城市～成花园
［句子］劳动可以～世界｜上个月我们学校对图书馆进行了～。

概念 3级

gàiniàn
n. concept

［短语］新～｜时间～
［句子］他对钱没什么～｜大家对这些基本～的理解不太一样。

干 1级

gān
adj. dry

［短语］一朵～花｜眼睛很～
［句子］衣服是昨天晚上洗的，还没～｜好几个月不下雨，地里的菜都～死了。

干杯 2级

gān//bēi
drink a toast

［短语］为成功～｜干了这一杯
［句子］祝你一切顺利，～！｜为了球队的胜利，咱们一起干一杯！

500

干净 1级

gānjìng
adj. clean

［短语］～的桌子｜感觉不太～
［句子］妹妹的房间很～，弟弟的房间有点儿脏｜妈妈把衣服洗得干干净净的。

赶 3级

gǎn
v. run after; hurry; drive away

［短语］～地铁｜～得上｜～出去
［句子］他～上八点的火车了吗？｜今天必须把报告～出来｜羊进院子了，快～出去吧。

G

赶到 3级

gǎndào
rush or hurry to a place

［短语］～车站｜～见面的地方
［句子］他～公司的时候，会议已经结束了｜我终于在飞机起飞前半个小时～了机场。

赶紧 3级

gǎnjǐn
adv. without delay

［短语］～回家｜～记下来
［句子］面条儿快凉了，你～吃吧｜老板的文件忘拿了，你～打车给他送过去。

改造	△ □ ☆	概念	△ □ ☆	干	△ □ ☆	干杯	△ □ ☆
干净	△ □ ☆	赶	△ □ ☆	赶到	△ □ ☆	赶紧	△ □ ☆

赶快 3级

gǎnkuài

adv. immediately

“赶快”和“赶紧”

二者意思相近，都表示快些行动，不要晚了。“赶快”强调加快速度，“赶紧”强调抓住机会。

[短语] ～过来｜～喝完

[句子] 会议马上开始，你～来吧！｜奶奶很不舒服，～送她去医院吧。

敢 3级

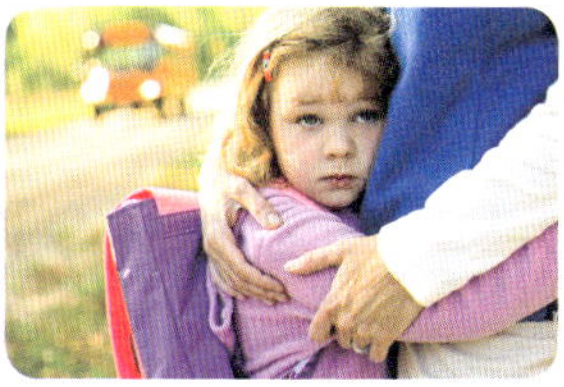

gǎn

v. dare

[短语] 不～说话｜～不～去

[句子] 刚转到新的学校，妹妹不～和别的小朋友一起玩儿｜你～告诉他这个坏消息吗？反正我不～。

感到 2级

gǎndào

v. feel

[短语] ～高兴｜～难过

[句子] 后面好像有个人一直跟着她，她～非常害怕｜看到孩子玩儿得高兴，妈妈也～很开心。

感动 2级

gǎndòng

adj. moved, touched

v. move

[短语] 非常～｜～了全班同学

[句子] 父亲下水救人的行为让他深受～｜她被电影中的故事～哭了。

感觉 2级

gǎnjué

v. feel

n. feeling

[短语] ～有点儿热｜特别的～

[句子] 他～这件事情有些奇怪｜吃糖会有甜甜的～，甜的东西好像能让人更开心。

感冒 3级

gǎnmào

n. cold

v. have a cold

[短语] 流行性～｜经常～

[句子] 她好像得了重～，赶快回家休息吧｜今年冬天爷爷都～三回了。

感情 3级

gǎnqíng

n. feeling, affection

[短语] 动了真～｜有～地读

[句子] 他和他爱人～非常好｜她对这份～越来越没有信心了。

感受 3级

gǎnshòu

n. feeling

v. feel

“感受”和“感觉”

1. 感受生活　感受亲情
   感受家的温暖（＊感觉）
2. 感觉头疼　感觉不安
   感觉十分幸福（＊感受）

[短语] 强烈的～｜～到他的关心

[句子] 这次去农村调查，王部长的～很深｜新工作让他～到很大的压力。

G

赶快 △□☆　敢 △□☆　感到 △□☆　感动 △□☆

感觉 △□☆　感冒 △□☆　感情 △□☆　感受 △□☆

感谢 2级

gǎnxiè
v. thank

［短语］非常～｜～家人的理解
［句子］她很～那位医生治好了女儿的病｜王老师给我的文章提了不少好建议，我对他表示深深的～。

干 1级

gàn
v. do; work as

［短语］～工作｜～了十年
［句子］大家加油～，我们一定能成功｜他～过工人，也～过技术员。

干活儿 2级

gàn//huór
work

［短语］给公司～｜干了三天活儿
［句子］哥哥是工人，每天在工厂～｜一个人干不完，我能帮你干点儿什么活儿？

干吗 3级

gànmá
pron. what to do; why

［短语］你在～｜～不参加
［句子］不接电话，不回短信，你到底想～？｜平时她对你那么好，你～那么说她？

干什么 1级

gàn shénme
what to do; why

"干什么"和"干吗"

二者意思相同，都用来询问原因或目的。比如："他想干什么？""你干吗不早说？"注意询问客观事物的道理时只能用"为什么""怎么"，不能用"干什么""干吗"。比如："西瓜怎么长这么大？"

［短语］你想～｜批评他～
［句子］上周四晚上八点到十点，你在～？｜你那么生气～？这件事和你又没有关系。

刚 2级

gāng
adv. just; only just

［短语］～参加工作｜～满三个月
［句子］他～到这个城市半年，很多地方都还没去过｜弟弟～一岁，还不会自己吃饭。

G

刚才 2级

gāngcái
n. the moment before

［短语］～下雨了｜～哭了
［句子］～天气预报说明天更冷，你最好多带件衣服｜你跟我们说说～发生了什么。

刚刚 2级

gānggāng
adv. just; only just

"刚刚"和"刚"

二者都表示行动、情况发生在不久以前，一般用在主语后面。"刚刚"有时可用在主语前面，如"刚刚我们还在说这件事"，"刚"不能这样用。

［短语］～下课｜～能放下一张床
［句子］他～出门，你现在去追还来得及｜这件上衣她穿着～合适，不大也不小。

感谢	△□☆	干	△□☆	干活儿	△□☆	干吗	△□☆
干什么	△□☆	刚	△□☆	刚才	△□☆	刚刚	△□☆

高 1级

gāo

adj. tall, high; above

[短语] 一座~山｜价格更~

[句子] 哥哥比弟弟~｜她已经学了三年了，中文水平比我~多了。

高级 2级

gāojí

adj. high-level, high-grade, senior

[短语] ~教师｜相当~

[句子] 我在中级班，他在~班｜你的手表是什么牌子的？看起来特别~。

高速 3级

gāosù

adj. high-speed

[短语] ~火车｜~前进

[句子] 这两个城市之间有~公路｜中国的经济~发展，人民生活水平不断提高。

高速公路 3级

gāosù gōnglù

motorway, expressway

[短语] 到北京的~｜修一条~

[句子] 我们走~吧，至少快半个小时｜在~上开车，每小时的速度一般不能超过120公里。

高兴 1级

gāoxìng

adj. happy

[短语] 非常~｜不太~

[句子] 今年收入不错，爷爷~地笑了｜妹妹天天都高高兴兴的。

高中 2级

gāozhōng

n. senior middle school

[短语] ~同学｜一所~

[句子] 去年我哥哥考上了重点~｜上完初中上~，上完~就上大学了，时间过得真快啊！

告别 3级

gào//bié

leave; say goodbye to

[短语] ~亲人｜向朋友~

[句子] 姐姐~了家乡，来到北京生活｜他要回国了，今天专门过来和我告个别。

告诉 1级

gàosu

v. tell

[短语] ~奶奶｜请你~他

[句子] 爸爸，~你一个好消息｜我妈妈年纪大了，你不要~她我生病了。

高	△ □ ☆	高级	△ □ ☆	高速	△ □ ☆	高速公路	△ □ ☆
高兴	△ □ ☆	高中	△ □ ☆	告别	△ □ ☆	告诉	△ □ ☆

哥哥｜哥 1级

gēge｜gē

n. elder brother

［短语］我哥哥｜亲哥

［句子］哥哥比弟弟大两岁，上六年级｜这是我大哥，这是我二哥。

歌 1级

gē

n. song

［短语］一支～｜长江之～

［句子］我很喜欢听～，但不怎么会唱～｜这支～是我专门为你创作的，我想亲自唱给你听。

歌迷 3级

gēmí

n. fan (of a song or a singer)

［短语］一位～｜参加～会

［句子］妹妹一边走路一边听歌，真是个～｜很多～来听他的演唱会。

歌声 3级

gēshēng

n. sound of singing

［短语］动人的～｜夜半～

［句子］春节晚会上他的～真好听｜她的～让我想起了家乡的亲人们。

歌手 3级

gēshǒu

n. singer

［短语］一位～｜～比赛

［句子］专业～就是不一样，唱得太好了！｜她不仅是有名的～，还是个很不错的演员。

个 1级

gè

m. used before a noun which does not have a fixed measure word of its own

汉语中有些名词有专用量词，如“一匹马”“一头牛”“一张桌子”。“个”是最常见的量词，可通用于没有专用量词的名词。

［短语］三～苹果｜每～国家

［句子］早上你吃了几～包子？｜爬山的时候，大家一～～都累得一身汗。

G

个人 3级

gèrén

n. individual

［短语］先进～｜～爱好

［句子］这只是他～的意见，不代表公司的观点｜我～认为，这么做不太合适。

个性 3级

gèxìng

n. individuality

［短语］有～｜～很强

［句子］他们都太有～了，吵完架谁也不低头｜两姐妹长得很像，但是～大不一样。

哥哥｜哥	△□☆	歌	△□☆	歌迷	△□☆	歌声	△□☆
歌手	△□☆	个	△□☆	个人	△□☆	个性	△□☆

个子 2级

gèzi
n. height

[短语] 大～ | ～很高
[句子] 哥哥的～比弟弟高不少 | 他女朋友～不高，短发，特别爱笑。

各 3级

gè
pron. each
adv. each

[短语] ～个班级 | ～吃～的
[句子] ～位同学大家好，我是二年级五班的张林 | 有人爱听音乐，有人爱打篮球，大家～有～的爱好。

各地 3级

gèdì
n. various places

[短语] 全国～ | 世界～
[句子] 十年来，～经济都有不同程度的发展 | ～情况不太一样，我们需要全面调查一下。

各位 3级

gèwèi
pron. everyone

[短语] ～家长 | 感谢～的帮助
[句子] ～观众，欢迎收看今天的社会新闻 | ～新同学，我来为大家介绍一下学校的基本情况。

各种 3级

gèzhǒng
pron. all kinds

[短语] ～情况 | ～美食
[句子] ～现象表明，他当初的决定是正确的 | 春节时全世界华人会举行～庆祝活动。

各自 3级

gèzì
pron. each

[短语] ～解决 | ～发展
[句子] 他们～看着手机，谁也不说话 | 我们不仅要～努力，更要互相配合。

给 1级

gěi
v. give
prep. to, with; to, for

[短语] ～我钱 | ～他打电话 | 送～谁
[句子] ～你个礼物 | 下周妈妈过生日，我想～她买件新衣服 | 这本书是爸爸留～我的。

根本 3级

gēnběn
adv. at all
adj. basic
n. base

[短语] ～不明白 | ～原因 | 从～上解决
[句子] 你天天和我在一起，但你～不理解我 | 吃饱饭是生活中最～的问题 | 创新是科技进步的～。

G

个子 △ □ ☆　各 △ □ ☆　各地 △ □ ☆　各位 △ □ ☆
各种 △ □ ☆　各自 △ □ ☆　给 △ □ ☆　根本 △ □ ☆

跟 1级

gēn
prep. with
conj. and
v. follow

［短语］～我学中文｜学生～老师｜～不上
［句子］这件事你～家人说了吗？｜我～她是高中同学｜你的车～着我的车，我知道怎么走。

更 2级

gèng
adv. further, more

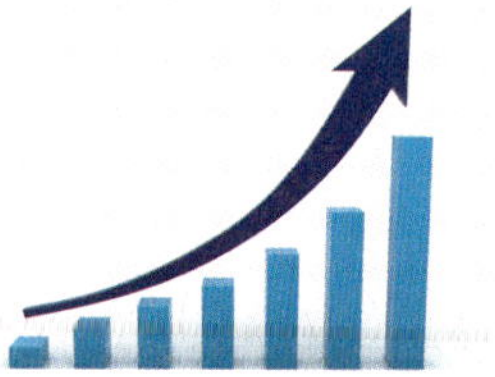

［短语］～上一层楼｜～喜欢南方
［句子］跟北京比，我的家乡冬天～冷｜你换个方式吧，那样做好像～能解决问题。

更加 3级

gèngjiā
adv. even more

"更加"和"更"

二者意义和用法基本相同，"更加"后面多是双音节词，"更"后面单双音节词都可以。如"更加自信""更好""更明显"。

［短语］～努力｜～美丽
［句子］我们未来的生活会～美好｜听他说完后，我～希望他能来我们公司工作了。

工厂 3级

gōngchǎng
n. factory

［短语］开～｜一家～
［句子］爸爸上班的～离家不远｜为了保护环境，一些～搬到了离城市很远的地方。

工程师 3级

gōngchéngshī
n. engineer

［短语］一位～｜高级～
［句子］我爸爸是～，我妈妈是教师｜他姓方，是我们单位负责互联网的～。

工夫 3级

gōngfu
n. time, free time

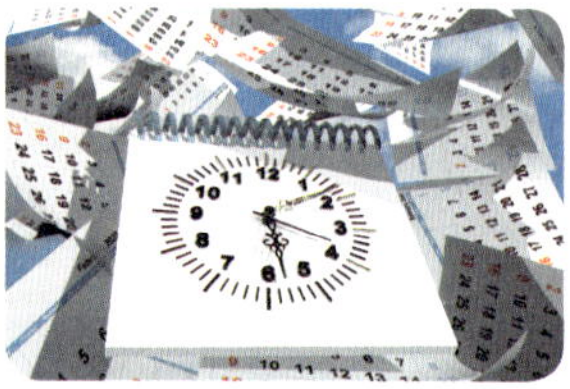

［短语］没～｜一杯茶的～
［句子］你有～玩儿游戏，没～写作业？｜他三天～就学会了游泳。

G

工具 3级

gōngjù
n. tool

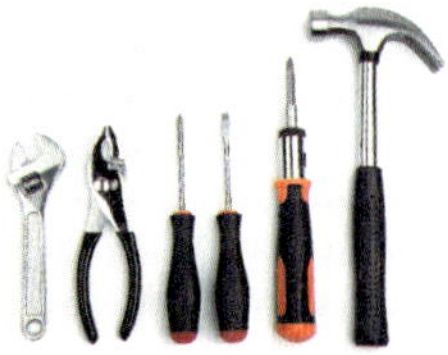

［短语］生产～｜常用的～
［句子］人类和动物的主要区别是会制造和使用～｜词典是学习语言的重要～。

工人 1级

gōngrén
n. worker

［短语］技术～｜汽车～
［句子］这家工厂有两千多名～，年轻人占大多数｜青年～要多向有经验的老～学习。

跟 △□☆　更 △□☆　更加 △□☆　工厂 △□☆
工程师 △□☆　工夫 △□☆　工具 △□☆　工人 △□☆

工业 3级

gōngyè
n. industry

[短语] 轻~ | ~生产
[句子] 东北地区有很多重~城市 | ~的发展是社会经济发展的重要组成部分。

工资 3级

gōngzī
n. wage

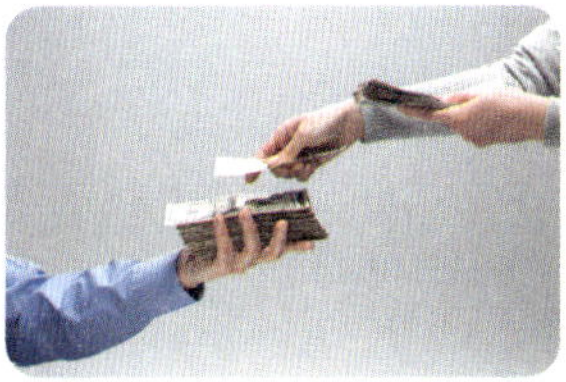

[短语] 发~ | ~标准
[句子] 我这个月的~比上个月多了 50 块钱 | 他和他爱人~都不高，日子过得很紧。

工作 1级

gōngzuò
v. work
n. job, assignment

[短语] 在超市~ | 一份好~
[句子] 我姐姐在银行~，每天八点上班 | 听说你不在那家公司干了，你找到新~了吗?

公布 3级

gōngbù
v. announce

[短语] ~结果 | 明天~
[句子] 她向大家~了考试成绩 | 网站上刚刚~了合格人员的名单。

公共 3级

gōnggòng
adj. public

[短语] ~场所 | ~安全
[句子] 这条街上有很多~电话 | 每个人都要注意~卫生，美好的环境靠大家。

公共汽车 2级

gōnggòng qìchē
public bus

[短语] 一辆~ | 534 路~
[句子] 请问去大学城坐几路~? | 别坐~了，咱们打车去吧。

公交车 2级

gōngjiāochē
n. public bus

[短语] 坐~ | 等~
[句子] 城市交通工具有~、出租车、地铁等 | 越来越多的~上安装了空调，夏天很凉快。

公斤 2级

gōngjīn
m. kilogram(kg)

[短语] 五~ | 买一~肉
[句子] 我比去年重了八~，该减肥了 | 你来算一算，3.2~是多少克?

G

工业 △ □ ☆
公共 △ □ ☆
工资 △ □ ☆
公共汽车 △ □ ☆
工作 △ □ ☆
公交车 △ □ ☆
公布 △ □ ☆
公斤 △ □ ☆

公开 3级

gōngkāi
adj. public
v. make public

［短语］～发表｜名单没有对外～
［句子］大家要求对这件事情进行～说明｜他们的关系还没有～，大家都不知道她是他的女朋友。

公里 2级

gōnglǐ
m. kilometre (km)

［短语］三～｜每小时 90～
［句子］一～等于一千米，一里等于五百米｜我的家乡离北京八百多～，坐火车差不多四个小时。

公路 2级

gōnglù
n. road

［短语］高速～｜～运输
［句子］这条～有一千多公里，一直通到北京｜中国的～交通和铁路交通都很发达。

公民 3级

gōngmín
n. citizen

［短语］全体～｜外国～
［句子］每个～都有资格报名参加｜护照上的信息显示，她是中国～。

公平 2级

gōngpíng
adj. fair

［短语］教育～｜～的比赛
［句子］那位老师对所有学生都很～｜这个世界上没有绝对的～。

公司 2级

gōngsī
n. company

［短语］～员工｜开一家～
［句子］我们～每周一上午开会｜北京有很多高科技～。

G

公务员 3级

gōngwùyuán
n. civil servant

［短语］一位～｜考～
［句子］我爸爸是～，在教育部门工作｜上个月他参加了国家～考试，结果还没出来。

公园 2级

gōngyuán
n. park

［短语］一座～｜美丽的～
［句子］春天来了，～里的草绿了，花开了｜每天放学后，哥哥都去～打半个小时篮球。

公开 △□☆　公里 △□☆　公路 △□☆　公民 △□☆
公平 △□☆　公司 △□☆　公务员 △□☆　公园 △□☆

功夫 3级

gōngfu

n. workmanship; *kung fu*, martial arts

[短语] 有真～ | ～电影

[句子] 这位京剧演员唱了十年了，～很深 | 你想学中国～吗？我来教你。

功课 3级

gōngkè

n. homework, lesson, course; preparation arrangement

[短语] 复习～ | 提前做～

[句子] 弟弟每门～都学得很好 | 开始调查前，我们得开会讨论一下，做好～。

功能 3级

gōngnéng

n. function

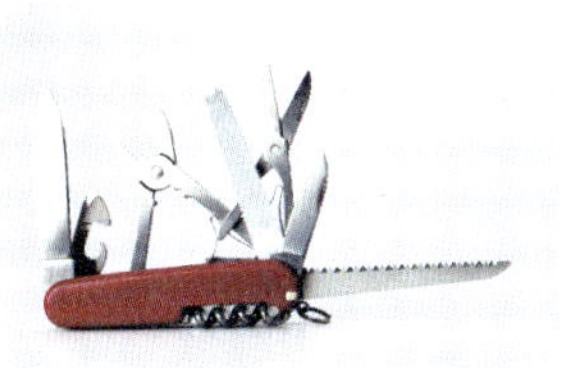

[短语] 新开发的～ | ～十分强大

[句子] 这台电视机的～比那台更先进 | 现在的手机～都很丰富，但对我来说有些～根本没什么用。

共同 3级

gòngtóng

adj. common

[短语] ～语言 | ～的理想

[句子] 世界和平是各国人民～的目标 | 唱歌和看电影是我们～的爱好。

共有 3级

gòngyǒu

v. aggregate; owned by all, have in common

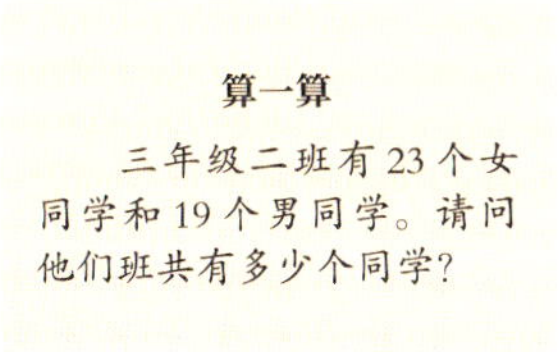

算一算

三年级二班有23个女同学和19个男同学。请问他们班共有多少个同学？

[短语] ～108人 | ～的特点

[句子] 我们学校～70名教师 | 房子是结婚后买的，是他和他爱人～的。

狗 2级

gǒu

n. dog

[短语] 一只～ | 小黄～

[句子] 你喜欢～吗？你们家有～吗？| ～是人类的好朋友。

够 2级

gòu

v. be enough; reach

adv. enough

[短语] 钱不～花 | ～不着 | 天气～冷的

[句子] 时间不～了，最后一道题没写完 | 弟弟努力在～沙发上那个玩具 | 他这人～坏的，不值得做朋友。

姑娘 3级

gūniang

n. girl

[短语] 小～ | 漂亮的～

[句子] ～，请问现在几点了？| 他们家老大是儿子，老二是～。

G

功夫	△ □ ☆	功课	△ □ ☆	功能	△ □ ☆	共同	△ □ ☆
共有	△ □ ☆	狗	△ □ ☆	够	△ □ ☆	姑娘	△ □ ☆

古 3级

gǔ

adj. ancient

［短语］一张～画｜～时候

［句子］现在只有两千多人在这座～城生活｜我们要学会～为今用。

古代 3级

gǔdài

n. ancient times

［短语］～汉语｜～社会

［句子］中国～有很多伟大的发明｜小王上大学时读的专业是～文学。

故事 2级

gùshi

n. story; plot

［短语］听～｜爱情～

［句子］每天晚上吃完饭，爷爷都给我们讲～｜这个～发生在 14 世纪的中国。

故乡 3级

gùxiāng

n. hometown

［短语］～的云｜回到～

［句子］我的老家在山东，北京是我的第二～｜举头望明月，低头思～。

故意 2级

gùyì

adv. deliberately

［短语］～不说｜～破坏

［句子］对不起！我不是～弄坏你的手机的｜他明明知道我着急，还～不告诉我结果。

顾客 2级

gùkè

n. customer

［短语］接待～｜为～服务

［句子］你要记住，～永远都是对的｜我姐姐是那家超市的老～了，她一周最少去三次。

挂 3级

guà

v. hang (up)

［短语］～衣服｜把礼物～在树上

［句子］你帮我把画儿～起来好吗？｜墙上～着一张大大的世界地图。

关 1级

guān

v. close; turn off; shut away

［短语］～车门｜～电视｜～起来

［句子］不知道怎么回事，这门总是～不上｜爸爸出门经常忘了～灯｜小狗被主人～在房间里了。

古	△□☆	古代	△□☆	故事	△□☆	故乡	△□☆
故意	△□☆	顾客	△□☆	挂	△□☆	关	△□☆

关机 2级

guān//jī
power off

[短语] 自动～ | 24小时不～
[句子] 你的电脑～了吗？| 我的手机坏了，总是关不了机。

关上 1级

guānshang
close; turn off

[短语] ～大门 | ～收音机
[句子] 女儿睡着了，爸爸轻轻～了门 | ～电视，过来吃饭吧。

关系 3级

guān · xì
n. relationship; reason
v. be concerned with

[短语] 国际～ | 有～ | ～到每个人
[句子] 他们的～不错，总是互相帮助对方 | 这和你有什么～？你干吗生气？| 环境问题～着地球上每个公民的生活。

关心 2级

guānxīn
v. care for

[短语] ～老朋友 | 不太～
[句子] 住院时王医生对奶奶非常～ | 爷爷平时很～国家大事。

关注 3级

guānzhù
v. pay close attention

[短语] 非常～ | ～事情的发展
[句子] 最近全社会都在～这个新规定 | 我们厂的工程师很～技术的进步。

观察 3级

guānchá
v. observe

[短语] ～大自然 | 认真～
[句子] 大家注意～，看看杯子里的水有什么变化 | 妈妈的病基本好了，可以出院回家～了。

观点 2级

guāndiǎn
n. viewpoint

[短语] ～正确 | 不同的～
[句子] 在这个问题上，我们的～不太一样 | 他的～非常全面，我完全同意。

观看 3级

guānkàn
v. watch

[短语] ～演出 | ～足球比赛
[句子] 欢迎您打开电视，～今天的旅游节目 | 下面请大家～张明同学的武术表演。

G

关机 △ □ ☆　关上 △ □ ☆　关系 △ □ ☆　关心 △ □ ☆
关注 △ □ ☆　观察 △ □ ☆　观点 △ □ ☆　观看 △ □ ☆

观念 3级

guānniàn

n. concept

［短语］～先进｜传统～

［句子］这都什么年代了，您的～太落后了｜他是一个家庭～很强的人。

观众 3级

guānzhòng

n. audience

［短语］一名～｜～入口

［句子］您是今天的幸运～，可以得到一个手机｜比赛很精彩，～们大声为自己支持的球队加油。

管 3级

guǎn

v. administer, be in charge

［短语］～宣传工作｜～不住

［句子］这件事不是我～，你去问问张林吧｜爸爸工作很忙，平时都是妈妈～孩子的功课。

管理 3级

guǎnlǐ

v. manage

［短语］～图书馆｜不懂～

［句子］～是一门艺术｜我们要进一步提高公司的～水平。

光 3级

guāng

adv. merely

n. light

adj. glossy

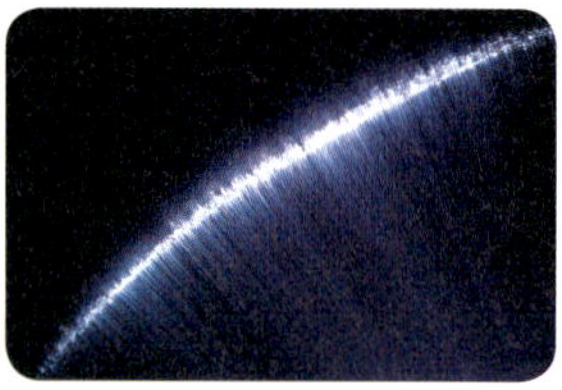

［短语］～说不做｜一束～｜地上很～

［句子］～你一个人干不完，我来帮你吧｜天空中突然出现一道蓝～｜小球的表面很～。

光明 3级

guāngmíng

adj. bright; promising

n. light

［短语］～的太阳｜～的道路｜一线～

［句子］这是一间～的屋子｜过程充满困难，但结果是～的｜太阳为我们带来了～和温暖。

广播 3级

guǎngbō

v. broadcast

n. broadcast

［短语］～节目｜收听～

［句子］现在开始～今天的体育新闻｜你喜欢看电视还是听～？

广场 2级

guǎngchǎng

n. square, plaza

［短语］天安门～｜建设城市～

［句子］这是世界上最大的～｜一到晚上，很多人都喜欢去那个～散步。

观念 △□☆	观众 △□☆	管 △□☆	管理 △□☆
光 △□☆	光明 △□☆	广播 △□☆	广场 △□☆

广大 3 级

guǎngdà

adj. vast; numerous

[短语] ~的国土｜~歌迷朋友

[句子] ~农村地区的经济有了很大的发展｜~读者对这本书的评价很高。

广告 2 级

guǎnggào

n. advertisement

有趣的广告

1. 人类失去联想，世界将会怎样？（联想集团）
2. 牡丹虽好，还要爱人喜欢。（牡丹电视机）

[短语] 打~｜电视~

[句子] 有些商品没有~里说的那么好｜在市中心的广场上做~，要花很多钱吧？

规定 3 级

guīdìng

v. stipulate

n. specification

公司规定

1. 工作时间为上午 8：30—12：00，下午 13：00—17：00。
2. 上班期间如因私事外出，须向部门负责人请假。
3. 保持办公环境干净整洁。

[短语] ~生产任务｜学校的~

[句子] 公司~，每天早上八点半上班｜关于这种产品的标准，昨天国家公布了新~。

规范 3 级

guīfàn

adj. standard

n. standard

v. standardize

[短语] 十分~｜制定语言~｜~汉字的读音

[句子] 他打球的动作真~｜你了解哪些技术~？｜这些规定是用来~人们的行为的。

贵 1 级

guì

adj. expensive

[短语] 特别~｜~不~

[句子] 太~了！再便宜点儿吧！｜他花了六个月的工资，给女朋友买了一份很~的礼物。

国 1 级

guó

n. country

语言积累

国歌　国宝　国脚

爱国　报国　出国

国有国法，家有家规

国以民为本，民以食为天

[短语] ~内市场｜外~人

[句子] 爱~是对每个公民最基本的要求｜不论大~小~，都是平等的。

国际 2 级

guójì

n. international

[短语] ~比赛｜~关系

[句子] 中国在~上的影响越来越大｜这次~会议有 91 个国家参加。

国家 1 级

guójiā

n. country

世界之最

1. 高峰最多的国家：尼泊尔
2. 海拔最低的国家：荷兰
3. 面积最大的国家：俄罗斯
4. 运河最长的国家：中国

[短语] ~大事｜发达~

[句子] 中国是一个发展中~｜我们每个人都热爱自己的~。

广大	△ □ ☆	广告	△ □ ☆	规定	△ □ ☆	规范	△ □ ☆
贵	△ □ ☆	国	△ □ ☆	国际	△ □ ☆	国家	△ □ ☆

国内 3级

guó nèi
domestic

[短语] 回到～ | ～生产总值
[句子] 中国～有很多值得旅游的地方 | 这个手机是专门为～的老年人设计的。

国庆 3级

guóqìng
n. National Day

[短语] ～晚会 | 迎接～
[句子] 今年～放几天假？| 中国的～节是 10 月 1 日。

国外 1级

guó wài
overseas

[短语] ～的公司 | 在～读书
[句子] 她大学是在～上的，去年才回到国内工作 | 同样的商品，～市场的价格和国内不一样。

果然 3级

guǒrán
adv. as expected

"果然"表示事情的结果和所说的或所想的一样。比如："公司改进了技术，产量果然提高了。""早听说过这家饭馆，今天一尝，味道果然不错。"

[短语] ～是你干的 | ～和我想的一样
[句子] 天气预报说今天有雨，下午～下雨了 | 她总是那么努力，这次～又得了第一。

果汁 3级

guǒzhī
n. fruit juice

[短语] 一杯～ | 喜欢喝～
[句子] 你想要～还是牛奶？| 面包 12 元，～ 15 元，一共 27 元，请问怎么支付？

过 1级

guò
v. pass; surpass

[短语] ～河 | ～了有效期
[句子] ～了路口向右转，就到中国银行了 | ～了晚上九点超市就不让进了，咱们快点儿出发吧。

G

过程 3级

guòchéng
n. process

[短语] 整个～ | 观察种子的生长～
[句子] 有的时候，～比结果重要 | 在学习中文的～中，我认识了很多不同国家的朋友。

过来 2级

guò · lái
v. come over

[短语] 走～ | 飞～飞过去
[句子] 请你帮我把那本书拿～，谢谢 | 远远地看见了我，弟弟和妹妹马上跑了～。

国内	△ □ ☆	国庆	△ □ ☆	国外	△ □ ☆	果然	△ □ ☆
果汁	△ □ ☆	过	△ □ ☆	过程	△ □ ☆	过来	△ □ ☆

过年 2级

guò//nián
celebrate New Year

［短语］什么时候～｜过个中国年
［句子］每年春节，我都回父母家～｜平平安安回家去，开开心心过大年。

过去 2级

guò · qù
v. pass; indicating motion away from the speaker

［短语］～看看｜走～
［句子］门口刚～一辆汽车｜一听说病人有情况，医生们赶紧跑了～。

过去 3级

guòqù
n. former times

［短语］～的日子｜回到～
［句子］～我们家的电视机是黑白的｜不要用～的观念要求现在的年轻人。

过 2级

guo
aux. used after a verb to indicate the completion of an action; to indicate past action or experience

1. 表示完成。
   ◇吃过饭再走　花开过了
2. 表示某种行为或变化曾经发生，但没有持续到现在。
   ◇来过北京　跟他谈过了

［短语］下～雪了｜没去～长城
［句子］你们不用等他，他吃～饭了｜你出～几次国？我还没出～国呢。

哈哈 3级

hāhā
ono. ha-ha; aha

［短语］～大笑｜笑～
［句子］～，终于放假了！咱们去哪儿玩儿？｜～，我说对了，果然是你！

还 1级

hái
adv. still; even; also; even more

［短语］～在吃饭｜你～不知道｜学中文～学英文｜比他～高
［句子］夜深了，他～在工作｜你都是大人了，你～害怕？｜今年冬天比去年冬天～冷｜她长得漂亮，～很会说话。

还是 1级

háishi
adv. still, yet, nevertheless; had better
conj. or

［短语］～老样子｜～等一下｜去～不去
［句子］十年过去了，他～那么年轻｜这个字我不认识，～查查字典吧｜你坐飞机～坐火车？

还有 1级

hái yǒu
still more, another, even more

［短语］～三个同学｜～很多
［句子］房间里有一张桌子，～两把椅子｜今天的事情今天做，不要等到明天，因为明天～新事情。

过年 △□☆　过去 △□☆　过去 △□☆　过 △□☆
哈哈 △□☆　还 △□☆　还是 △□☆　还有 △□☆

孩子 1级

háizi

n. child

[短语] 可爱的～ | 我姐姐的～

[句子] ～们正在唱歌 | 那个～今年六岁，很喜欢看书。

海 2级

hǎi

n. sea

[短语] ～的女儿 | 八仙过～

[句子] 近山雨多，靠～风多 | 不爬山的不知道山高，不下～的不知道水深。

海边 2级

hǎi biān

seaside

[短语] 在～休息 | ～的景色

[句子] 放假了，我和朋友打算去～旅游 | 对在～长大的我来说，看海实在是再普通不过的事情了。

海关 3级

hǎiguān

n. customs

[短语] 通过～ | ～检查

[句子] 在～办手续的时候需要做些什么？| 你出了～就给我打电话，我在机场的停车楼等你。

害怕 3级

hài//pà

fear

[短语] ～困难 | 不要～

[句子] 她找不到妈妈了，～得哭了起来 | 课上要多说多写，不要～说错、写错。

喊 2级

hǎn

v. shout; call for

[短语] 大～大叫 | ～他一声

[句子] 体育馆里，观众们大声～着“加油” | 学校新买的桌子和椅子到了，你去～一些人来帮忙搬。

汉语 1级

Hànyǔ

n. Chinese language

[短语] ～水平考试 | 现代～

[句子] 我来北京上学主要是为了学～ | 我爸爸是～老师，他每天在家都会和我说～。

汉字 1级

Hànzì

n. Chinese character

[短语] 输入～ | ～的笔画

[句子] 你写的～真漂亮 | 我能听懂不少汉语，但很多～还不认识。

H

孩子 △ □ ☆　海 △ □ ☆　海边 △ □ ☆　海关 △ □ ☆

害怕 △ □ ☆　喊 △ □ ☆　汉语 △ □ ☆　汉字 △ □ ☆

行 3级

háng

m. line

[短语] 两～字 | 排成一～

[句子] 作业写完后，要一～一～地检查 | 河边那～树是我们五年前种的，现在已经长得很高了。

好 1级

hǎo

adj. good; kind; done; okey

[短语] ～人～事 | ～朋友 | 准备～了 | ～，就这么办

[句子] 北京是个～地方 | 他们昨天吵了一架，今天又～了 | 天气很冷，穿～衣服再出去 | ～，咱们还按照原来的计划，不变了。

好 2级

hǎo

adv. very, long

1. 表示程度深，带有感叹语气。
   ◇好冷的天气啊！
   ◇你去哪儿了？让我好找。
2. 强调数量多或时间长。
   ◇吃了好几个
   ◇等了好一会儿

[短语] ～可爱 | ～半天

[句子] 听说他昨天突然去世了，我心里～难受 | 我在机场等你～长时间了，你怎么还不来？

好吃 1级

hǎochī

adj. good to eat

[短语] ～的面包 | 真～

[句子] 这家饭店的早餐比其他饭店的～ | 我们学校后面有一条美食街，那里的东西不仅～，而且便宜。

好处 2级

hǎochù

n. benefit, profit

[短语] 得到～ | 给他些～

[句子] 多吃菜对身体有～ | 对个人有～的事情不一定去做，对社会有～的事情要多做。

好多 2级

hǎoduō

num. many

[短语] ～事情 | 高了～

[句子] 学校门口站着～人 | ～年过去了，他已经不再是那个爱哭的小男孩儿了。

好好 3级

hǎohǎo

adj. all right

adv. to one's heart's content

“好好”在口语中多儿化为“好好儿”，读作hǎohāor。“好好”可以形容情况正常，如“好好的一件衣服，让他弄脏了”；也可以表示尽力地、耐心地，如“你别着急，好好跟他谈谈”。

[短语] ～的一本书 | ～学习

[句子] ～一个下午，就这样浪费了 | 再忙也要～休息，有时间可以去运动运动。

好久 2级

hǎojiǔ

adj. long

[短语] ～不见 | 去了～

[句子] 她想了～，还是不知道怎么写 | ～没有喝咖啡了，今天要不要来一杯？

H

行	△ □ ☆	好	△ □ ☆	好	△ □ ☆	好吃	△ □ ☆
好处	△ □ ☆	好多	△ □ ☆	好好	△ □ ☆	好久	△ □ ☆

好看 1级

hǎokàn

adj. good-looking

[短语] ~的衣服 | 长得~

[句子] 这条裙子真~ | 同学们都说这个电影很~，昨天晚上我也去看了，但没觉得~。

好人 2级

hǎorén

n. good person

[短语] ~一生平安 | ~比坏人多

[句子] 世界上没有绝对的~和坏人 | 王老师是个~，她帮助很多山里的孩子认识了外面的世界。

好事 2级

hǎoshì

n. good deed

[短语] 办~ | 好人~

[句子] 妈妈经常带着孩子参加志愿活动，做了很多~ | 做一件~并不难，难的是一直做~。

好听 1级

hǎotīng

adj. easy on the ear

[短语] ~的歌 | 声音~

[句子] 那只小鸟叫起来真~ | 每到下午两点，这家电台就会播放~的音乐。

好玩儿 1级

hǎowánr

adj. fun

[短语] ~的游戏 | 觉得很~

[句子] 有人觉得游泳是一件特别~的事情 | 我和好朋友们打算明天去学校旁边的公园，那里特别~。

好像 2级

hǎoxiàng

adv. seemingly

v. be like

[短语] ~要下雨了 | ~多年的老朋友

[句子] 她~没听懂您的话 | 儿子长得~爸爸，说话的声音也差不多。

号 1级

hào

n. number, name

m. date, number

[短语] 房间~ | 3月23~

[句子] 今天的唱歌比赛我排一~，真紧张啊！| 已经15~了，怎么还不发工资啊？

好奇 3级

hàoqí

adj. be inquisitive

[短语] 充满~ | 十分~

[句子] 宝宝~地看着眼前的一切 | 科技大会上，人们~地站在自动做饭机前，问东问西。

好看 △□☆	好人 △□☆	好事 △□☆	好听 △□☆
好玩儿 △□☆	好像 △□☆	号 △□☆	好奇 △□☆

喝 1级

hē

v. drink

[短语] ~果汁 | 大吃大~

[句子] 睡觉之前~杯牛奶，晚上睡得好 | 天气太冷了，来~杯热茶吧。

合 3级

hé

v. close; join; conform with

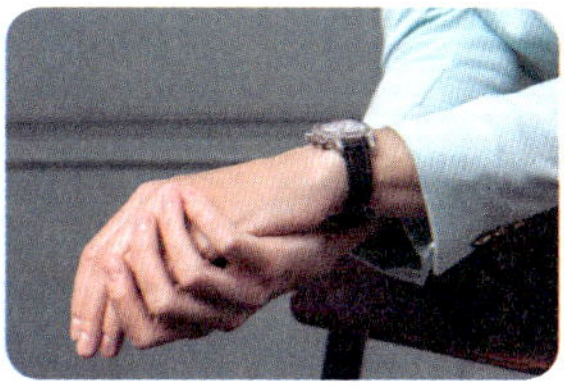

[短语] ~上书 | ~到一起 | ~标准

[句子] 他把双手~上，不让我们看手里的东西 | 我跟你~不来，还是分手吧 | 你这样做不行，不~单位的规定。

合法 3级

héfǎ

adj. legal

[短语] ~收入 | 合理~

[句子] 任何经营活动都要~ | 你不能把车停在这里，这样不~。

合格 3级

hégé

adj. qualified

[短语] 成绩~ | ~的教师

[句子] 这次体育考试全班同学都~了 | 那家饭馆虽然很小，但是非常干净，每次卫生检查都是~的。

合理 3级

hélǐ

adj. reasonable

[短语] ~的说明 | ~利用

[句子] 这个房间设计得很~ | 她的要求太不~了，领导不会同意的。

合适 2级

héshì

adj. suitable

[短语] 大小~ | ~的机会

[句子] 您穿这条裙子最~ | 在那家店买东西，满200元减50元，太~了！

合作 3级

hézuò

v. cooperate

[短语] ~单位 | ~开发

[句子] 这种环保汽车是我们公司和一所大学~设计的 | 工作中，大家要团结~，互相理解。

和 1级

hé

prep. with

conj. and

[短语] ~同学讨论 | 我~你

[句子] 小张~这件事完全没有关系 | 我~丽丽一放假就去旅行。

喝	△ □ ☆	合	△ □ ☆	合法	△ □ ☆	合格	△ □ ☆
合理	△ □ ☆	合适	△ □ ☆	合作	△ □ ☆	和	△ □ ☆

H

和平 3级

hépíng
n. peace

[短语] 世界～ | ～时代
[句子] 人们喜欢用鸽子代表～ | 现在的～生活是很多人用生命换来的，我们永远不能忘记。

河 2级

hé
n. river

[短语] 一条～ | 青青～边草
[句子] 大～有水小～满，大～没水小～干 | 长江是中国第一大～，也是世界第三长～。

黑 2级

hēi
adj. black; dark; sinister

[短语] ～眼睛 | ～～的夜里 | ～心肠
[句子] 她今天穿了一身～衣服 | 天怎么这么～？要下雨了吗？| 他的心真～啊，做了这么多坏事！

黑板 2级

hēibǎn
n. blackboard, chalkboard

[短语] 看～ | 干净的～
[句子] 新学期，教室里换了新～ | ～上的数字到底是多少？你能看清吗？

黑色 2级

hēisè
n. black

[短语] ～上衣 | 喜欢～
[句子] 穿～的衣服不容易显胖 | 我生日那天，哥哥送给我一只～的狗。

很 1级

hěn
adv. very

注意"不很"表示程度减弱，如"不很舒服"（有点儿不舒服）；"很不"表示完全否定，如"很不舒服"（特别不舒服）。

[短语] ～快乐 | 难得～
[句子] 这个电影～有意思 | 女儿今年四岁了，可爱得～，大家都非常喜欢她。

H

红 2级

hóng
adj. red; successful, popular

[短语] ～房子 | 大～人
[句子] 你喜欢哪种颜色的花？～的还是黄的？| 她因为演了那部电影，最近特别～。

红茶 3级

hóngchá
n. black tea

[短语] 一斤～ | 喜欢～
[句子] 她觉得～不如绿茶好喝 | 我这儿有新买的～，很不错，坐下来喝一杯？

和平	△□☆	河	△□☆	黑	△□☆	黑板	△□☆
黑色	△□☆	很	△□☆	红	△□☆	红茶	△□☆

红酒 3级

hóngjiǔ

n. red wine

[短语] 一瓶～ | ～的味道

[句子] 这种～的价格比较贵 | 有人吃牛肉的时候习惯配一杯～。

红色 2级

hóngsè

n. red; revolutionary

[短语] ～的裙子 | ～故事

[句子] 哪位顾客丢了一个～的钱包？| 下午我们参观了一个～教育基地。

后 1级

hòu

n. rear; last; afterwards

[短语] 房子～ | ～几排 | 很多年～

[句子] 照相的时候，女儿跑到我们身～去了 | 这次打分，～五名的部门有哪些？| 现在六点五十，我十分钟～到家。

后边 1级

hòubian

n. rear

[短语] ～的同学 | ～有人

[句子] 爸爸开车，妈妈和孩子坐在～ | 你个子高，站在～吧。

后果 3级

hòuguǒ

n. consequence

[短语] 严重的～ | 没想过～

[句子] 出现这样的～，部门负责人有很大责任 | 他每天看手机看到半夜，～就是眼睛越来越不好。

后来 2级

hòulái

n. later

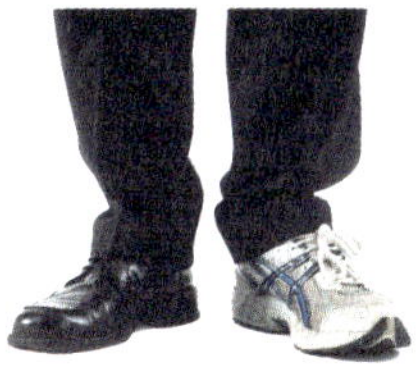

[短语] ～怎么样了 | ～的结果

[句子] 他本来是个足球运动员，～去了一家科技公司工作 | 我从小就很喜欢听父亲讲故事，～自己也试着写过小说。

后面 3级

hòumiàn

n. back

[短语] 教室～ | 站在～

[句子] 前面三道题不好做，～的都很简单 | 照片里你～那个人叫什么名字？

后年 3级

hòunián

n. the year after next

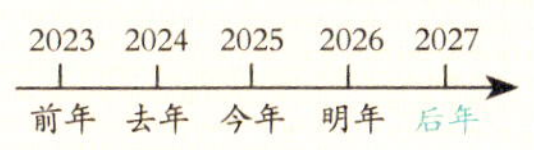

[短语] ～回国 | 等到～

[句子] ～对我来说是特别有意义的一年 | 她打算～就退休，在家好好休息休息。

红酒	△ □ ☆	红色	△ □ ☆	后	△ □ ☆	后边	△ □ ☆
后果	△ □ ☆	后来	△ □ ☆	后面	△ □ ☆	后年	△ □ ☆

后天 1级

hòutiān

n. the day after tomorrow

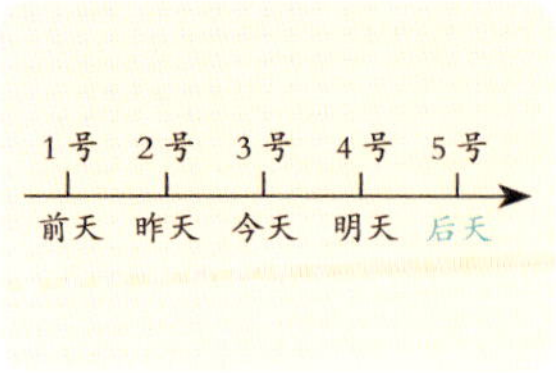

[短语] ~的天气 | ~星期日

[句子] ~5号，是我的生日 | 妈妈~要带我们去旅游，我和弟弟都特别高兴。

忽然 2级

hūrán

adv. suddenly

[短语] ~出现 | ~倒下

[句子] 安静的图书馆里~有人大叫了一声 | 本来这道题我不太懂，但是听你这么一讲，我~就明白了。

湖 2级

hú

n. lake

[短语] ~水 | 五~四海

[句子] 这个~是自然形成的，不是人工的 | ~上有一座桥，远远看去有一种特别的美。

互联网 3级

hùliánwǎng

n. Internet

[短语] ~游戏 | ~公司

[句子] ~的应用已经进入社会的方方面面 | 这次~技术交流活动将在下周二举行。

互相 3级

hùxiāng

adv. mutually; with each other

[短语] ~学习 | ~利用

[句子] 他们两个~爱着对方 | 同事之间要~理解，~支持。

护照 2级

hùzhào

n. passport

[短语] 普通~ | 检查~

[句子] 请给我看一下您的~ | 办理~的手续很简单，您在网上约好后带着身份证去就可以了。

花 1级

huā

n. flower

[短语] 一朵~ | 百~齐放

[句子] 这些~缺水了，你去拿些水来 | 春天到了，公园里、马路边的~漂亮极了。

花 2级

huā

v. spend

[短语] ~了两个小时 | ~光所有工资

[句子] 妈妈~了很多时间带孩子认识外面的世界 | 年轻时不注意身体，难道等老了再~钱看病？

H

后天 △□☆　忽然 △□☆　湖 △□☆　互联网 △□☆

互相 △□☆　护照 △□☆　花 △□☆　花 △□☆

花园 2级

huāyuán

n. garden, yard

［短语］小～｜后～

［句子］我们家南边有个～，那里种着许多美丽的花｜我很喜欢这个～，每天早晨都来这里散步。

划船 3级

huáchuán

v. row

［短语］～比赛｜在湖里～

［句子］你们喜欢～运动吗？｜今天天气真好，咱们去公园～吧。

华人 3级

huárén

n. Chinese people; foreign citizens of Chinese origin

"华人"可指中国人，也可指已取得所在国国籍的中国血统的外国公民。

［短语］全球～｜～学校

［句子］全世界的～都过春节｜在这个地区生活的～很多，他们经常举办一些和中国文化有关的活动。

化 3级

huà

suff. -ify

"化"用在名词或形容词后构成动词，表示转变成某种性质或状态。如"绿化、净化、现代化、自动化"。

［短语］合理～｜制度～

［句子］HSK是一个标准～考试，考的是学生的中文水平｜很多手机上的相机有自动美～的功能。

画 2级

huà

v. draw

［短语］～小船｜～龙点睛

［句子］我们在黑板上～了很多水果｜他在墙上～了一道门，和真的一样，好像一推就能打开。

画家 2级

huàjiā

n. artist

［短语］有名的～｜～的一生

［句子］很多人都看不懂那位～的作品｜他从小就喜欢画画儿，后来成了一名～。

画儿 2级

huàr

n. picture

［短语］两张～｜卖～

［句子］我买了几张～，你看看怎么样｜这张～表现了当时的社会生活。

话 1级

huà

n. words

［短语］一句～｜～里有～

［句子］不要相信他说的～，没一个字是真的｜你写的这些～是什么意思？

H

话剧 3级

huàjù

n. modern drama, stage play

［短语］表演～｜～舞台

［句子］这位作家写过《雷雨》《日出》等～，在世界上很有名｜今天晚上的～讲的是一个古代爱情故事。

话题 3级

huàtí

n. subject of a talk, topic

［短语］课文～｜选择合适的～

［句子］这次会议讨论的～是如何加强公司管理｜怎样提高学生的写作水平，永远是中文教学的～之一。

坏 1级

huài

adj. bad; very

［短语］～消息｜忙～了

［句子］你每天睡得这么晚，这可是个～习惯｜最爱她的母亲突然去世了，她伤心～了。

坏处 2级

huàichù

n. harm

［短语］没有～｜好处和～

［句子］破坏环境对人类社会的～很多｜每天早晨起来运动运动，对身体没～。

坏人 2级

huàirén

n. bad person

［短语］碰到～｜一群～

［句子］不论在哪里，都会有好人，也会有～｜你要相信他，他不是个～。

欢乐 3级

huānlè

adj. happy

［短语］～的生活｜充满～

［句子］在这个～的时刻，让我们一起唱《生日快乐歌》吧｜放学了，学校门口都是～的孩子们。

欢迎 2级

huānyíng

v. welcome, receive favourably

［短语］～光临｜～参观

［句子］她的表演非常精彩，深受观众～｜大家站成两排，～访问团的到来。

还 1级

huán

v. give back

［短语］～钱｜有借有～，再借不难

［句子］上个月我把车借给了他，他说只借三天，可是一直到今天才～给我｜妈妈每次～别人东西的时候，都会送给对方一个小礼物。

话剧 △□☆　话题 △□☆　坏 △□☆　坏处 △□☆

坏人 △□☆　欢乐 △□☆　欢迎 △□☆　还 △□☆

环 3级

huán

n. ring; link

[短语] 铁～ | 重要的一～

[句子] 我拍了拍门～，一个小姑娘走了出来 | 事情一～接一～，任何一～都不能出问题。

环保 3级

huánbǎo

n. environmental protection

adj. environmental

[短语] ～事业 | 满足～要求

[句子] 这次国际会议主要关注～问题 | 不要浪费水和电，这是最基本的～行为。

环境 3级

huánjìng

n. environment; surroundings

[短语] ～保护 | 学习～

[句子] 这里的～太好了，空气干净，景色美丽 | 为了能有更好的生活～，我们应该多使用公共交通。

换 2级

huàn

v. exchange; change

[短语] ～钱 | ～衣服

[句子] 他们两个经常～书看 | 这个工作太累了，没时间照顾孩子，我打算～个工作。

黄 2级

huáng

adj. yellow

[短语] ～沙发 | 小～狗

[句子] 他～头发、蓝眼睛，高高的个子 | 春天到了，花园里开满了各种颜色的花，有红的、～的、白的、蓝的……

黄色 2级

huángsè

n. yellow

[短语] ～的鞋子 | 深～

[句子] 这种裤子有～的，也有黑色的，你选哪个？| 她今天穿～上衣、白色裙子。

回 1级

huí

v. return; turn round; reply

[短语] ～单位 | ～过身来 | ～信息

[句子] 王先生要从上海～北京，你能送他去机场吗？| 阳光下，他们～过头来，开心地笑着 | 您好！请让小王给我～个电话。

回 2级

huí

m. time; piece

"回"作为量词，可以指事情、动作的次数。如"吃过一回饺子""去过两回北京"。

[短语] 说了三～ | 两～事

[句子] 我来过两～中国，上～来旅游，这～来学习 | 你们说的是一～事，都是希望提前完成任务。

H

回答 1级

huídá
v. respond
n. response

[短语] ～问题｜满意的～
[句子] ～观众的提问时要注意态度和方法｜你的～非常正确，我们继续看下一个问题吧。

回到 1级

huídào
v. return, go back

[短语] ～家乡｜～校园
[句子] 上周我～学校，发现那里发生了很大变化｜她从小在国外长大，18岁时才跟着父母～中国。

回国 2级

huí guó
return to one's country

[短语] ～读书｜准备～
[句子] 他们一家人正在整理行李，打算明天就～｜我还没有想好假期是不是～。

回家 1级

huí jiā
go home

[短语] ～吃饭｜马上～
[句子] 你们今年春节～过年吗？｜最近他工作特别忙，天天晚上都九点以后～。

回来 1级

huí//·lái
return

[短语] 放学～｜回不回来
[句子] 她去上海了，星期五～｜出去旅游已经快一个月了，你到底几号～？

回去 1级

huí//·qù
go back

[短语] 走～｜回得去
[句子] 这份计划书不够全面，我～重新写一份｜我的车出了问题，今天回不去了。

会 1级

huì
v. be able to; be likely to; meet

[短语] ～修车｜～参加比赛｜～个朋友
[句子] 他终于学～了开车｜我们九月去北京，那时候不～太热｜听说他很有本事，哪天有机会～一～他。

会 2级

huì
n. meeting

[短语] 大～小～｜茶话～
[句子] 今天下午的～在网上开｜下个星期的～很重要，咱们提前商量一下吧。

回答 △□☆　回到 △□☆　回国 △□☆　回家 △□☆
回来 △□☆　回去 △□☆　会 △□☆　会 △□☆

会议 3级

huìyì

n. meeting

[短语] 国际～ | ～代表

[句子] 由于出现了紧急情况，～时间向后推了一周 | 大家都以为他不能参加这次～了，没想到他还是赶来了。

会员 3级

huìyuán

n. member

[短语] 长期～ | ～卡

[句子] 如果您成为超级～，可以得到更多的服务 | 这个网站的～在生日那天可以收到一份小礼物。

活 3级

huó

adj. flexible; moving

v. live

[短语] 话说得比较～ | ～鱼 | ～了一百岁

[句子] 他头脑很～，碰到困难总能想出一些好办法 | 树是死的，人是～的，这条路走不通就换一条路 | 我不但要～下去，而且要开心地～到老。

活动 2级

huódòng

v. exercise

n. activity

[短语] ～身体 | ～说明

[句子] 别看电脑了，起来～～ | 这次～的准备工作主要是小李做的，你可以直接打电话问他。

火 3级

huǒ

n. fire

[短语] 取～ | 上刀山，下～海

[句子] 那座大楼着～了，快打 119 电话 | 晚上大家坐在～边，讲讲故事、唱唱歌。

火车 1级

huǒchē

n. train

[短语] ～站 | 坐～

[句子] ～跑得快，全靠车头带 | 各位旅客，～马上就要到达北京站了。

或 2级

huò

conj. either…or…

[短语] 你～我 | 去～不去

[句子] 我想养一只小动物，小猫～小狗都可以 | 明天～后天爸爸要去上海出差。

或者 2级

huòzhě

conj. either…or…

“或者”和“还是”

二者都表示选择关系。“或者”用在陈述句中，“还是”用在疑问句中。比如：“你来或者他来都可以。”“你喝茶还是咖啡？”

[短语] 她～他 | 坐车～走路

[句子] 向左～向右，你自己做决定 | 每个人都有缺点，都会出现这样～那样的错误，如果能从错误中学到一些东西，就离成功不远了。

H

会议	△ □ ☆	会员	△ □ ☆	活	△ □ ☆	活动	△ □ ☆
火	△ □ ☆	火车	△ □ ☆	或	△ □ ☆	或者	△ □ ☆

机场 1级

jīchǎng
n. airport

[短语] 国际～ | 一座新～
[句子] ～离市中心比较远，咱们要早一点儿出发 | 车该加油了，去～的路上有加油站吗？

机会 2级

jī · huì
n. opportunity

[短语] 失去～ | 最后的～
[句子] 这次输了没关系，别太伤心，以后还有～ | 这么有名的科学家去你们学校讲课，你一定要抓住这个好～，多向他学习。

机票 1级

jīpiào
n. air ticket, airline ticket

[短语] 一张～ | 买不到～
[句子] 我需要一张从上海到北京的～ | ～越早订，价格越便宜。

机器 3级

jī · qì
n. machine

[短语] 一台～ | ～制造
[句子] ～生产比人工生产快得多，但有的东西只能人工制作 | 我们厂上个月刚刚买了一些新～，打算把旧的～处理了。

鸡 2级

jī
n. chicken

[短语] 一只～ | 落汤～
[句子] 先有～，还是先有蛋，这是一个讨论不明白的话题 | 市场上卖的～肉比超市里的便宜一些。

鸡蛋 1级

jīdàn
n. egg

[短语] 一斤～ | 茶～
[句子] 家里还有～吗？要不要买一些？ | 用～可以做很多菜，都非常好吃。

积极 3级

jījí
adj. active; positive

[短语] ～工作 | 起～作用
[句子] 孩子们上课总是～举手回答问题 | 你的建议虽然不完美，但是是～的，我们会认真对待。

基本 3级

jīběn
adj. basic, main

[短语] ～情况 | ～费用
[句子] 成为会员的～条件是每年在店里最少消费一次 | 你在这里的～工作是每天把房间打扫干净。

J

机场	△ □ ☆	机会	△ □ ☆	机票	△ □ ☆	机器	△ □ ☆
鸡	△ □ ☆	鸡蛋	△ □ ☆	积极	△ □ ☆	基本	△ □ ☆

基本上 3级

jīběn · shàng

adv. basically

"基本上"可以表示"大体上"，如"一年的任务，到十月份基本上已经完成了"；也可以表示"主要地"，如"今天的比赛基本上靠你了"。

［短语］~同意｜~正确

［句子］这周我天天在家，~没下过楼｜大学四年的生活~结束了，明天我就要开始新的生活了。

基础 3级

jīchǔ

n. foundation

［短语］~条件｜~知识

［句子］建房子必须打好~｜大家加油，明年我们争取在今年的~上再进 步。

及时 3级

jíshí

adj. timely

［短语］~报名｜通知得很~

［句子］路上很顺利，她~到达了车站｜有研究表明，学习结束后半个小时，学过的内容有40%左右都会忘记，所以~复习非常重要。

级 2级

jí

n. level, grade

［短语］高一~的单位｜同~不同班

［句子］我准备参加HSK四~考试｜这一~学生基本上都来自国外。

…极了 3级

…jí le

extremely

［短语］多~｜有意思~

［句子］这个菜好吃~｜听说下星期要去北京，女儿高兴~。

急 2级

jí

adj. urgent; rapid

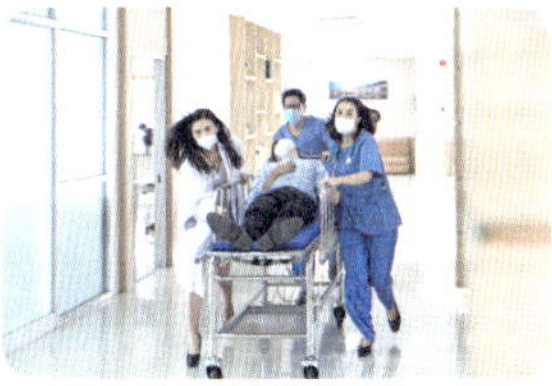

［短语］任务~｜跑得~

［句子］他们~着救人，没注意到我｜这场雨来得很~，去得也很快。

集体 3级

jítǐ

n. collective

［短语］~的力量｜优秀班~

［句子］这次胜利是~中每一个人努力的结果｜上大学以后，我们就要开始过~生活了。

集中 3级

jízhōng

v. concentrate

adj. concentrated

［短语］~精神｜~支付

［句子］大家把手里的钱~起来，看看一共有多少｜上课时同学们的手机~管理，下课以后再还给你们。

J

基本上 △□☆　基础 △□☆　及时 △□☆　级 △□☆

…极了 △□☆　急 △□☆　集体 △□☆　集中 △□☆

几 1级

jǐ
num. a few
pron. how many

“几”和“多少”

二者都可以询问数量，但“几”一般用于小于十的数目。比如如果问“你几岁”，一般用于孩子，不能用于大人。

［短语］～本书｜一共～个人
［句子］现在找工作的压力太大，常常是～十个人争一份工作｜你这次在家住～天？

计划 2级

jìhuà
n. plan
v. plan

［短语］新年～｜～出国留学
［句子］讨论工作～的时候，要想到时间、人员、资金等多个方面的问题｜我们原～在八月底完成这个任务，结果提前了一个月。

计算 3级

jìsuàn
v. calculate

［短语］～收入｜～人数
［句子］这道题只写出过程就可以了，不用～最后的结果｜这两个速度的单位不一样，要换成一样的单位才能～。

计算机 2级

jìsuànjī
n. computer

［短语］～专业｜～技术
［句子］我新买了一台～，比原来那个好用多了｜这些孩子基本上从小家里就有～，他们非常适应信息化环境。

记 1级

jì
v. remember; record

［短语］～生词｜～笔记
［句子］我说的话你都～清楚了吗？｜今天的会议内容我～在电脑里了。

记得 1级

jìde
v. remember, retain

［短语］～关灯｜完全～
［句子］看着这些老照片，我还～那些年的人和事｜我～他原来当校长时，就常给一些报纸、杂志写文章。

J

记录 3级

jìlù
n. record
v. take notes

［短语］小组讨论～｜～讲话内容
［句子］把你做的会议～拿来给我看看｜上课的时候，他总是希望能～下老师说的每一句话。

记者 3级

jìzhě
n. reporter

［短语］一名～｜～见面会
［句子］她的理想是做一位新闻～，为观众报道最有价值的消息｜世界环境日那天，～在调查中发现坐公交车和地铁的人特别多。

几 △□☆	计划 △□☆	计算 △□☆	计算机 △□☆
记 △□☆	记得 △□☆	记录 △□☆	记者 △□☆

记住 1级

jìzhù
memorize

[短语] ~座位号 | ~过去
[句子] 她在想：怎么才能很快~那些汉字呢？| 开学一个月了，他还没~全班新同学的名字。

纪录 3级

jìlù
n. record

[短语] 保持~ | 创造新~
[句子] 他跑800米的最好成绩离学校~只差两秒 | 在这次国际比赛中，我们国家的运动员打破了多个世界~。

纪念 3级

jìniàn
v. commemorate
n. souvenir

[短语] ~活动 | ~品
[句子] 她用美好的文字~那段欢乐的日子 | 他们一家人拍了一张照片，留作~。

技术 3级

jìshù
n. technique

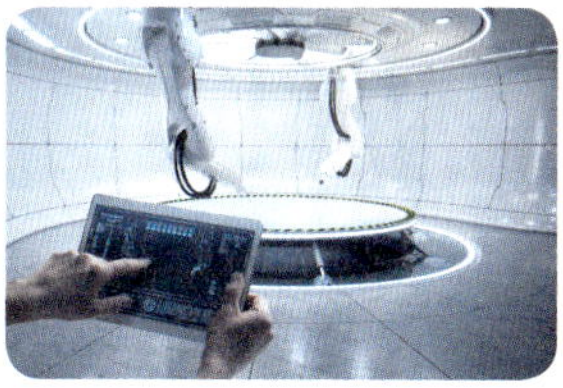

[短语] ~人员 | 领先的~
[句子] 随着信息~的发展，越来越多的人习惯使用网上银行 | 全省的互联网~交流活动将在下周二举行。

继续 3级

jìxù
v. continue

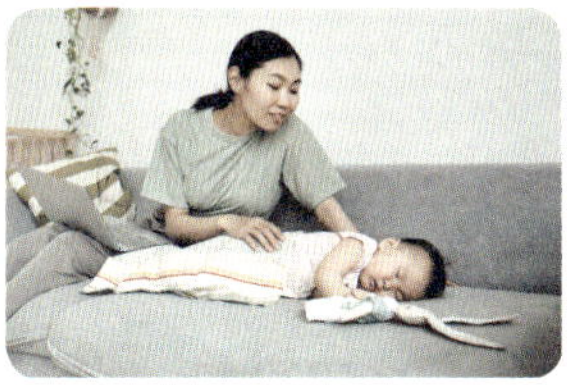

[短语] ~完善 | ~演唱
[句子] 孩子已经睡着了，妈妈~轻轻拍着他 | 能赢最好，要是输了我也会~努力的。

加 2级

jiā
v. add; increase

[短语] 一~二 | ~些水
[句子] 大家的力量~在一起，一定能够解决这个问题 | 在咖啡里~多少牛奶，决定了咖啡不同的味道。

加工 3级

jiā//gōng
process, polish

[短语] ~食品 | 文字~
[句子] 工人们正在~牛肉 | 你把这篇文章再~一下，争取能发表在杂志上。

加快 3级

jiākuài
v. speed up

[短语] ~速度 | ~建设
[句子] 最近几年的主要任务是~经济发展 | 要想~完成任务，就需要增加技术人员。

记住	△ □ ☆	纪录	△ □ ☆	纪念	△ □ ☆	技术	△ □ ☆
继续	△ □ ☆	加	△ □ ☆	加工	△ □ ☆	加快	△ □ ☆

加强 3级

jiāqiáng

v. strengthen

[短语] ~联系 | 全面~

[句子] 要注意~大楼的安全管理工作 | 你的读音还不太准确，要~练习。

加油 2级

jiā//yóu

fill up; come on, keep going

[短语] ~站 | 为你~

[句子] 我先去加个油，然后来接你们 | 祝你演出成功，~！

家 1级

jiā

n. family, home

m. used for families or enterprises

[短语] 她~四口人 | 几~酒店

[句子] 我~在北京，三个月没回去了，好想~ | 这条街上一共有九~商店。

家 2级

jiā

suff. used after certain nouns to indicate a specified group of people

语言积累

科学家　美食家

书法家　活动家

政治家　企业家

[短语] 外交~ | 文学~

[句子] 他是一位有名的思想~，提出过很多新理论 | 她作为中国艺术~的代表，前往世界各地参加了很多演出。

家具 3级

jiājù

n. furniture

[短语] ~厂 | 换~

[句子] 我们店的~本来就不贵，这个沙发真的不能再便宜了 | 这个房子很大，而且~都是新的。

家里 1级

jiā li

family, home

[短语] ~人 | 在~做饭

[句子] 对不起，~没有牛奶了，你喝果汁好吗？| 五号是女儿的生日，她要请同学来~玩儿。

家人 1级

jiārén

n. family member

[短语] 他的~ | ~的爱

[句子] 每年春节，我都回到家乡和~一起过年 | 我的~生病了，明天我能请一天假吗？

家属 3级

jiāshǔ

n. family members

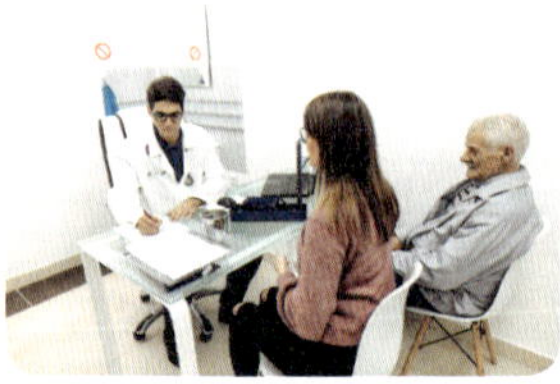

[短语] ~院 | 员工~

[句子] 我们单位的职工和~基本上都住在这个小区 | 您是病人~吗？老人的身体没什么大问题，放心吧。

J

加强 △□☆	加油 △□☆	家 △□☆	家 △□☆
家具 △□☆	家里 △□☆	家人 △□☆	家属 △□☆

家庭 2级

jiātíng

n. family

[短语] ~条件 | 工人~

[句子] 他们结婚后，组成了一个幸福的~ | 我的~成员有父母、爱人和两个孩子。

家乡 3级

jiāxiāng

n. hometown

[短语] 建设~ | 美丽的~

[句子] 我的~在南方，我从小在海边长大 | 坐火车不能直接到我的~，下了火车还要坐两个小时汽车。

家长 2级

jiāzhǎng

n. head of a household, parent

[短语] ~会 | 学生~

[句子] ~不必为孩子做得太多 | ~要和老师加强联系。

假 2级

jiǎ

adj. false, fake

[短语] 做~花 | ~的真不了

[句子] 小王总说~话，大家都不愿意和他合作 | 网上的信息有正确的，也有错误的，这时判断真~就变得非常重要了。

价格 3级

jiàgé

n. price

[短语] ~便宜 | ~上升

[句子] 春节前两天飞机票的~比较贵 | 这件衣服 180 元，~合适。

价钱 3级

jià · qián

n. price

[短语] ~合理 | 谈~

[句子] 50 块钱就买到了，~挺不错 | 坐地铁速度快，~也不贵。

价值 3级

jiàzhí

n. worth, value

[短语] 商品~ | 人生的~

[句子] 她十年前买的房子，现在的~已经超过 500 万元了 | 他的发明很有~，很大程度上提高了生产力。

架 3级

jià

m. used for sth. with a stand or mechanism

n. frame, shelf, stand

v. prop up, put up

[短语] 三~飞机 | 置物~ | ~着相机

[句子] 他只用一~设备就拍完了这部电影 | 几个工人站在脚手~上 | 王先生腿受伤了，我们一人一边~着他回了家。

J

家庭 △ □ ☆	家乡 △ □ ☆	家长 △ □ ☆	假 △ □ ☆
价格 △ □ ☆	价钱 △ □ ☆	价值 △ □ ☆	架 △ □ ☆

假期 2级

jiàqī
n. holiday, vacation

[短语] 三天~ | 国庆~
[句子] ~我们一家打算去海边旅游 | 这个学期结束了，各位同学在~一定要注意安全，不要去危险的地方。

坚持 3级

jiānchí
v. persist in

[短语] ~练习 | ~下去
[句子] 再~一下，马上就到终点了 | 有人说，一件事情只要~做21天以上就会变成习惯。

坚决 3级

jiānjué
adj. firm

[短语] ~反对 | 态度不~
[句子] 头那么疼，他却~不同意去医院 | 老王怕我们找不到路，~要求和我们一起去。

坚强 3级

jiānqiáng
adj. staunch

[短语] ~的性格 | ~地生活
[句子] 她是一位~的母亲，一个人把两个孩子养大 | 路边的小花~地开放着，是那么美丽。

间 1级

jiān
m. used for smallest units of housing

[短语] 一~书房 | 两~教室
[句子] 我喜欢朝南的那几~屋子 | 她在市中心有一~小房子，这几年出租出去了。

检查 2级

jiǎnchá
v. examine
n. oral or written self-criticism

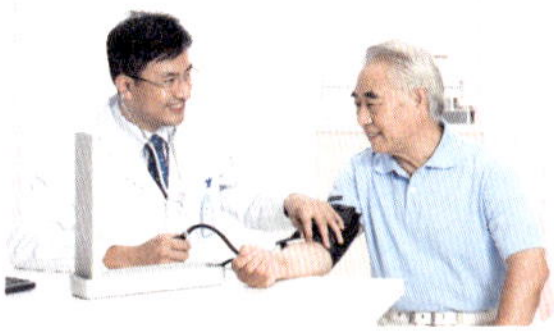

[短语] ~作业 | 一份~
[句子] 爷爷定期去医院~身体 | 你得好好写个~，想想自己错在哪里了。

简单 3级

jiǎndān
adj. simple

[短语] ~的题目 | 过程~
[句子] 她还没搬家，新房子里只有几件~的家具 | 有些事情看别人做好像很~，自己一试根本不是那么回事。

简直 3级

jiǎnzhí
adv. simply

“简直”意思是“实在是”“几乎是”，往往含有夸张的语气。比如：“我简直被他气死了。”“画儿上的鸟简直要飞起来了。”

[短语] ~太高兴了 | ~没法看
[句子] 小王的字写得这么乱，~看不懂 | 奶奶做的菜~太好吃了！

假期 △□☆	坚持 △□☆	坚决 △□☆	坚强 △□☆
间 △□☆	检查 △□☆	简单 △□☆	简直 △□☆

见 1级

jiàn

v. see, meet

[短语] ～得多｜～个朋友

[句子] 昨天我在科技节活动上～了很多新设备｜离开大学以后，咱们 30 年没～了吧？

见到 2级

jiàndào

see, meet

[短语] ～亲人｜～你很高兴

[句子] 如果谁～小雪，告诉她我来找过她｜这次去北京旅游，我终于～了长城。

见过 2级

jiànguo

have seen

[短语] ～两次｜没有～

[句子] 我只～一次大海，那时候我还不到五岁｜我的手机找不到了，你见没～？

见面 1级

jiàn//miàn

meet

[短语] ～的机会｜见不着面

[句子] 我们在网上认识一年了，今天终于要～了｜我和他只见过两面，不是很熟。

件 2级

jiàn

m. piece

[短语] 一～衣服｜两～行李

[句子] 我刚搬了家，想买几～新家具｜对他来说，唱歌是一～很快乐的事情。

建 3级

jiàn

v. build; establish

[短语] ～房子｜～学校

[句子] 这里正在～一座新的办公楼｜我们厂已经～了十年了，工人数量超过 5 000 人。

建成 3级

jiànchéng

built

[短语] ～大桥｜短期内～

[句子] 我们学校计划用五年时间把计算机专业～国家级重点专业｜从北京到我的家乡刚～一条新的铁路。

建立 3级

jiànlì

v. set up, establish

[短语] ～工作站｜～联系

[句子] 我们单位为退休职工～了老年活动中心｜这两个国家正式～外交关系已经 50 年了。

J

见 △□☆　见到 △□☆　见过 △□☆　见面 △□☆

件 △□☆　建 △□☆　建成 △□☆　建立 △□☆

建设 3级

jiànshè

v. build, construct

n. construction

[短语] ~家乡 | 机场~

[句子] 我们正在~国家重点实验室 | 学校打算利用假期开始教学楼的基础~工作。

建议 3级

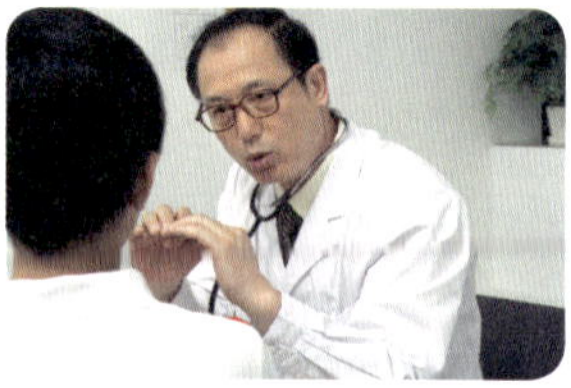

jiànyì

v. propose, advise

n. proposal, advice

[短语] ~改进管理 | 提出三条~

[句子] 医生~我不吃药，先在家里休息几天 | 我下个星期去北京开会，酒店还没订，你有什么好的~吗？

健康 2级

jiànkāng

adj. healthy, healthful

n. health

[短语] 身体很~ | ~的生活方式 | ~问题

[句子] 爷爷奶奶，祝你们新年快乐，永远~！| 近十年来，两国关系持续~地发展 | ~状况影响着老年人的生活质量。

将近 3级

jiāngjìn

adv. nearly, almost

[短语] ~年底 | ~五公里

[句子] 他~12点才从单位回来 | 老王~60岁了，再过两年就该退休了。

将来 3级

jiānglái

n. future

[短语] ~的日子 | 不远的~

[句子] 你们的理想~一定都会实现 | 让我们为了更加美好的~干杯！

讲 2级

jiǎng

v. tell; stress, pay attention to

[短语] ~故事 | ~方法

[句子] 王老师认真地给我们~了这道题的做法 | 跟别人开玩笑如果不~方式，不分场合，可能会让大家都不开心。

讲话 2级

jiǎng//huà

talk, make a speech

[短语] ~内容 | 讲几句话

[句子] 他平时不太爱~，在办公室很少能听到他的声音 | 每位参加会议的专家都讲了话。

交 2级

jiāo

v. hand over; associate with

[短语] ~作业 | ~朋友

[句子] 老师，把任务~给我们组吧，保证完成 | 这样的人不可~。

J

建设	△ □ ☆	建议	△ □ ☆	健康	△ □ ☆	将近	△ □ ☆
将来	△ □ ☆	讲	△ □ ☆	讲话	△ □ ☆	交	△ □ ☆

交费 3级

jiāofèi

v. pay fees, rates, charges etc.

[短语] ~时间｜去银行~

[句子] 现在买东西可以直接用手机~，非常方便｜这个业务不能在网上支付，必须到~处现场办理。

交给 2级

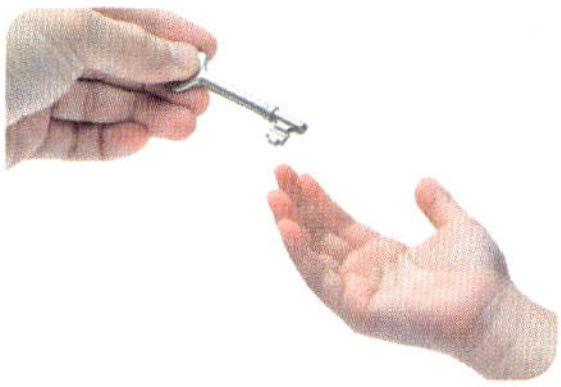

jiāo gěi

to leave (to sb.)

[短语] ~老板｜~孩子

[句子] 当爸爸把新车~我的时候，我开心极了｜公司把一个非常重要的任务~了小王，这对他来说是一个很好的发展机会。

交警 3级

jiāojǐng

n. traffic police

[短语] 一名~｜当~

[句子] 一位~站在马路中间｜发生交通事故的时候，可以打电话请~过来处理。

交流 3级

jiāoliú

v. exchange

n. communication

[短语] ~想法｜缺少~

[句子] 他们两个一边喝咖啡，一边~工作情况｜去年我在国际文化~节上认识了他。

交朋友 2级

jiāo péngyou

make friends

[短语] ~的能力｜喜欢~

[句子] 不要一上来就和人~，要学会先观察，看看这个人到底怎么样｜请客吃饭不是~最好的方式。

交通 2级

jiāotōng

n. traffic

[短语] 城市~运输｜~不方便

[句子] 哥哥在~管理部门工作，一到假期就特别忙｜汽车数量越来越多，带来了不少~问题。

交往 3级

jiāowǎng

v. contact

[短语] 加强~｜自由~

[句子] 听说她和男朋友吵了一架以后，就不再~了｜他们两家已经~几十年了，经常在一起吃饭。

交易 3级

jiāoyì

n. trade

[短语] ~市场｜一笔~

[句子] 他们的~不合法，存在很高风险｜任何时候都不要用生命去做~，不值得。

800 J

交费	△ □ ☆	交给	△ □ ☆	交警	△ □ ☆	交流	△ □ ☆
交朋友	△ □ ☆	交通	△ □ ☆	交往	△ □ ☆	交易	△ □ ☆

教 1级

jiāo

v. teach

[短语] ~中文 | ~他打球

[句子] 姐姐在一所中学工作，但是不~课，负责一些日常管理 | 刚到公司的时候，我什么都不会，李经理~给我很多东西。

角 2级

jiǎo

m. *jiao* (fractional unit of Chinese currency, equal to 1/10 of a *yuan*)

n. horn; corner

[短语] 五~钱 | 牛~ | 屋子一~

[句子] 那个商品的价格是九元七~三分 | 有的羊头上有~，有的没有~ | 孩子拉着妈妈的衣~，不想让妈妈去上班。

角度 2级

jiǎodù

n. point of view; angle

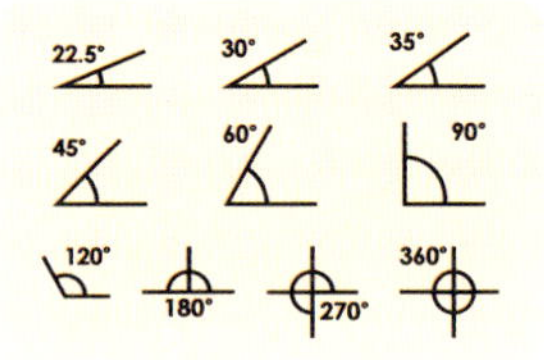

[短语] 不同的~ | ~大小

[句子] 人们看问题~不同，是因为他们经历过的事情不同 | 如果这条线和地面的~不是 90 度，就说明墙有问题。

饺子 2级

jiǎozi

n. *jiaozi* (Chinese dumpling)

[短语] 一顿~ | 羊肉~

[句子] 咱们家今天晚上包~ | 不论走到哪里，有中国人的地方好像永远都会有~。

脚 2级

jiǎo

n. foot

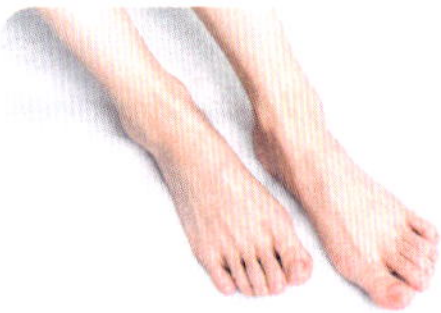

[短语] 两只~ | 头重~轻

[句子] 路太远了，我走得~都破了 | 你的新鞋合不合~？

叫 1级

jiào

v. shout; send for, ask; call, order; be called

[短语] 大喊大~ | ~他回家 | ~外卖 | ~我小王

[句子] 远处突然有人大~ | 爸爸~我买些水果回来 | 咱们别开车了，~个车去吧，那个地方不好停车 | 大家都亲切地~她“马大姐”。

叫 3级

jiào

prep. used to introduce the doer of an action

“叫”和“被”

二者都可以表示被动，“叫”多用于口语，“被”多用于书面语。“被”后面可以省略动作的发出者，“叫”一般不这样用。比如“树被吹倒了”“树叫风吹倒了”。

[短语] 别~风吹着 | ~人笑话

[句子] 爸爸的手表~弟弟弄坏了 | 这件事要是~妈妈知道了，又该批评我了。

叫作 2级

jiàozuò

v. be known as

中国的城市

昆明叫作“春城”，重庆叫作“山城”，济南叫作“泉城”，哈尔滨叫作“冰城”。

[短语] ~什么 | 广州被~“羊城”

[句子] 外国人把京剧~“Beijing Opera” | 这个地方大大小小的河非常多，人们把它~“水城”。

J

教 △□☆	角 △□☆	角度 △□☆	饺子 △□☆
脚 △□☆	叫 △□☆	叫 △□☆	叫作 △□☆

较 3级

jiào

adv. comparatively, relatively

"较"和"比较"

"较"多和单音节词连用，如"较好""较大"；"比较"多和双音节、多音节词连用，如"比较认真""比较有意思"。

[短语] 数量～少｜情况～好

[句子] 这间朝南的屋子温度～高｜这道菜做起来简单，用的时间也～短。

教材 3级

jiàocái

n. teaching material

[短语] 一本～｜研究～

[句子] 我们学校一直使用这套～教孩子们中文｜周一学校发～，请大家带一个大一点儿的包。

教练 3级

jiàoliàn

n. coach

[短语] ～休息室｜足球～

[句子] 姐姐曾经得过全国游泳比赛金牌，现在她是一名～｜王～已经带孩子们训练一个小时了。

教师 2级

jiàoshī

n. teacher

[短语] ～和学生｜～资格证

[句子] 她妈妈是音乐～，她是英语～｜下个月要举行中文～教学经验交流活动。

教室 2级

jiàoshì

n. classroom

[短语] 一间～｜走进～

[句子] 我们的～里没有黑板，只有一块电子白板｜他在309～跟学生讨论问题呢。

教学 2级

jiàoxué

n. teaching

[短语] ～活动｜～设计

[句子] 学生们很快就适应了网上～｜有经验的教师会在假期提前做好～计划。

教学楼 1级

jiàoxuélóu

n. teaching building

[短语] 一座～｜建设～

[句子] ～就在实验楼旁边，你一直往前走就到了｜学生们平时都在这个～上课，只有信息科技课和音乐课要去专门的教室。

教育 2级

jiàoyù

v. teach, educate

n. education

[短语] ～学生｜基础～

[句子] 作为父母，我们有责任～好自己的孩子｜学校～、家庭～和社会～，都会影响一个人的发展。

较 △ □ ☆	教材 △ □ ☆	教练 △ □ ☆	教师 △ □ ☆
教室 △ □ ☆	教学 △ □ ☆	教学楼 △ □ ☆	教育 △ □ ☆

结实　3级

jiēshi
adj. sturdy; strong

［短语］～的家具｜身体～
［句子］这个衣架很～，挂几十件衣服都没问题｜经常跑步，可以让你更～。

接　2级

jiē
v. take hold of, catch; meet, fetch, welcome; connect; take over

［短语］～球｜～孩子｜～电线｜～着干
［句子］他～过我的行李，放到车上｜今天我要去机场～个人，回家会晚一些｜我刚搬到这里，您能帮我把网～上吗？｜王老师退休以后，我来～她的课。

接待　3级

jiēdài
v. receive

［短语］～客人｜热情～
［句子］去年我们酒店共～旅客五万多人次｜今天的访问团是专门从外地来的，咱们一定要～好。

接到　2级

jiēdào
receive

［短语］～短信｜～电话
［句子］他上周～了大使馆的通知｜儿子，你的信我们～了，知道你在国外生活得很好，爸爸妈妈就放心了。

接近　3级

jiējìn
v. draw near

［短语］～目标｜～完美
［句子］小猫慢慢地～小鱼，好像想要抓住它｜她写的小说～真实的社会生活，我们都喜欢读。

接受　2级

jiēshòu
v. accept

［短语］～礼物｜～现实
［句子］她～了我送的花，我太开心了｜网上支付已经被越来越多的人～。

接下来　2级

jiē · xià · lái
then

［短语］～的节目｜～做什么
［句子］手续已经办理好了，～请您在这里写上自己的名字｜上周我们完成了调查，～的工作就是写调查报告。

接着　2级

jiēzhe
v. catch; follow
adv. after, then

［短语］用杯子～｜一个～一个｜～往下说
［句子］我～他的话说说我对这件事的看法｜我们一家～一家地通知｜他今天太累了，刚开完两个会，～又要出差。

结实 △□☆　接 △□☆　接待 △□☆　接到 △□☆
接近 △□☆　接受 △□☆　接下来 △□☆　接着 △□☆

街 2级

jiē

n. street

［短语］一条～｜过～天桥

［句子］走过这条～，咱们就到了｜我们学校后面有一条美食～，那里的东西不仅好吃，而且便宜。

节 2级

jié

n. holiday

m. used for sth. composed of sections or parts

［短语］中秋～｜一～中文课

［句子］快放假了，这件事～后再说吧｜这篇文章的最后两～有些问题，你再改改吧。

节目 2级

jiémù

n. programme

［短语］语言类～｜播放电视～

［句子］她在学校艺术节上表演了一个～｜你看过《对话》～吗？我觉得挺有意思的。

节日 2级

jiérì

n. holiday

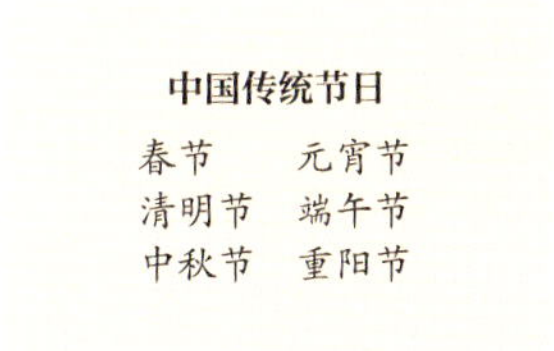

［短语］～快乐｜重要～

［句子］九月十号是教师的～｜一般～前后的飞机票、火车票都不太好买。

节约 3级

jiéyuē

v. economize

［短语］～用电｜注意～

［句子］我们要懂得～时间，浪费时间就是浪费生命｜打印过的纸还可以继续在另一面写字，这也是～用纸的一种表现。

结果 2级

jiéguǒ

n. result

conj. as a result, in consequence

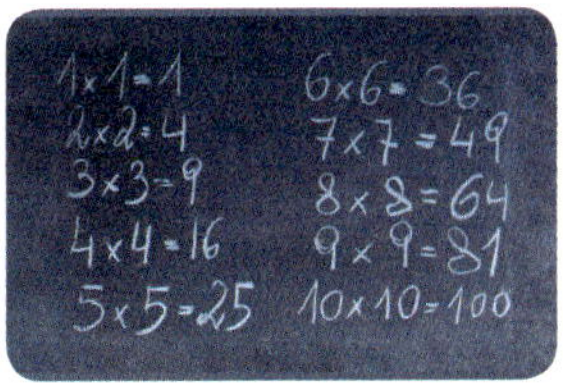

［短语］～正确｜～去晚了

［句子］三个月过去了，那次交通事故的调查～还没有出来｜我忘了交作业，～被老师批评了。

结合 3级

jiéhé

v. unite

［短语］理论～实际｜～不同观点

［句子］在中文教学中～一些信息技术，可以提高学习效率｜如果把他们每个人讲的内容都～起来，就组成了一个完整的故事。

结婚 3级

jié//hūn

get married

［短语］～纪念日｜没结过婚

［句子］我和她是 2024 年～的｜他好像结了三次婚。

街	△ □ ☆	节	△ □ ☆	节目	△ □ ☆	节日	△ □ ☆
节约	△ □ ☆	结果	△ □ ☆	结合	△ □ ☆	结婚	△ □ ☆

结束 3级

jiéshù

v. end

［短语］～会议｜八点～

［句子］听力考试现在～，请大家停笔｜电影～了，咱们一起去吃饭吧。

姐姐｜姐 1级

jiějie | jiě

n. elder sister

［短语］姐姐和妹妹｜我姐

［句子］姐姐比弟弟大三岁｜姐，你别生气，我错了，以后再也不敢了。

解决 3级

jiějué

v. solve

［短语］～困难｜合理～

［句子］老王总是很有办法，这个问题他一定能～｜为了～技术难题，他专门去请教专家。

解开 3级

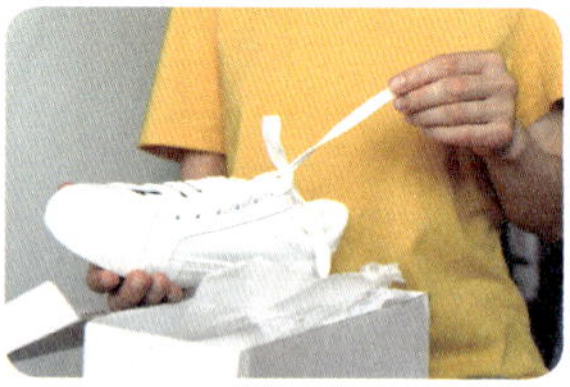

jiěkāi

untie

［短语］～鞋带｜赶快～

［句子］一进门，他就把领带～了｜屋子里很热，我～了大衣，觉得凉快了一些。

介绍 1级

jièshào

v. introduce

［短语］～对象｜向大家～

［句子］老板向我～了好几种新产品｜我给您～一下，这是我爱人。

借 2级

jiè

v. borrow, lend, loan

［短语］向他～钱｜～船出海

［句子］他下午去图书馆～了几本书｜她把课堂笔记～给了我。

J

斤 2级

jīn

m. *jin* (unit of weight, equal to 0.5 kilogram)

［短语］半～八两｜三～水果

［句子］他一米七五，大概140～｜晚上包饺子，买一～羊肉够吗？

今后 2级

jīnhòu

n. days to come

［短语］～的日子｜～更好

［句子］你～有什么打算？｜不要伤心，～一定会碰到真正爱你的人。

结束	△□☆	姐姐｜姐	△□☆	解决	△□☆	解开	△□☆
介绍	△□☆	借	△□☆	斤	△□☆	今后	△□☆

今年 1级

jīnnián

n. this year

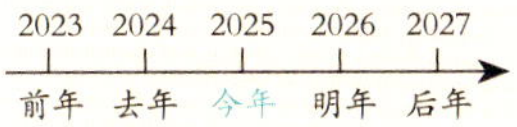

［短语］～夏天｜～三月

［句子］～的经济发展情况比去年好｜妹妹～18岁了，她打算明年出国留学。

今天 1级

jīntiān

n. today; present

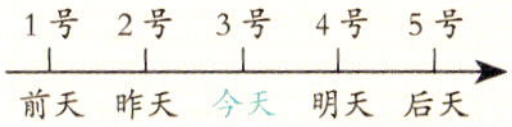

［短语］～星期一｜～的成就

［句子］张小姐～不太高兴｜小林能取得～的成绩，全靠他自己的努力。

金 3级

jīn

n. gold

［短语］～手指｜～饭碗

［句子］二人合心，黄土成～｜真～不怕火炼，好货不怕你验。

金牌 3级

jīnpái

n. gold medal

［短语］得～｜～选手

［句子］我们班在学校运动会上拿到两块～、三块银牌｜他能在这样的国际比赛中得到～，实在太不容易了。

仅 3级

jǐn

adv. only

［短语］～去过一次｜～有一个

［句子］买完这些书，我身上～剩两元钱｜那个房子离地铁站～500米，交通很方便。

仅仅 3级

jǐnjǐn

adv. merely

“仅仅”和“仅”

二者都可以表示数量少、范围小、时间短等。“仅”可用在一些固定结构中，如“仅此一家”“绝无仅有”。“仅仅”无此用法。

［短语］～看过一遍｜～三个人

［句子］这个故事他～听过一次，就能完整地讲出来了｜他写这篇文章～用了一个星期，并且很快发表了。

尽量 3级

jǐnliàng

adv. as much as possible

［短语］～参加｜～让大家满意

［句子］我眼睛不太好，你～把字写得大一些｜今天家里来客人，你～多买些吃的。

紧 3级

jǐn

adj. tight; urgent, close, quick; short of money

［短语］衣服～｜任务～｜手头～

［句子］这双鞋太～了，请帮我换一双大号的｜雪下得～，不一会儿就看不清路了｜我刚工作的时候工资比较低，生活过得有点儿～。

J

今年 △□☆　今天 △□☆　金 △□☆　金牌 △□☆

仅 △□☆　仅仅 △□☆　尽量 △□☆　紧 △□☆

紧急 3级

jǐnjí
adj. urgent

［短语］～会议｜情况～
［句子］事情～，你赶快到现场去｜他一到酒店，就先看～出口在哪里。

紧张 3级

jǐnzhāng
adj. nervous; tense

［短语］～的样子｜时间～
［句子］考试成绩今天公布，我心里很～｜比赛正在～地进行，大家都在等待最后的结果。

进 1级

jìn
v. advance; enter; recruit; get into

［短语］向前～｜～大门｜今年不～人｜掉～水里
［句子］只能～，不能退｜我的手表不走了，可能是昨天洗衣服的时候～水了｜我们球队又～了一个新队员｜他刚走～办公室，电话就响了。

进步 3级

jìnbù
v. make progress
adj. progressive

［短语］不断～｜～的思想
［句子］我的中文～很快｜她的那些主张非常～，影响了一代人。

进来 1级

jìn//·lái
enter, get in

［短语］～喝杯茶｜进不来
［句子］奶奶把饺子拿了～｜这个门有些小，沙发进得来吗？

进去 1级

jìn//·qù
enter, get in

［短语］～上课｜进不去
［句子］机场到了，你快～吧｜已经放假了，学校还进得去吗？

进入 2级

jìnrù
v. enter

［短语］～酒店｜～工作状态
［句子］～中学以后，这个孩子的变化非常大｜一～十月份，那座山上就开始下雪了。

进行 2级

jìnxíng
v. proceed

［短语］～检查｜顺利～
［句子］两国领导人计划下周在网上～对话｜我报名参加了学校的长跑比赛，现在每天都会～科学训练。

紧急 △□☆　紧张 △□☆　进 △□☆　进步 △□☆
进来 △□☆　进去 △□☆　进入 △□☆　进行 △□☆

进一步 3级

jìnyíbù

adv. further

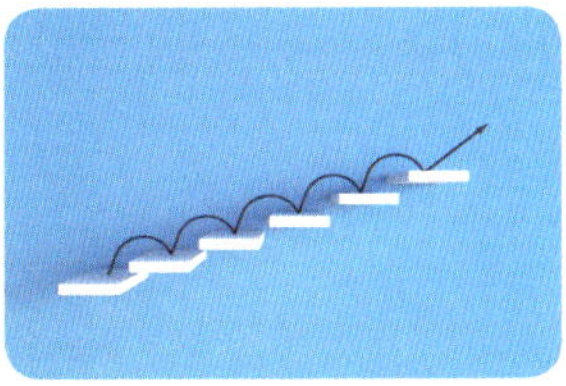

[短语] ~调查 | ~说明

[句子] 两国关系取得了~的发展 | 经过三天的体验，孩子们对各种职业有了~的认识。

进展 3级

jìnzhǎn

v. make progress

[短语] ~速度 | 新~

[句子] 请您放心，活动~得非常顺利 | 事情调查得怎么样？有什么~吗？

近 2级

jìn

adj. close, recent

反义词

近—远	大—小
多—少	动—静
内—外	先—后

[短语] 特别~ | 远~高低各不同

[句子] 这个价格的票座位在前排，离演员很~，看得更清楚 | ~两年，这所学校越办越好，得到了很多家长的认可。

近期 3级

jìnqī

n. near future

[短语] ~目标 | ~的工作

[句子] ~超市水果的价格便宜了很多 | 这些事情都是~连续发生的，我们要重视起来。

京剧 3级

jīngjù

n. Beijing Opera

[短语] ~演员 | 唱~

[句子] 下周的文化节，我们打算表演~ | 奶奶经常带我看~，慢慢地我对中国文化也有了一些认识。

经常 2级

jīngcháng

adv. frequently

[短语] ~开会 | 不~去

[句子] 张先生对人非常友好，~帮助周围的人 | 你不仅缺少运动，还~吃不健康的东西，这样对身体不好。

经过 2级

jīngguò

v. pass by

n. course, experience

[短语] ~公园 | 事情的~

[句子] 他刚从我家门口~ | 我给你讲讲我们买房子的~吧。

经济 3级

jīngjì

n. economy

adj. economical

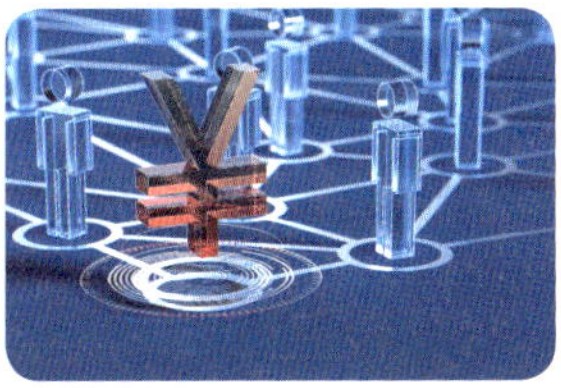

[短语] ~建设 | 方便又~

[句子] 关注~发展，提高人民生活水平，是这些年的建设重点 | 在网上买东西比在商场里买~很多。

进一步 △ □ ☆　进展 △ □ ☆　近 △ □ ☆　近期 △ □ ☆
京剧 △ □ ☆　经常 △ □ ☆　经过 △ □ ☆　经济 △ □ ☆

J

经理 2级

jīnglǐ

n. manager

［短语］～办公室｜公司～

［句子］周～是我们部门～，王～是公司总～｜～先总结了上个月的工作，接着跟大家讨论了这个月的任务。

经历 3级

jīnglì

v. experience

n. experience

［短语］～考验｜人生～

［句子］他们的爱情～了半个世纪，一张张照片记录了那些重要的时刻｜他不太爱说话，这可能和他的工作～有关。

经验 3级

jīngyàn

n. experience

［短语］～交流｜丰富的～

［句子］我建议让小马来主持调查工作，她不但能力很强，而且有这方面的～｜请你说一说在酒店管理方面有哪些工作～。

经营 3级

jīngyíng

v. operate

［短语］～范围｜生产～活动

［句子］回国以后，小张自主创业，～了一家咖啡馆｜最近公司的～状况不太理想，老板打算换一家合作单位。

精彩 3级

jīngcǎi

adj. wonderful

［短语］～的故事｜讲话很～

［句子］今天的表演太～了，结束后大家都久久不愿离去｜我本来不想买这本书，可是看了几页发现内容很～，就买了下来。

精神 3级

jīngshén

n. spirit; essence

［短语］～世界｜会议～

［句子］不仅要抓好物质文明，也要抓好～文明｜我们今天一起来学习这篇讲话，然后大家谈一谈对讲话～的理解。

J

精神 3级

jīngshen

adj. spirited, smart

n. energy

［短语］挺～的｜～不错

［句子］就买这件红衣服吧，看上去真～｜我爸爸妈妈喜欢运动，身体好，～也很好。

景色 3级

jǐngsè

n. scene

［短语］～美丽｜夏天的～

［句子］站在高处往下看，～会更好｜这座城市不但气候舒服，而且～也很漂亮。

经理 △ □ ☆　经历 △ □ ☆　经验 △ □ ☆　经营 △ □ ☆

精彩 △ □ ☆　精神 △ □ ☆　精神 △ □ ☆　景色 △ □ ☆

警察 3级

jǐngchá

n. police

［短语］一名～｜～的故事

［句子］坏人终于被～抓住了｜那位司机正在向交通～说明情况。

静 3级

jìng

adj. calm, silent

v. calm down

［短语］夜深人～｜～一～

［句子］早晨，公园里～～的，阳光暖暖地照在椅子上｜整座城市终于慢慢～了下来，好像睡着了一样。

九 1级

jiǔ

num. nine; ninth

九九歌

一九二九不出手，
三九四九冰上走，
五九六九沿河看柳，
七九河开八九雁来，
九九加一九，
耕牛遍地走。

［短语］～条龙｜～年级

［句子］这～个字写得不错，其他的还要再练练｜第～段讲了什么？你能说说吗？

久 3级

jiǔ

adj. for a long time; long

［短语］地～天长｜日～见人心

［句子］我们来这里不～，对周围的环境还不太了解｜快让爷爷看看，这么～没见，又长高了！

酒 2级

jiǔ

n. alcoholic drink

［短语］一杯～｜～后吐真言

［句子］春节回家的时候，我给爸爸带了两瓶～，打算和他一起喝二两｜不喝～的话，就喝点儿果汁或者可乐吧。

酒店 2级

jiǔdiàn

n. hotel

［短语］～的环境｜一家～

［句子］出去旅游的时候，有的人喜欢住大～，有的人喜欢住小旅馆｜这次开会的～房间比较舒服，饭菜味道也很好。

旧 3级

jiù

adj. used; antiquated

［短语］～手机｜～思想

［句子］搬家的时候，她把一些～家具卖了｜人年纪越大，就越改不掉～习惯。

救 3级

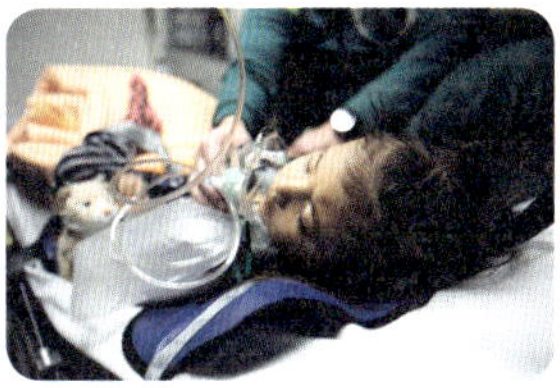

jiù

v. help, rescue

［短语］～国～民｜见死不～

［句子］医生，请您～～我的孩子｜人们把被困住的父亲和儿子一起～了上来。

警察	△ □ ☆	静	△ □ ☆	九	△ □ ☆	久	△ □ ☆
酒	△ □ ☆	酒店	△ □ ☆	旧	△ □ ☆	救	△ □ ☆

就 1级

jiù

adv. at once; then; only; used to express emphasis or resolve

1. 表示很短时间内。
   ◇等一下，我就来。
2. 表示事情发生或结束得早。
   ◇他五岁就上学了。
3. 表示前后事情紧接着。
   ◇我放下行李就去。

[短语] 马上～好｜吃完～睡｜～两块钱｜～不喜欢他

[句子] 考试还有15分钟～结束了｜只要你喜欢，咱们～买｜你以为～你知道啊？｜他～要来，我也没办法。

就是 3级

jiùshì

conj. even

“就是”表示假设的让步，后面常用“也”呼应。比如：“就是小事，也要认真对待。”“工作太多了，就是不吃饭也完不成。”

[短语] ～困也不能睡｜～经理也没办法

[句子] 你～想要一座金山，我都可以给你｜～一分钱没有也没关系，以后我们两个一起努力。

就要 2级

jiùyào

adv. about to

[短语] ～开始｜～放假

[句子] 春节～到了，祝你新年快乐、永远幸福｜下个月孩子～出生了，别紧张，我会一直在你身边。

就业 3级

jiù//yè

find a job, employment

[短语] ～问题｜就不了业

[句子] 谢谢您给了我在贵公司～的机会｜有些老年人退休以后会选择再～，还能继续工作几年。

举 2级

jǔ

v. raise; cite, propose

[短语] ～起来｜～例子

[句子] ～头望明月，低头思故乡｜你总是说我做得不够好，请你～出事实来。

举办 3级

jǔbàn

v. hold

[短语] ～活动｜～记者见面会

[句子] 这个乐队今年～了八场演唱会｜妹妹在省里～的跳舞比赛中得了第一名。

举手 2级

jǔshǒu

v. raise one's hand

[短语] ～回答｜不用～

[句子] ～的那位同学，请你来说说你的理解｜打算报名参加这次活动的人请～。

举行 2级

jǔxíng

v. hold

[短语] ～会议｜在北京～

[句子] 昨天我们学校～了自行车比赛｜每年11月，这里都会～国际艺术节。

J

就 △□☆　就是 △□☆　就要 △□☆　就业 △□☆
举 △□☆　举办 △□☆　举手 △□☆　举行 △□☆

句 2级

jù

m. sentence, line

字：我 喜 欢 中 文
词：我 喜欢 中文
句：我喜欢中文。

[短语] 两～话｜第一～

[句子] 你说的话～～都对，希望你都能做到｜谁能用一～话来说说老师讲的是什么故事。

句子 2级

jùzi

n. sentence

[短语] 写～｜完成～

[句子] 请把这些词语组合成一个～｜这篇文章里的每一个～好像都很有道理。

具体 3级

jùtǐ

adj. concrete, particular

[短语] ～情况｜～表现

[句子] 想学包饺子的话，～都要做哪些准备？｜咱们部门主要负责会议的安全，～的工作安排下午再通知大家。

具有 3级

jùyǒu

v. possess

"具有"和"有"

"有"后面可以是抽象的事物，也可以是具体的事物，如"有希望""有钱"。"具有"后面多是抽象的事物，如"具有资格""具有实力"。

[短语] ～民族特色｜～时代性

[句子] 对他来说，这块手表～特别的意义｜你的发言很精彩，～一定的代表性。

剧场 3级

jùchǎng

n. theatre

[短语] 首都～｜在～演出

[句子] 这个～是今年新建的，很受大家欢迎｜民族～最近在演一个话剧，演员们演得很精彩，你可以去看看。

据说 3级

jùshuō

v. it is said (that)

[短语] ～这是真的｜～她回来了

[句子] 明天这部电影开机，～王先生和周小姐都会来｜～多喝牛奶能让人长得高、身体好，所以弟弟天天喝牛奶。

决定 3级

juédìng

v. decide, determine

n. decision

[短语] ～买房子｜作出～

[句子] 听完爷爷奶奶的故事，我十分感动，～把他们的经历写成小说｜我向大家宣布一个重要～，下周我要结婚啦！

决赛 3级

juésài

v. have a final contest

n. finals

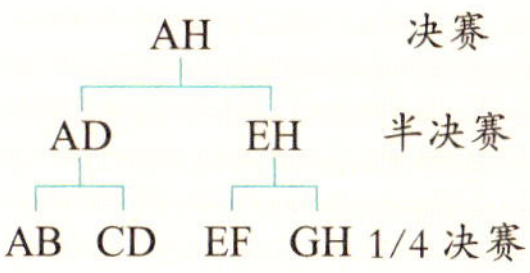

[短语] 进入～｜参加～

[句子] 今天上午网球～，明天下午跳高～｜现在正在进行的是女子 1500 米游泳～。

J

句 △□☆	句子 △□☆	具体 △□☆	具有 △□☆
剧场 △□☆	据说 △□☆	决定 △□☆	决赛 △□☆

决心 3级

juéxīn

n. determination

v. be determined

“决心”和“决定”

二者作动词时，“决心”侧重表示拿定主意，如“他决心改正错误”；“决定”侧重表示如何行动，如“学校决定派他参赛”。

［短语］下～｜～换个单位

［句子］你有考大学的～很好，继续加油吧｜他～告别过去的自己，开始全新的生活。

觉得 1级

juéde

v. feel, think

［短语］～痛苦｜～幸福

［句子］小张～这些文件很有用，就把它们都整理出来了｜我建议从南边上山，北边下山，你们～怎么样？

绝对 3级

juéduì

adv. absolutely

“绝对”表示“完全、一定”，有加强语气的作用。试比较：“我对你很放心”和“我对你绝对放心”；“这件事没问题”和“这件事绝对没问题”。

［短语］～完美｜～不行

［句子］经理～不会想到咱们能这么快完成任务｜我敢保证，你～没见过这么美的地方。

咖啡 3级

kāfēi

n. coffee

［短语］～杯｜黑～

［句子］我早上喜欢喝一杯～｜你要茶还是～？

卡 2级

kǎ

n. card

［短语］银行～｜学生～

［句子］他的钱包里有很多张～｜我有交通～，咱们坐地铁去吧。

开 1级

kāi

v. open; blossom; start up; write out; boil; off

［短语］～门｜～花｜～酒店｜～药｜水～了｜弄～

［句子］他三岁才～口说话｜窗外的茶花～了｜这里写错了，我需要重新～个证明｜这水怎么还没～｜你先别走～，我一会儿就到。

开车 1级

kāi//chē

drive

［短语］不会～｜开了一个小时车

［句子］他打算这个假期去学～｜我有些不舒服，开不了车。

开发 3级

kāifā

v. develop

［短语］～产品｜～区

［句子］这两家公司合作～了一个新游戏｜西部地区还需要进一步～。

K

决心 △ □ ☆　觉得 △ □ ☆　绝对 △ □ ☆　咖啡 △ □ ☆

卡 △ □ ☆　开 △ □ ☆　开车 △ □ ☆　开发 △ □ ☆

开放 3级

kāifàng

v. come into bloom; open, be open

[短语] 百花~ | ~的市场

[句子] 这种花只在夜里~ | 学校图书馆晚上~到几点?

开会 1级

kāi//huì

have a meeting

[短语] 在~ | 开个会

[句子] 明天几点~? 我去通知大家 | 我这几天都在开小组会。

开机 2级

kāi//jī

start; start shooting

[短语] 电脑~ | 电影~

[句子] 她手机没电了，开不了机 | 这个电视剧去年二月份就~了，到现在都没拍完。

开始 3级

kāishǐ

v. begin, start

n. beginning

[短语] ~工作 | ~的样子

[句子] 会议还没~，我想先去一下洗手间 | 这家公司~只有八名员工，现在已经一万多人了。

开玩笑 1级

kāi wánxiào

joke; to treat casually

[短语] 爱~ | 别~

[句子] 你可真会~！但记得下次~时要分清场合 | 这件事关系到生命安全，可不能~。

开心 2级

kāixīn

adj. happy

v. make fun of

[短语] 十分~ | 别拿他~

[句子] 孩子们玩儿得~极了 | 他们两个人总喜欢互相拿对方~。

开学 2级

kāi//xué

(school) open, (term) begin

[短语] ~第一课 | 开不了学

[句子] 我们学校9月1号~ | 虽然已经开了一周学了，我还是很不适应，觉得还在放假呢。

开业 3级

kāi//yè

open for business

[短语] 公司~ | 开不了业

[句子] 我们店明天~，欢迎过来看看 | 最近楼下有好几家饭馆~。

开放 △ □ ☆　开会 △ □ ☆　开机 △ □ ☆　开始 △ □ ☆

开玩笑 △ □ ☆　开心 △ □ ☆　开学 △ □ ☆　开业 △ □ ☆

K

开展 3级

kāizhǎn

v. launch, hold

[短语] ~教育 | ~文化交流

[句子] 大家要积极参加学校~的活动 | 这家书店常常~读书会，介绍新出的图书。

看 1级

kàn

v. look at; consider; call on; depend on

[短语] ~电视剧 | ~问题 | ~老师 | ~我的

[句子] ~在眼里，记在心上 | ~问题不能只~表面 | 叔叔最近身体不太好，周末咱们去~~他吧 | 这两个队水平差不多，最后的结果就~明天这场比赛了。

看病 1级

kàn//bìng

see a doctor

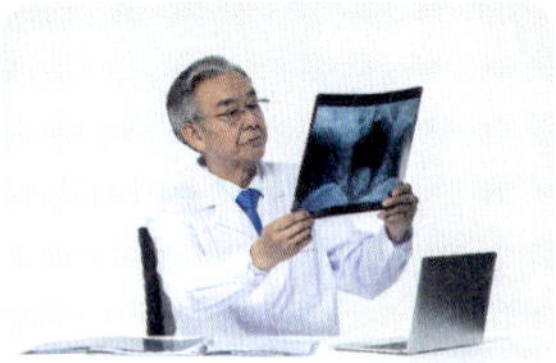

[短语] 找大夫~ | 看过三次病

[句子] 你最近怎么总去~？哪里不舒服？| 今天医院人太多了，到现在我还没看上病。

看到 1级

kàndào

notice

[短语] ~变化 | 没~

[句子] 你能~黑板上的字吗？我们再往前坐坐吧！| 你~那份文件了吗？怎么找不着了？

看法 2级

kàn · fǎ

n. view

[短语] 谈两点~ | 不同的~

[句子] 你好像对这件事很有~ | 请说说你的~，给我们提提意见。

看见 1级

kàn//jiàn

see

[短语] 没~ | 看得见

[句子] 今天你~王经理了吗？我找他有事儿 | 有些人只~别人的短处，看不见别人的长处。

K

看起来 3级

kàn · qǐ · lái

it seems

[短语] ~很美 | ~不到30岁

[句子] 你~很累，先别开车了 | ~这件事没那么简单，咱们再商量商量。

看上去 3级

kàn shàng · qù

it seems

[短语] ~不错 | ~很健康

[句子] 你~很开心，有什么高兴的事情吗？| 天气不太好，~会下雨。

开展 △□☆　看 △□☆　看病 △□☆　看到 △□☆

看法 △□☆　看见 △□☆　看起来 △□☆　看上去 △□☆

考 1级

kǎo

v. take a test

［短语］~公务员 | ~听力

［句子］这次你~得怎么样？我没~好 | 哥哥去年~上大学了。

考生 2级

kǎoshēng

n. candidate for an examination

［短语］一名~ | ~们

［句子］他只有十岁，是所有~中年纪最小的 | 今年有多少~参加中文水平考试？

考试 1级

kǎo//shì

take an examination

［短语］英语~ | 考了三天试

［句子］这次~很简单，我提前半个小时做完了 | 他考了半天试，还是没通过。

考验 3级

kǎoyàn

v. test

［短语］通过~ | 面对~

［句子］不要总是~你的男朋友 | 这份工作很~人，我在这个过程中学到了很多。

靠 2级

kào

v. lean against; depend on

［短语］~着门 | 在家~父母，出门~朋友

［句子］她~在男朋友身上，幸福地笑着 | 别总想着~别人，你自己也想想办法。

科 2级

kē

n. department; subject

语言积累

内科　外科　儿科　牙科
文科　理科　工科　医科
财务科　人事科　技术科

［短语］设备~ | 高考选~

［句子］你们~是负责什么工作的？| 今年这一~有两次考试，我一定要好好复习。

科技 3级

kējì

n. science and technology

［短语］~园 | ~公司

［句子］王先生是从事~工作的，很愿意使用新技术 | 他的~小发明得了全市一等奖。

科学 2级

kēxué

n. science

adj. scientific

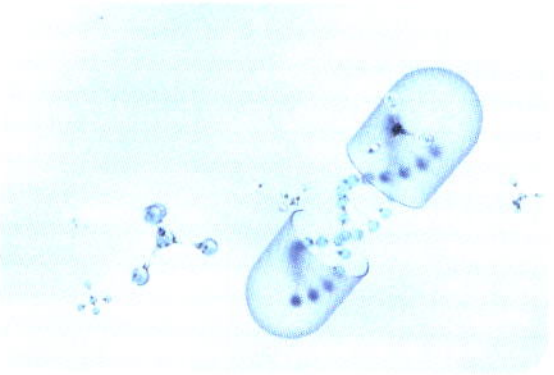

［短语］自然~ | ~的方法

［句子］~的发展使人类社会取得很大进步 | 这样做不~，咱们再开会讨论一下。

考	△□☆	考生	△□☆	考试	△□☆	考验	△□☆
靠	△□☆	科	△□☆	科技	△□☆	科学	△□☆

可爱 2级

kě'ài

adj. lovely

［短语］～的小猫｜十分～

［句子］我有一只～的小鸟｜妹妹特别～，大家都很喜欢她。

可靠 3级

kěkào

adj. reliable, authentic

［短语］～的朋友｜消息～不～

［句子］相信别人不如相信自己，只有自己最～｜计算机技术还是比较～的，它能帮我们解决很多问题。

可乐 3级

kělè

n. coke

［短语］喝～｜一杯～

［句子］看电影时，我总爱买瓶～｜经常喝～不太健康，你还是多喝点儿水吧。

可能 2级

kěnéng

v. perhaps

adj. possible

n. possibility

［短语］～不行｜怎么～｜几种～

［句子］我明天～不来，你不用等我了｜这件事不太～是真的｜没这种～，你不要乱想了。

可怕 2级

kěpà

adj. terrifying

［短语］～的大火｜太～了

［句子］这件事情没什么～的，我们一起来解决｜发生交通事故很～，平时开车一定要注意安全。

可是 2级

kěshì

conj. but

"可是"表示转折，与"但是"意思相近，前面常有"虽然"呼应。

［句子］那家超市东西很全，～离我家太远了｜大家虽然很累，～都非常开心。

可以 2级

kěyǐ

v. be able to; be worth

［短语］～走了｜～去看看

［句子］我～过来帮忙，但要等到明天｜你～试试这家饭馆，味道非常不错。

渴 1级

kě

adj. thirsty

［短语］～不～｜太～了

［句子］一整天不喝水怎么行？你别把自己～坏了｜运动后通常会觉得很～，但不要一下喝很多水。

可爱	△□☆	可靠	△□☆	可乐	△□☆	可能	△□☆
可怕	△□☆	可是	△□☆	可以	△□☆	渴	△□☆

克 2级

kè

m. gram

[短语] 148～ | 几～金子

[句子] 一个鸡蛋大约重 50～ | 一两等于 50～，一斤等于 500～，一公斤就是 1000～。

克服 3级

kèfú

v. overcome

[短语] ～困难 | 努力～

[句子] 做事情总爱忘这忘那，我一定要～这个缺点 | 考试前你要～紧张的心情，让自己放松一些。

刻 2级

kè

m. quarter

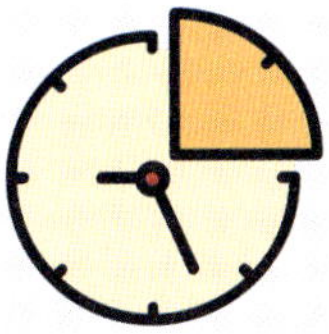

[短语] 九点一～ | 八点三～

[句子] 我现在有事儿，你过一～钟再来找我吧 | 火车五点一～开，我们早点儿出发去火车站吧。

客观 3级

kèguān

adj. objective

[短语] ～原因 | ～地说

[句子] 不论你接不接受，这就是～现实 | 他说话十分～，是一个可靠的人。

客人 2级

kè · rén

n. visitor, guest

[短语] 欢迎～ | 三位～

[句子] 你多和～说说话，别总是一个人坐着 | 妈妈喜欢请～住在家里，但我不太喜欢这样。

课 1级

kè

n. class; lesson

语言积累

语文课　英语课
历史课　地理课
物理课　化学课
音乐课　美术课

[短语] 数学～ | 第一节～

[句子] 我很喜欢上中文～ | 今天我们学习第七～《小马过河》。

课本 1级

kèběn

n. textbook

[短语] 中文～ | 打开～

[句子] 我昨天没来上课，可以看看你～上的笔记吗？| 我们学校的～和你们学校的不完全一样。

课程 3级

kèchéng

n. course

[短语] 安排～ | 大学～

[句子] 这是今年新开的～，选的人不多 | 你们专业都学哪些～？

克	△ □ ☆	克服	△ □ ☆	刻	△ □ ☆	客观	△ □ ☆
客人	△ □ ☆	课	△ □ ☆	课本	△ □ ☆	课程	△ □ ☆

课堂 2级

kètáng

n. classroom

[短语] ~讨论 | ~内外

[句子] 这些~作业必须今天完成 | ~上学到的东西下课后要多复习。

课文 1级

kèwén

n. text

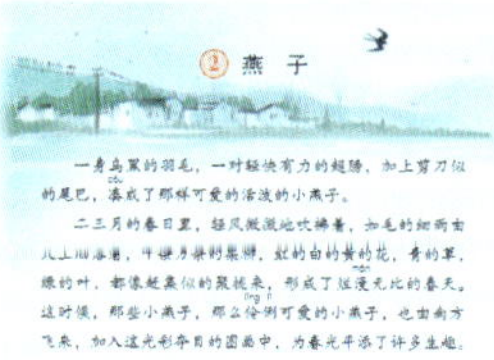
② 燕 子

一身乌黑的羽毛，一对轻快有力的翅膀，加上剪刀似的尾巴，凑成了那样可爱的活泼的小燕子。

二三月的春日里，轻风微微地吹拂着，如毛的细雨由天上洒落着，千条万条的柔柳，红的白的黄的花，青的草，绿的叶，都像赶集似的聚拢来，形成了烂漫无比的春天。这时候，那些小燕子，那么伶俐可爱的小燕子，也由南方飞来，加入这光彩夺目的图画中，为春光平添了许多生趣。

[短语] 读~ | 学习~

[句子] 今天学的~主要内容是什么？| 回家好好读读这篇~，最好能背下来。

空 3级

kōng

adj. empty

adv. in vain

[短语] ~房子 | ~高兴一场

[句子] 她的钱包~~的，一分钱都没有 | 很多事情~有热情办不好。

空气 2级

kōngqì

n. air; atmosphere

[短语] ~干净 | 紧张的~

[句子] 人离不开~，鱼离不开水 | 他一开口说话，房间里立刻充满了快乐的~。

空调 3级

kōngtiáo

n. air conditioning

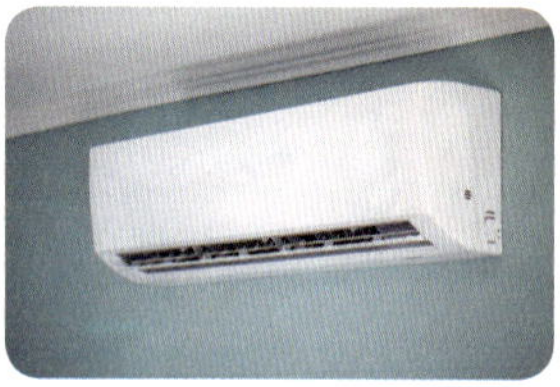

[短语] 开~ | 安装~

[句子] 我租的房子里没有~，我打算自己买一台 | 最近太热，每天都快 40 度了，必须开~。

恐怕 3级

kǒngpà

adv. maybe (indicating an estimation, sometimes with anxiety or worry)

“恐怕”和“可能”

二者都表示估计。“可能”后有好事，也有坏事。“恐怕”多表示担心，一般是不好的、消极的事情。

[短语] ~来不了 | ~会生病

[句子] ~要下雨了，我们最好别出门了 | 你这样做，~他们不会同意。

空儿 3级

kòngr

n. time

[短语] 没~ | 找个~

[句子] 你明天有~吗？我想约你一起吃饭 | 最近工作特别忙，只能中午抓个~休息一小会儿。

口 1级

kǒu

m. used for people, some domestic animals and things

n. mouth

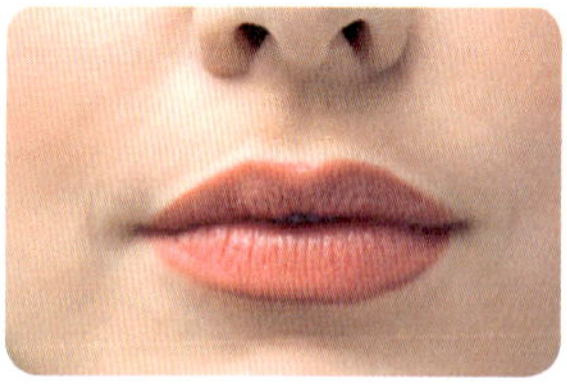

[短语] 三~人 | 开~说话

[句子] 他喝了一大~水，才开始工作 | 病从~入，你快去洗手吧。

K

课堂 △□☆　课文 △□☆　空 △□☆　空气 △□☆

空调 △□☆　恐怕 △□☆　空儿 △□☆　口 △□☆

哭 2级

kū

v. cry

[短语] 爱～的孩子｜～笑不得

[句子] 不要总是因为一点儿小事就～个不停｜这件事不值得你～，把它忘了吧。

裤子 3级

kùzi

n. trousers, pants

[短语] 买～｜两条～

[句子] 我不喜欢这条～，我觉得它的颜色很难看｜我的那条蓝～在哪儿？

块 1级

kuài

n. lump

m. piece; *yuan* (unit of money)

[短语] 木～｜一～蛋糕｜两～钱

[句子] 你的咖啡要几～糖？｜她新买了一～表｜这瓶可乐几～钱？

快 1级

kuài

adj. fast

adv. quickly; soon

[短语] 跑得～｜～点儿来｜～下班了

[句子] 他开车开得太～了｜孩子好像生病了，～带她去医院吧｜你别急，事情～办好了。

快餐 2级

kuàicān

n. fast food

[短语] ～店｜点～

[句子] 这种～三菜一汤，一份 40 块钱｜～一般比较便宜，量也大。

快点儿 2级

kuài diǎnr

hurry up

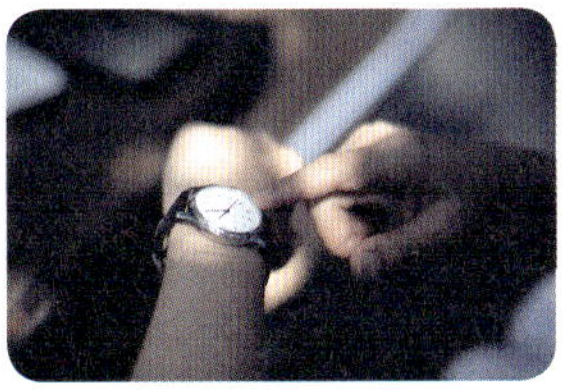

[短语] 走～｜～来

[句子] ～吧，火车再有十分钟就开了｜～写完这个报告，我们就可以下班了。

快乐 2级

kuàilè

adj. happy

[短语] 春节～｜～的日子

[句子] 家长要让孩子～地学习、～地成长｜做一个～的人，热爱生活，关心社会。

快速 3级

kuàisù

adj. fast

[短语] ～通过｜～发展

[句子] 还是坐飞机吧，我们需要～到达那里｜请你～读完这本书，然后讲一讲书里的故事。

K

哭	△ □ ☆	裤子	△ □ ☆	块	△ □ ☆	快	△ □ ☆
快餐	△ □ ☆	快点儿	△ □ ☆	快乐	△ □ ☆	快速	△ □ ☆

快要 2级

kuàiyào
adv. soon

[短语] ~开学了｜~下班的时候
[句子] 看起来~下雨了，你别出去散步了｜飞机~到了，咱们去机场接他吧。

筷子 2级

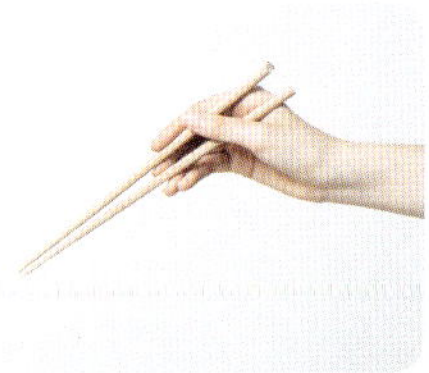

kuàizi
n. chopsticks

[短语] 拿~｜一双~
[句子] 中国人用~吃饭｜我还不太会用~，你可以教教我吗？

困 3级

kùn
adj. sleepy
v. be stranded

[短语] 太~了｜~在车里
[句子] 我昨天睡得很晚，今天特别~｜突然下起了大雪，我们被~在机场了。

困难 3级

kùnnan
n. difficulty
adj. difficult

[短语] 克服~｜非常~
[句子] 你在学习上有什么~都可以跟我说｜有的留学生觉得说中文不~，写汉字太~。

拉 2级

lā
v. pull; transport by vehicle; draw out

[短语] ~开门｜用车~家具｜~开距离
[句子] 前面那个~着行李的就是小李｜26路公交车~了十几个人｜他故意~长了声音。

来 1级

lái
v. come; will do sth.; serve; used as a substitute for a verb, or after a verb to indicate the result or estimation

[短语] 没怎么~过｜你~说｜~杯茶｜走出~
[句子] 草地上~了一只小黄狗｜你~写一下这个汉字｜给我~碗米饭｜自己装一台新电脑？我可弄不~。

L

来到 1级

láidào
v. come

[短语] ~山上｜~学校
[句子] 我是去年~这家公司的｜今天上午开运动会，他们早早就~体育场做准备了。

来自 2级

láizì
v. come from

[短语] ~北京｜~不同的地方
[句子] 我们五个人~三个国家｜他的成功~不断地努力。

快要	△□☆	筷子	△□☆	困	△□☆	困难	△□☆
拉	△□☆	来	△□☆	来到	△□☆	来自	△□☆

蓝 2级

lán

adj. blue

[短语] ~布 | ~皮书

[句子] 有两种颜色的笔，你要~的还是红的？| ~~的天，白白的云，绿绿的草，红红的花。

蓝色 2级

lánsè

n. blue

[短语] ~的大海 | 喜欢~

[句子] 他有好几件~的衬衣 | 黄色加~会变成绿色。

篮球 2级

lánqiú

n. basketball

[短语] 打~ | ~队员

[句子] 我哥哥打~打得特别好 | ~比赛快开始了，你快过来看吧。

浪费 3级

làngfèi

v. waste

[短语] ~时间 | 别~电

[句子] 快关上，你这么做太~水了 | 他是大学生，让他干这种工作真是~人才。

老 1级

lǎo

adj. old; long-standing; experienced; former

[短语] 人~心不~ | ~毛病 | ~员工 | ~地方

[句子] 当你~了，头发白了，你最大的愿望是什么？| 我们是~同学，小学和中学都在一个班 | ~工人比较有经验 | 十多年过去了，学校还是~样子，一点儿都没变。

老 2级

lǎo

adv. for a long time, often; very

"老+形容词+的"结构表示程度高，一般是表积极意义的单音节形容词。如只能说"山老高老高的"，不能说"山老低老低的"。

[短语] ~吃面条儿 | ~远的地方

[句子] 她已经知道错了，你们就别~说她了 | 这个故事~长~长的，一晚上讲不完。

老 2级

lǎo

pref. used before a person's surname indicating seniority or before 大 and 二，三 and other numerals indicating order of birth or rank

[短语] ~张60岁 | 这是他们家~三

[句子] 我来介绍一下，这是~高，这是~李 | 我哥哥有两个孩子，~大是女儿，~二是儿子。

老百姓 3级

lǎobǎixìng

n. common people

[短语] 广大~ | 关心~的生活

[句子] 这些年~的日子越过越好了 | 当领导的，要把~的事情放在心上。

L

蓝	△□☆	蓝色	△□☆	篮球	△□☆	浪费	△□☆
老	△□☆	老	△□☆	老	△□☆	老百姓	△□☆

老板 3级

lǎobǎn
n. boss, master; shopkeeper

［短语］王～｜饭馆～
［句子］他是一家国际公司的～，平时工作很忙｜～，再来一瓶可乐！

老年 2级

lǎonián
n. old age

［短语］～生活｜进入～社会
［句子］爷爷奶奶在～大学的课程十分丰富｜这次比赛分青年组、中年组和～组。

老朋友 2级

lǎo péngyou
old friend

［短语］一位～｜和～见面
［句子］大家是～了，有话你就直说｜我和他合作十几年，是～了。

老人 1级

lǎorén
n. old people

［短语］帮助～｜关注～的健康
［句子］早上～帮着做饭，他开车送孩子上学｜那位～正学着用手机给儿子发短信。

老师 1级

lǎoshī
n. teacher

［短语］张～｜体育～
［句子］教我们中文的～姓王｜如果你以后想当～，就得考一个教师资格证。

老是 2级

lǎo · shì
adv. always

"老是"用在口语中，意思和"总是"差不多，表示动作或状态一直保持不变。如"他老是早来晚走""这几天老是下雨"。

［短语］～第一个来｜～穿黑衣服
［句子］中午姐姐～吃牛肉面｜弟弟学习很好，～考年级第一。

老太太 3级

lǎotàitai
n. old lady

［短语］李～｜我们家～
［句子］他们家～快80岁了，身体好得很｜我家楼上住着一位～，她儿子每个周末都回来看她。

老头儿 3级

lǎotóur
n. old man

［短语］白发～｜两个～
［句子］这～说话可真有意思｜他们家～特别喜欢养鸟。

老板	△□☆	老年	△□☆	老朋友	△□☆	老人	△□☆
老师	△□☆	老是	△□☆	老太太	△□☆	老头儿	△□☆

乐 3级

lè

v. laugh; delight

[短语] ～得合不上嘴｜～在其中

[句子] 听了他的话，一屋子人全～了｜什么事儿让小王～成这样？

乐观 3级

lèguān

adj. optimistic

[短语] ～的性格｜保持～

[句子] 王经理面对困难总是很～｜奶奶的情况不太～，咱们换家大医院再看看吧。

了 1级

le

aux. used after a verb or an adjective to indicate the completion of an action; used at the end of a sentence to indicate a change of situation or state

[短语] 买～电脑｜下雨～

[句子] 弟弟吃～一大碗面条儿｜明天就是星期六～。

类 3级

lèi

n. type

m. kind

[短语] 分为四～｜这～情况

[句子] 我们根本不是一～人｜我对那～事情从来不感兴趣。

类似 3级

lèisì

v. resemble

adj. similar

[短语] 和我家情况～｜～的经历

[句子] 这张画儿看起来和那张～，实际上不是一个年代的｜这两个牌子的电脑价格和功能都很～，买哪个都行。

累 1级

lèi

adj. tired

[短语] ～死了｜～得说不出话

[句子] 你要是～了就先别开车了，这样太危险了｜在地铁上站了两个多小时，她～坏了。

冷 1级

lěng

adj. cold; frosty

[短语] ～空气｜～言～语

[句子] 她在雪地里等了一个多小时，感到全身发～｜他～～地说：“你以后不要再来找我了。”

离 2级

lí

v. leave

prep. to or at a distance from sb. or sth. in space or time

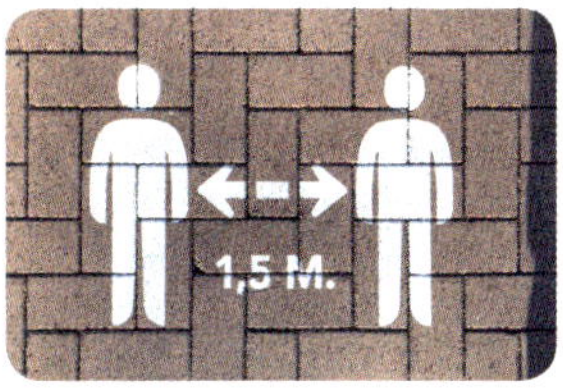

[短语] 少小～家老大回｜～单位不远

[句子] 现在很多年轻人手机不～身，走哪儿带哪儿｜他感冒了，你～他远点儿。

乐	△□☆	乐观	△□☆	了	△□☆	类	△□☆
类似	△□☆	累	△□☆	冷	△□☆	离	△□☆

离婚 3级

lí//hūn
divorce

［短语］办～手续｜去年离的婚
［句子］听说他和他爱人～了，他们的感情不是一直挺好的吗？｜小王才 32 岁，都离了两次婚了。

离开 2级

lí//kāi
leave

［短语］～家乡｜离得开
［句子］大吵一架后，他头也不回地～了｜公司的发展，离不开每位员工的努力。

礼物 2级

lǐwù
n. gift, present

［短语］生日～｜送妈妈～
［句子］你们公司真不错，过年过节还发～｜他给爱人买了个包，作为结婚纪念日的～。

里 1级

lǐ
n. inner; inside; within

［短语］往～走｜房间～｜这段时间～
［句子］哥哥书包～有什么？｜水～有很多小鱼｜我的成果～有一半属于她。

里边 1级

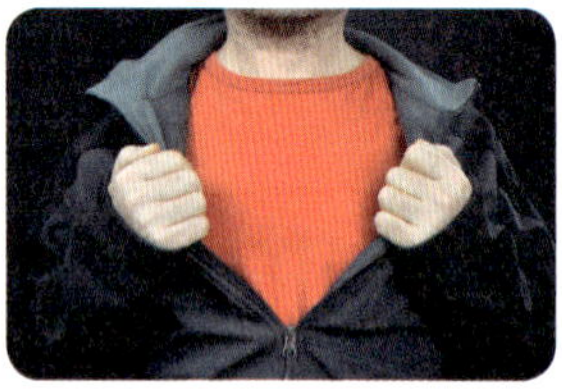

lǐbian
n. inside

［短语］房子～｜三年～
［句子］他今天外边穿了件黑的，～穿了件红的｜你对我的好，我心～都明白。

里面 3级

lǐmiàn
n. inside

［短语］靠～走｜心～不舒服
［句子］我看看钱包～有多少钱｜大家都去外面上体育课了，教室～一个人都没有。

里头 2级

lǐtou
n. inside

［短语］学校～｜一年～
［句子］坐在火车～，能看见外面蓝色的大海｜他最近身体不太好，一个月～病了两次。

理发 3级

lǐ//fà
have one's hair cut

［短语］～店｜每月理一次发
［句子］很久没有～了，头发太长了｜你去洗个澡、理个发，看起来会更精神。

离婚	△ □ ☆	离开	△ □ ☆	礼物	△ □ ☆	里	△ □ ☆
里边	△ □ ☆	里面	△ □ ☆	里头	△ □ ☆	理发	△ □ ☆

理解 3级

lǐjiě

v. understand

[短语] ~别人 | ~不了

[句子] 小明想了半天，终于~那道题怎么做了 | 他总说父母不~他，其实父母和孩子需要互相~。

理论 3级

lǐlùn

n. theory

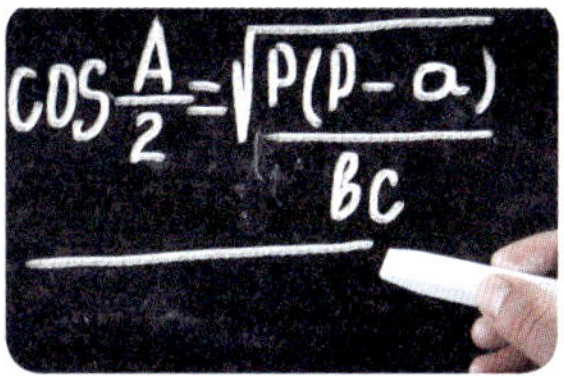

[短语] 学习~ | ~知识

[句子] 光有~没用，~必须联系实际 | 张老师~水平挺高的，这几年发表了不少文章。

理想 2级

lǐxiǎng

n. ideal

[短语] 人生~ | 为~努力工作

[句子] 我的~是当一名科学家，哥哥的~是成为警察 | 空有计划但不去做，再远大的~也不能成真。

理由 3级

lǐyóu

n. reason

[短语] 找个~ | 没有~

[句子] 小张经常请假，今天的~是上班路上发生了交通事故 | 那个单位条件很好，你有什么~不去呢？

力 3级

lì

n. force, physical strength; power

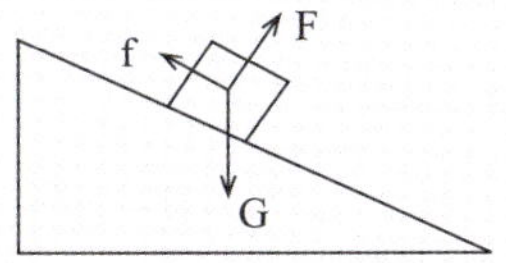

[短语] 受~ | 费了不少~

[句子] 有钱出钱，有~出~ | 工程师是脑~劳动者，工人是体~劳动者。

力量 3级

lì · liàng

n. physical strength force; power, ability

[短语] 充满~ | 团结就是~

[句子] 他使出所有的~，也搬不动那张床 | 要用好宣传的~，把我们的产品广告打到全世界去。

立刻 3级

lìkè

adv. at once

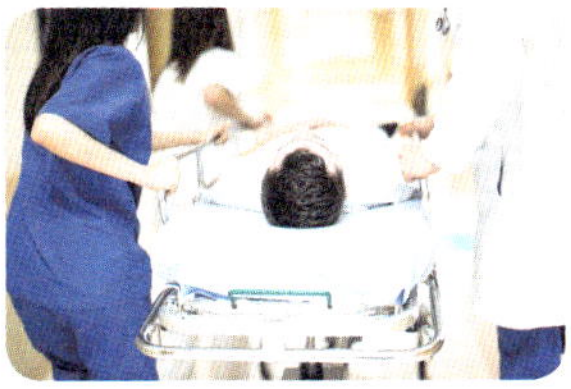

[短语] ~停止 | ~赶到学校

[句子] 36床的病人必须~手术，快通知他的家人 | 他看了我一眼，我~明白了他的意思。

利用 3级

lìyòng

v. use, utilize; exploit

[短语] ~工具 | ~别人

[句子] 她~中午休息时间修好了那张桌子 | 以后你不要给我打电话了，我不想再被你~了。

理解	△ □ ☆	理论	△ □ ☆	理想	△ □ ☆	理由	△ □ ☆
力	△ □ ☆	力量	△ □ ☆	立刻	△ □ ☆	利用	△ □ ☆

例如 2级

lìrú

v. take for example

［短语］～我爸爸｜～看电影、听音乐

［句子］姐姐特别爱吃水果，～苹果、香蕉什么的｜中文里有一些词语来自英文，～“咖啡”“沙发”。

例子 2级

lìzi

n. example

［短语］举个～｜身边的～

［句子］请你再举几个～来证明你的观点｜必须坚持对外开放，这家公司的成功就是最好的～。

连 3级

lián

v. connect

adv. constantly

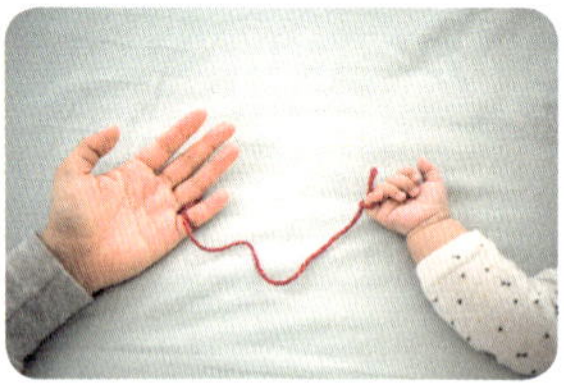

［短语］心～心｜～输三场

［句子］一根红线把父亲的手指和儿子的手指～了起来｜今天特别累，我～上了五节课。

连忙 3级

liánmáng

adv. promptly

［短语］～站起来｜～说对不起

［句子］一听见妈妈的声音，弟弟～跑过去开门｜要下雨了，张阿姨～把院子里的衣服收了回来。

连续 3级

liánxù

v. go on uninterruptedly

［短语］～不断｜～下了三天雨

［句子］为了完成任务，王经理已经～忙了一个月了｜我们学校足球队～三年都是全市第一。

连续剧 3级

liánxùjù

n. serial

［短语］看～｜一部～

［句子］那个电视～特别火，你听说过吗？｜这个～可真长，电视台播放了三个多月。

联合 3级

liánhé

v. unite

［短语］～其他部门｜成立～调查小组

［句子］我一个人干不完，得～别人一起做｜我们要～一切可以利用的社会力量，共同办好人民满意的教育。

联合国 3级

Liánhéguó

n. United Nations (UN)

联合国主要机构有联合国大会、安全理事会、经济和社会理事会、秘书处等。其主要宗旨是维护国际和平与安全，发展国际友好关系，促进经济文化等方面的国际合作。

［短语］～大会｜退出～

［句子］～是1945年成立的，很多国家都是～会员国｜～的工作语言一共有六种，汉语也是其中一种。

例如 △□☆	例子 △□☆	连 △□☆	连忙 △□☆
连续 △□☆	连续剧 △□☆	联合 △□☆	联合国 △□☆

联系 3级

liánxì

v. contact, connect

n. connection

[短语] 和他～ | 保持～

[句子] 她的手机没电了，我～不上她 | 他们分手快五年了，早就没有～了。

脸 2级

liǎn

n. face

[短语] ～上带笑 | 打人不打～

[句子] 人要～，树要皮 | 她今天怎么了？一大早来上班就一～不高兴。

练 2级

liàn

v. practise

[短语] ～唱歌 | 光说不～

[句子] 弟弟从小学二年级开始～篮球，已经～了三年了 | 你周末有时间的话多～～开车，以后出门方便。

练习 2级

练习三

5－1＝□	3－2＝□
10－9＝□	9－9＝□
8－2＝□	7－6＝□
4－2＝□	10－1＝□

liànxí

v. practise

n. exercise

[短语] ～听力 | 课后～

[句子] 明天就要正式比赛了，我今天还得再～～ | 今天的作业是24页的～三和25页的～四。

凉 2级

liáng

adj. cool

[短语] ～菜和热菜 | 天～好个秋

[句子] 我今天有些不舒服，不太敢吃～的 | 等他忙完工作，面条儿早就～了。

凉快 2级

liángkuai

adj. pleasantly cool

[短语] ～的天气 | 感觉很～

[句子] 打开空调以后，屋子里立刻～多了 | 这个城市夏季～，冬季暖和，让人感觉十分舒服。

凉水 3级

liángshuǐ

n. cold water; water that has not been boiled

[短语] 洗～澡 | 倒一杯～

[句子] 爸爸一年四季用～洗脸 | 很多人不喜欢喝～，而是习惯喝热水。

两 1级

"两"和"二"

1. 两点√　二点 ×
2. 两个人√　二个人 ×
3. 第两名 ×　第二名√
4. 两斤肉√　二斤肉√
5. 两百万√　二百万√

liǎng

num. two; a few

[短语] ～点二十 | 有～下子

[句子] 我家有一只猫、～条狗 | 我今天比较忙，你过～天再联系我吧。

联系	△ □ ☆	脸	△ □ ☆	练	△ □ ☆	练习	△ □ ☆
凉	△ □ ☆	凉快	△ □ ☆	凉水	△ □ ☆	两	△ □ ☆

两 2级

liǎng

m. *liang* (unit of weight, equal to 50 grams)

[短语] 二~肉｜半斤八~

[句子] 我下午去药店买了三~中药｜一公斤等于二斤，一斤等于十~，一~等于 50 克。

亮 2级

liàng

adj. bright; loud and clear

v. shine; reveal

[短语] 心明眼~｜声音很~｜天~了｜~出护照

[句子] 那是夜空中最~的星｜她的笑声真~｜那个房间的灯~了｜面对坏人，他~出了警察身份。

辆 2级

liàng

m. used for vehicles

[短语] 一~自行车｜两~汽车

[句子] 我们家今年的目标是买~车｜手机显示，下一~公交车 15 分钟以后才到。

了 3级

liǎo

v. finish; be able or unable to do sth.

语言积累

1. 没完没了　一了百了
   不了了之　心愿已了
2. 去得 / 不了　受得 / 不了
   办得 / 不了　跑得 / 不了

[短语] 春花秋月何时~｜吃不~这么多

[句子] 那件事什么时候能~？赶快结束调查吧｜明天的会议你到底来得~来不~？

零｜〇 1级

líng｜líng

num. zero, nought; none

[短语] 一年零六天｜二〇〇二年

[句子] 一共四块零五分，请问怎么支付？｜我住五〇二房间，他住我楼上，六〇二。

零下 2级

líng xià

below zero

[短语] 温度到了~｜~30 度

[句子] 昨天最高气温是零度，今天更冷，已经~了｜冬天最冷的时候，这里的气温能到~ 40 度。

领 3级

lǐng

v. lead; receive

[短语] ~头羊｜~工资

[句子] 鸭妈妈正~着孩子们过马路｜请同学们到 302 房间~这学期的新书。

领导 3级

lǐngdǎo

v. lead

n. leader

[短语] 在他~下｜部门的~

[句子] 想~好一个单位，不是件容易的事情｜各位~、各位同事，大家下午好！

两 △□☆	亮 △□☆	辆 △□☆	了 △□☆
零｜〇 △□☆	零下 △□☆	领 △□☆	领导 △□☆

领先 3级

lǐng//xiān
be in the lead

[短语] 国际~地位 | ~第二名三分钟
[句子] 哥哥的学习成绩全年级　　| 我们学校足球队水平不行，从来没有领过先。

另外 3级

lìngwài
pron. other
adv. separately
conj. besides

"另外"和"别的"

二者都可以表示某个范围之外。"另外"一般不作宾语，作主语时要带"的"。比如：
1. 你们几个人先走，另外的人明天走。（别的）
2. 我就买这些，不买别的。（*另外的）

[短语] ~的条件 | ~找时间谈
[句子] 我走以后，还有~的人来过吗？| 运动服除了蓝色的，~还有红色的和黄色的 | 他买了个手机，~还买了台电视。

另一方面 3级

lìng yìfāngmiàn
on the other hand

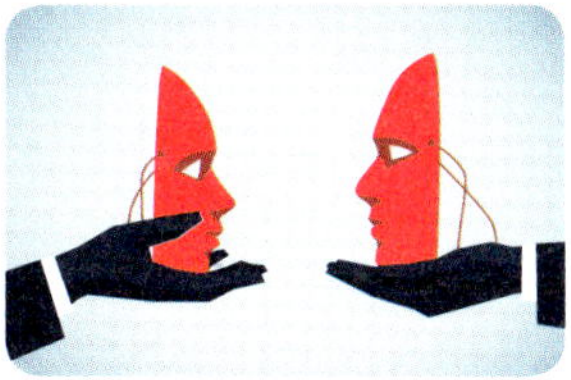

[句子] 我不同意她调部门，一方面我们部门很需要她，~她的专业也不适合那个部门 | 一方面想出成绩，~又不想努力，那怎么行呢？

留 2级

liú
v. stay; ask sb. to stay; save

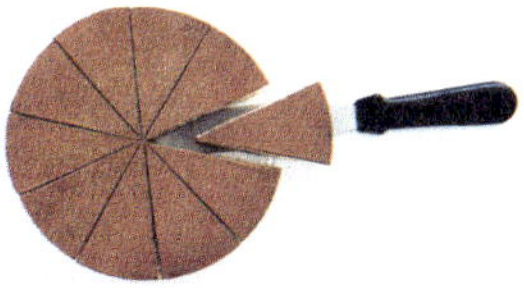

[短语] ~校工作 | ~我吃饭 | ~个电话
[句子] 你为什么不愿意~下来和我们一起解决问题？| 工资这么少，根本~不住人才 | 我专门给你~了一块蛋糕。

留下 2级

liúxia
reserve, retain

[短语] ~一大笔钱 | ~联系方式
[句子] 他女朋友什么也没说，~一封信就离开了 | 我明天就回国了，这本书你~当个纪念吧。

留学 3级

liú//xué
study abroad

[短语] 到中国~ | 留了两年学
[句子] 一些家长希望孩子有机会出国~ | 留过学的同学请举一下手，谢谢！

留学生 2级

liúxuéshēng
n. overseas student

[短语] 外国~ | ~办公室
[句子] ~来中国上大学，需要有 HSK 成绩 | 我们学校的~来自十几个国家。

流 2级

liú
v. flow

[短语] 细水长~ | 富得~油
[句子] 人往高处走，水往低处~ | 他打球时右手受伤了，~了不少血。

L

领先	△ □ ☆	另外	△ □ ☆	另一方面	△ □ ☆	留	△ □ ☆
留下	△ □ ☆	留学	△ □ ☆	留学生	△ □ ☆	流	△ □ ☆

流利 2级

liúlì
adj. fluent

[短语] ~的中文 | 不太~
[句子] 他从小在美国长大，但能说一口~的普通话 | 张小姐在一家国际公司工作，英语说得非常~。

流行 2级

liúxíng
v. be popular
adj. popular

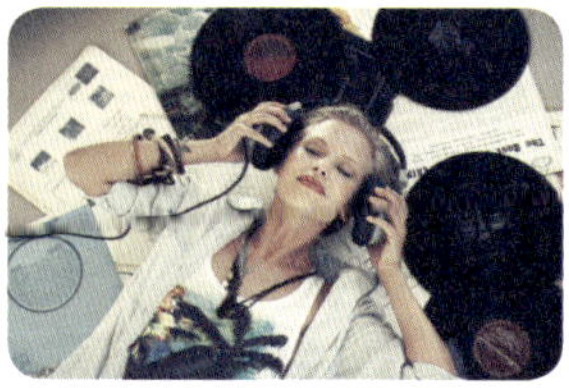

[短语] ~了几十年 | ~性感冒
[句子] 今年街上~红裙子 | 年轻人几乎都喜欢听~音乐。

六 1级

liù
num. six; sixth

[短语] ~个鸡蛋 | ~号楼
[句子] 从 2006 年以来，我一共用过~个不同的手机 | 今天是~号，是~月第一个星期~。

龙 3级

lóng
n. dragon

[短语] 望子成~ | 飞~在天
[句子] 我弟弟是 2024 年出生的，他属~ | ~在中国文化中有着重要的意义。

楼 1级

lóu
n. building with more than one storey; floor

[短语] 写字~ | 住在九~
[句子] 山外青山~外~ | 我们单位的办公~一共 24 层，我在 16 ~上班。

楼上 1级

lóu shàng
upstairs

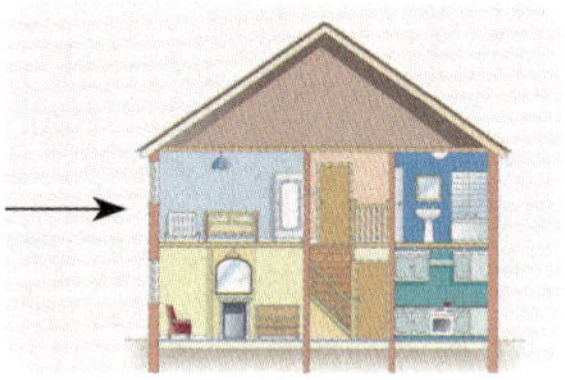

[短语] 住在~ | ~的房间
[句子] 会议室在~，您~请 | 卫生间在~，这层没有。

楼下 1级

lóu xià
downstairs

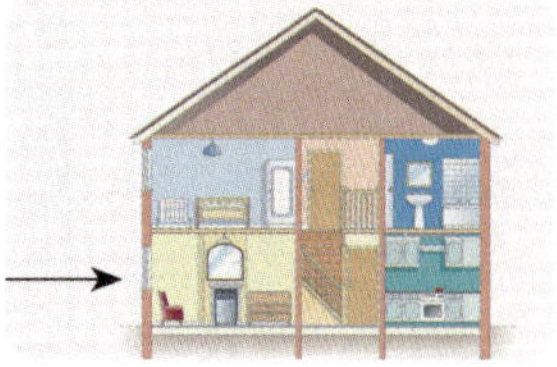

[短语] ~的咖啡馆 | ~亮着灯
[句子] ~住的是两位老人，你平时走路轻一些 | 我家~就是超市，买东西很方便。

录 3级

lù
v. record

[短语] ~了三遍 | ~不清楚
[句子] 他说得太快了，我记不下来，只好用手机~了下来 | 她~了一支新歌，送给广大歌迷。

L

流利 △ □ ☆	流行 △ □ ☆	六 △ □ ☆	龙 △ □ ☆
楼 △ □ ☆	楼上 △ □ ☆	楼下 △ □ ☆	录 △ □ ☆

录音 3级

lùyīn
v. record, tape
n. sound-recording

[短语] 正在～｜把～变成文字
[句子] 今天下午几点开始～？｜小张，麻烦你根据～整理一下会议记录。

路 1级

lù
n. road; journey; route
num. line

[短语] ～在脚下｜走了五公里～｜26～公交车｜分成两～
[句子] 我们单位在北京～17号院3号楼｜～不远，开车去只要十分钟｜有五～公共汽车都到我们家｜大家站成三～，分别排队。

路边 2级

lù biān
n. roadside, near the road

[短语] 坐在～｜～有个车站
[句子] ～种了两行大树，夏天比较凉快｜她在～开了一家小饭馆。

路口 1级

lùkǒu
n. junction

[短语] 下个～｜十字～
[句子] 一直向东走，到第二个～就能看见中国银行了｜人的一生中有几个重要的～，一定要选对方向。

路上 1级

lùshang
n. road, way; on the way to

[短语] ～的行人｜回家～
[句子] 放学～，我看到一只黄黑色的猫｜你回去～小心一点儿，注意安全。

路线 3级

lùxiàn
n. route

[短语] 一条～｜错误的～
[句子] 出门旅行前最好先计划好～｜开车去那个城市有三条不同的～，我们选哪个？

旅馆 3级

lǚguǎn
n. hotel

[短语] 找～｜青年～
[句子] 这家医院周围有很多小～｜时间不早了，我们先找家～住下吧，明天再去办事。

旅客 2级

lǚkè
n. traveller

[短语] ～休息室｜接待～
[句子] 去往北京的～请注意，火车马上就要进站了｜还有三位～没到，麻烦大家等一下。

L

录音 △□☆　路 △□☆　路边 △□☆　路口 △□☆
路上 △□☆　路线 △□☆　旅馆 △□☆　旅客 △□☆

旅行 2级

lǚxíng

v. travel

[短语] 去中国～ | ～计划

[句子] 他每年夏天都出国～ | ～的过程中有很多有趣的事情。

旅行社 3级

lǚxíngshè

n. travel agency

[短语] 国际～ | 在～工作

[句子] 我们报名参加～吧，旅馆、机票什么的都是他们来办理 | ～一般要求集体行动，不太自由。

旅游 2级

lǚyóu

v. tour

[短语] ～业 | 来北京～

[句子] 这个～城市每年都迎来很多游客 | ～可以丰富你的人生经历，也能让你认识新朋友。

绿 2级

lǜ

adj. green

[短语] 一片～叶 | 青山～水

[句子] 蓝天白云，红花～草 | 工作时间长了，站起来看看外面～～的草地，会感觉很舒服。

绿茶 3级

lǜchá

n. green tea

[短语] 一杯～ | 二两～

[句子] 你喜欢喝～还是红茶？| 听说经常喝～对健康有好处。

绿色 2级

lǜsè

n. green

[短语] ～的裤子 | ～产品

[句子] 春天～的小草代表着生命和希望 | 今天我采取～的交通方式——走路上班。

L

乱 3级

luàn

adj. disorderly; confused

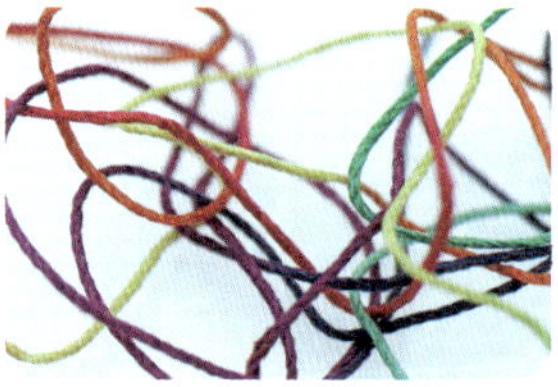

[短语] ～成一团 | 以假～真

[句子] 你的房间太～了，赶紧整理一下吧 | 听到这个坏消息，我心里特别～。

落后 3级

luò//hòu

lag behind; backward

[短语] ～了三名 | ～的思想

[句子] 咱们部门次次领先，这次也不能～，大家加油吧！| 自从上次落了后，他就下决心一定要赶上去。

旅行	△ □ ☆	旅行社	△ □ ☆	旅游	△ □ ☆	绿	△ □ ☆
绿茶	△ □ ☆	绿色	△ □ ☆	乱	△ □ ☆	落后	△ □ ☆

妈妈｜妈 1级

māma｜mā
n. mum; mom

[短语] 我妈妈｜咱妈
[句子] 妈妈，我饿了，饭做好了吗？｜有妈的孩子像块宝，没妈的孩子像根草。

麻烦 3级

máfan
v. trouble sb.
adj. troublesome

[短语] 尽量不～别人｜手续真～
[句子] 王老师，不好意思，～您了！｜她在工作中碰到了一些～事，心情很不好。

马 3级

mǎ
n. horse

[短语] 一匹～｜～到成功
[句子] 爸爸特别喜欢骑～｜～儿啊，你慢些跑，让我再看一眼美丽的家乡。

马路 1级

mǎlù
n. road

[短语] 一条～｜～上
[句子] 您就在这儿停车吧，我自己过～就可以了｜咱们去～对面打车比较方便。

马上 1级

mǎshàng
adv. immediately

[短语] ～出发｜～就办
[句子] 电影～开始了，你们别说话了｜我在对面超市呢，～回家。

吗 1级

ma
aux. used at the end of an interrogative sentence

1. 你是中国人吗？ √
2. 你是中国人吧！ √
3. 你是不是中国人？ √
4. 你是不是中国人吗？ ×

[短语] 最近好～｜好吃～
[句子] 你是留学生～？｜他会说中文～？

买 1级

mǎi
v. buy

[短语] ～票｜～得起
[句子] 每个周末我们都去超市～东西｜大城市的房子太贵了，我～不起。

卖 2级

mài
v. sell

[短语] ～车｜～不出去
[句子] 今天的电影票～光了，明天再看吧｜老王一直在这个市场～菜，大家都喜欢买他的菜，又便宜又好。

M

妈妈｜妈	△ □ ☆	麻烦	△ □ ☆	马	△ □ ☆	马路	△ □ ☆
马上	△ □ ☆	吗	△ □ ☆	买	△ □ ☆	卖	△ □ ☆

满 2级

mǎn
adj. full; expired; entire

[短语] 装～ | 刚～一年 | ～身是水
[句子] 教室里坐～了人 | 这家超市有活动，～200元送鸡蛋 | 她在做饭，～手是油，没法儿接电话。

满意 2级

mǎnyì
v. be satisfied

[短语] 十分～ | 对工资不太～
[句子] 旅客们对他们的服务很～ | 您觉得条件怎么样？～不～？不～的话我们可以再谈。

满足 3级

mǎnzú
v. be content (with), satisfy

[短语] ～老百姓的需要 | ～地笑了
[句子] 他对现在的生活很～，每天都开开心心的 | 我们会尽量～每位顾客的要求，～不了的也请大家理解。

慢 1级

màn
adj. slow

[短语] ～一点儿 | 速度太～了
[句子] 他打字快，我打字～ | 对不起，我来晚了，我的表～了20分钟。

慢慢 3级

mànmàn
not urgent; slowly

[短语] ～说 | 病～好了
[句子] 学这门手艺不能心急，得～来 | 他～开始喜欢上这位有爱心的姑娘了。

忙 1级

máng
adj. busy

[短语] 大～人 | ～着打电话
[句子] 妈妈又要做饭，又要带孩子，每天都很～ | 你最近～不～？要是不太～的话，咱们见个面吧。

M

猫 2级

māo
n. cat

[短语] 一只小黄～ | 没养过～
[句子] 我家的～叫大福，特别可爱 | 妹妹生日那天，爸爸送给她一只～作为礼物。

毛 1级

máo
m. *mao* (a fractional unit of money in China, 1/10 *yuan* or 10 *fen*)

中国的货币

中国的货币是"人民币"，单位是"元、角、分"，其中"元"也叫"块"，"角"也叫"毛"。如3.24元可以读为"三块两毛四"。

[短语] 两～钱 | 三块零四～
[句子] 一元就是一块，一角就是一～ | 苹果五块四，你给了我六块，找你六～。

满 △□☆ 满意 △□☆ 满足 △□☆ 慢 △□☆
慢慢 △□☆ 忙 △□☆ 猫 △□☆ 毛 △□☆

毛 3级

máo

n. hair, feather, down

[短语] 羊~ | 一根~

[句子] 你们家养的是哪种狗？~长不长？| 有的人不喜欢养猫，因为家里到处都会有猫~。

毛病 3级

máo · bìng

n. indisposition, illness; trouble; fault

[短语] 身体没~ | 电脑有点儿~ | 坏~

[句子] 我这腿是老~了，吃点儿药就行了 | 他的车在路上突然出~了，太危险了 | 你边吃饭边看电视的~得改改了。

没 1级

méi

adv. not

v. not have

"没"和"不"

"没"可指过去、现在，不能指将来。"不"可指过去、现在和将来。"没"强调的是客观事实，"不"强调的是主观态度。如"他昨天没来，今天也没来，明天也不来"。

[短语] ~吃饭 | ~钱 | ~他高

[句子] 奶奶~出过国 | 我一~房二~车三~钱 | 今天的天气~昨天好。

没关系 1级

méi guānxi

it doesn't matter

[句子] "对不起！""~。" | "妈妈，我的玩具找不着了。""~的，我们一起回去再找一找。"

没什么 1级

méi shénme

nothing; it doesn't matter

[短语] ~大问题 | 觉得~

[句子] 冰箱里已经~吃的了，得去超市买些东西了 | 这点儿困难~，一切会好起来的。

没事儿 1级

méi//shìr

have nothing to do; be free from danger; be all right

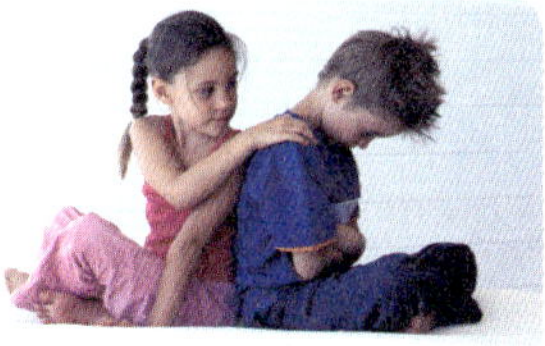

[短语] 下午~ | 我的腿~了 | 你~吧

[句子] 今天不忙，没什么事儿 | 他昨天出院了，身体~了 | "你怎么这么伤心啊？""~，我哭一会儿就好了。"

没用 3级

méiyòng

v. not to work, be useless

[短语] 已经~了 | 对他~

[句子] 光哭~，还是想想怎么解决问题吧 | 我真是~，你碰到这么大麻烦，我什么忙都帮不上。

没有 1级

méi · yǒu

v. not have

adv. not

[短语] ~朋友 | ~吃过

[句子] 房间里空空的，什么家具也~ | 她~学过中文，也~去过中国。

M

毛	△ □ ☆	毛病	△ □ ☆	没	△ □ ☆	没关系	△ □ ☆
没什么	△ □ ☆	没事儿	△ □ ☆	没用	△ □ ☆	没有	△ □ ☆

媒体 3级

méitǐ

n. medium, mass media

[短语] 多～ | 接受～访问

[句子] 报纸、广播、电视、互联网，都是不同的～形式 | 各国～都报道了这次国际会议。

每 3级

měi

pron. every

adv. each time

[短语] ～人两个 | ～到周末

[句子] 这种药～天一次，～次一片 | ～前进一步，都很不容易。

美 3级

měi

adj. beautiful; very satisfactory

[短语] 一位～女 | 心里～得很

[句子] 那个公园一到夏天特别～ | 这怎么可能？你可真是想得～！

美好 3级

měihǎo

adj. good

[短语] ～的一天 | 爱情真～

[句子] 去中国旅游给我留下了～的印象 | 希望每个家庭都能过上～的生活。

美丽 3级

měilì

adj. beautiful

"美丽"和"好看"

"美丽"不能形容男性，"好看"可以形容男性和女性。"美丽"还可以形容抽象的事物，如"美丽的梦"，"好看"一般不这样用。

[短语] ～的图画 | 长得很～

[句子] 我们的校园就像一个～的大花园 | 有了绿树和红花，我们的城市才更～。

美食 3级

měishí

n. delicious food

[短语] ～广场 | 热爱～

[句子] 你吃过哪些中国～？| 我不是科学家，不是艺术家，也不是文学家，我是～家。

M

美术 3级

měishù

n. fine arts, painting

[短语] ～老师 | ～作品

[句子] 明天没有～课，有音乐课 | 我姐姐大学读的～专业，她以后想当一名设计师。

美元 3级

měiyuán

n. US dollar

[短语] 几百～ | 用～换人民币

[句子] 他出国时身上只有 100～ | 她每个月的收入不到 500～。

媒体	△ □ ☆	每	△ □ ☆	美	△ □ ☆	美好	△ □ ☆
美丽	△ □ ☆	美食	△ □ ☆	美术	△ □ ☆	美元	△ □ ☆

妹妹｜妹 1级

mèimei｜mèi

n. younger sister

[短语] 弟弟和妹妹｜亲姐妹

[句子] 我妹妹和你妹妹是同学｜你别光自己吃啊，给你妹带点儿。

门 1级

mén

n. door

m. used for subjects of study or branches of science

[短语] 大铁～｜三～课程

[句子] 我家的～坏了，怎么都关不上｜管理是一～学问，不是每个人都能干好。

1100

门口 1级

ménkǒu

n. entrance

[短语] 家～｜坐在～喝咖啡

[句子] 我们单位～有个理发店｜每天下午，爷爷都到学校～接我放学。

门票 1级

ménpiào

n. entrance ticket

[短语] 买一张～｜演唱会～

[句子] 北京的很多公园都不要～｜这场足球比赛的～早就卖光了。

们 1级

men

suff. used after a personal pronoun or a noun to show plural number

“们”加在代词或名词后，表示多数。如“我们、你们、他们、同学们”。注意前面有数量词时，后面不能加“们”。比如，不能说“五个孩子们”。

[短语] 朋友～｜女孩儿～

[句子] 你～单位一共有多少员工？｜我～是我～，他～是他～，谁也代表不了谁。

迷 3级

mí

v. be crazy about; confuse

[短语] ～上打游戏｜～了路

[句子] 弟弟被一本故事书～住了｜科学家们在山里～了方向，已经联系不上了。

米 2级

mǐ

m. metre

“米”是长度单位，符号 m。1 米等于 10 分米，1 分米等于 10 厘米。在口语中，一般把小数放在“米”之后，如“1.75 米”可以说“一米七五”。

[短语] 两～长｜身高一～九

[句子] 三～布能做几条裤子？｜你多长时间能跑完五千～？

米 3级

mǐ

n. rice

[短语] 一袋～｜买十斤～

[句子] 家里已经没～了，明天要喝西北风了｜东北的大～一年一熟，比较好吃。

M

妹妹｜妹 △□☆　门 △□☆　门口 △□☆　门票 △□☆

们 △□☆　迷 △□☆　米 △□☆　米 △□☆

米饭 1级

mǐfàn

n. cooked rice

［短语］一碗～ | 香香的～

［句子］小李一顿能吃三碗～ | 南方人大多喜欢吃～，北方人大多喜欢吃面条儿。

面 2级

miàn

n. face; surface; side, extent

m. used for flags, mirrors, etc.

［短语］～不改色 | 桌～真脏 | 知识～ | 一～黑板

［句子］你敢当着大家的～再说一遍吗？| 鞋～上有土 | 任何事情都有两～，看问题不能太绝对 | 这～墙不太高。

面 2级

miàn

n. noodles; (wheat) flour

［短语］下一碗～ | 一袋白～

［句子］我喜欢吃～，不喜欢吃米饭 | 饺子、包子和油条都是用～做的。

面包 1级

miànbāo

n. bread

［短语］长长的～ | ～店

［句子］妈妈做的～太好吃了 | 我早上一般吃两片～、一个鸡蛋，喝一杯牛奶。

面对 3级

miànduì

v. face; confront

［短语］～大家 | 积极～

［句子］～喜欢的女孩儿，他好像有说不完的话 | 哭有什么用？最后还是要～问题、解决问题。

面积 3级

miànjī

n. area

算一算

小明家的花园长6米、宽3米。请问他家花园的面积是多少平方米？

［短语］～不大 | 房屋～

［句子］你办公室的～是多少？| 明年我们想换个～大一些的房子。

面前 2级

miànqián

n. presence

［短语］～有条河 | 放在我～

［句子］小猫～有两条鱼 | 他从我～走了过去，好像不认识一样。

面条儿 1级

miàntiáor

n. noodles

［短语］一碗～ | 下～

［句子］妈妈会做各种～ | 他喜欢吃～，也喜欢吃饺子。

米饭	△ □ ☆	面	△ □ ☆	面	△ □ ☆	面包	△ □ ☆
面对	△ □ ☆	面积	△ □ ☆	面前	△ □ ☆	面条儿	△ □ ☆

民间 3级

mínjiān

n. among the people, folk

[短语] ～故事｜在～很流行

[句子] 中国有很多～艺术｜他们是一家～团体，经常到各地举办文化交流活动。

民族 3级

mínzú

n. nation, ethnic group

[短语] ～语言｜～服装

[句子] 中国有56个～，其中55个是少数～｜不同的～有不同的文化。

名 2级

míng

n. name

m. used for people or place in a competition

[短语] 人～和地～｜一～教师｜第三～

[句子] 你给孩子起个～吧｜他爸爸是～科学家｜这次考试我比上次落后了十几～。

名称 2级

míngchēng

n. name

"名称"和"名字"

"名称"一般指事物或组织机构的名字或称呼；"名字"可用于事物的名称，也可用于人。如"学校名称""他的名字"。

[短语] 产品～｜团体的～

[句子] 请写一下单位～和联系电话｜很多中国菜不仅好吃，～也很有意思。

名单 2级

míngdān

n. name list

获奖名单

一等奖	王　芳	
二等奖	张　丽	李晓军
三等奖	陈　思	丁小利
	林志飞	

[短语] 学生～｜一份长长的～

[句子] 结果出来了，出国的～里没有我｜我在会议～里看到一位老朋友。

名字 1级

míngzi

n. name

[短语] 起～｜叫什么～

[句子] 他在文件上写上了自己的～｜新来的同事叫王阳，光从～看不出是男的还是女的。

明白 1级

míngbai

adj. clear

v. realize

[短语] 当个～人｜不～他的意思

[句子] 他特别聪明，什么事情都弄得明明白白的｜老师讲了半天，小明终于～这道题怎么做了。

明年 1级

míngnián

n. next year

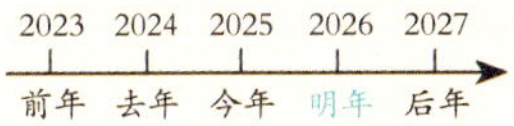

[短语] ～九月｜～的目标

[句子] 妹妹现在高三，～就上大学了｜他们打算今年结婚，～买房子，后年要孩子。

M

民间 △□☆　民族 △□☆　名 △□☆　名称 △□☆

名单 △□☆　名字 △□☆　明白 △□☆　明年 △□☆

明确 3级

míngquè
adj. clear-cut
v. clarify

［短语］观点不太～｜～各自的任务
［句子］我的意见很～，就是不同意｜明年咱们公司到底做什么，大家讨论一下，～发展方向。

明天 1级

míngtiān
n. tomorrow; near future

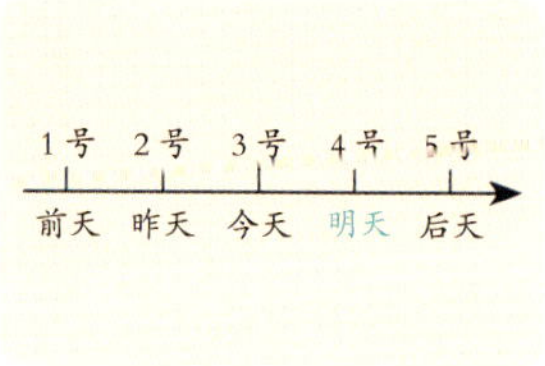

［短语］～下午三点｜美好的～
［句子］今天星期日，～星期一｜今天工作不努力，～努力找工作。

明显 3级

míngxiǎn
adj. obvious

［短语］～长高了｜～没学会
［句子］她今年～比去年健康了｜很～，他不支持我们的想法。

明星 2级

míngxīng
n. star

［短语］女～｜足球～
［句子］她是为了追那个男～才买的电影票｜～们很有社会影响力，在公共场合说话一定要注意。

命运 3级

mìngyùn
n. fate, destiny

［短语］相信～｜～在自己手中
［句子］二哥18岁那年，～跟他开了一个很大的玩笑｜年轻人要把自己的～和国家的～、民族的～联系在一起。

某 3级

mǒu
pron. certain (referring to an unspecified person or thing; referring to a specific person or thing)

"某"可以指一定的人或事物（知道名称而不说出来），如"李某""某某学校"。"某"也可以指不定的人或事物，如"某月某日"。

［短语］～部门｜王～～
［句子］～年～月的～一天，妹妹一定能成为一名优秀的设计师｜张～和周～结婚后，就离开家乡去北京打工了。

母亲 3级

mǔ · qīn
n. mother

［短语］我的父亲～｜～的白发
［句子］～不会真的生儿女的气｜虽然已经当上了～，但她有时还是像个孩子一样。

木头 3级

mùtou
n. wood

［短语］～房子｜一根～
［句子］我家的家具都是用～做的｜你把这些～运到山下吧。

M

明确	△□☆	明天	△□☆	明显	△□☆	明星	△□☆
命运	△□☆	某	△□☆	母亲	△□☆	木头	△□☆

目标 3级

mùbiāo

n. target, goal

［短语］工作～｜短期～

［句子］你们公司今年的～是什么？｜完成这个任务，要有明确的～和可靠的队友。

目的 2级

mùdì

n. aim

“目的”和“目标”

“目的”可用于积极方面，也可用于消极方面；“目标”一般不用于消极方面。比如：“他做这么多坏事，有什么不可告人的目的？”

［短语］～不同｜达到～

［句子］开玩笑的～是让大家开心一下｜每个人学习中文的～都不太一样。

目前 3级

mùqián

n. present moment

［短语］～的情况｜～还不清楚

［句子］这个病人～不用住院，再观察一下吧｜～我知道的就是这些，等有了新消息我再跟你说。

拿 1级

ná

v. hold; get

［短语］～过来｜～了第一名

［句子］她手里一直～着手机｜结果怎么样？你们队～下金牌了吗？

拿出 2级

náchū

take out; produce, put forward

［短语］～一些现金｜～信心和决心

［句子］请同学们～课本，看第三页练习二｜下周我们得～个工作计划。

拿到 2级

nádào

take; attain

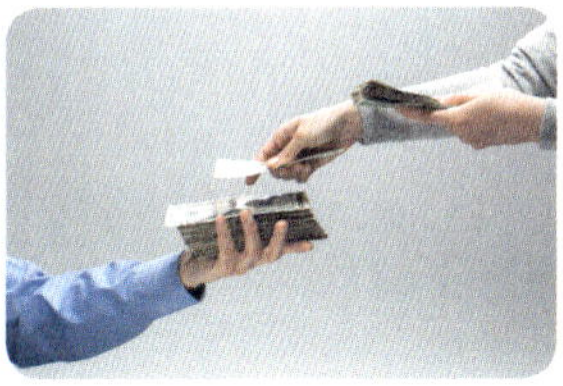

［短语］把书从家～学校｜～这月工资

［句子］下午你把电脑～店里修一下｜两年过去了，他终于～了朋友还他的钱。

哪 1级

nǎ

pron. which, who, what; whichever; how is it possible

1. 表示疑问，回答是明确的。
   ◇哪位同学没交作业？
2. 表示不确定的一个或任何一个。
   ◇别着急，哪天我带你去。
3. 表示反问。
   ◇哪有这样的道理？

［短语］～国人｜喜欢～个买～个｜～能这么干啊

［句子］这四张图中，～张和别的不一样？｜～天有空儿过来坐坐｜你别听他们的，～有这回事！

哪里 1级

nǎ · lǐ

pron. where; anywhere; used in rhetorical questions to express negation; not at all

小笑话

A：你长得真漂亮！
B：哪里哪里！
A：哪里？嗯，眼睛漂亮，鼻子漂亮，哪里都很漂亮。
B：……

［短语］从～来｜～需要去～｜你～懂｜～～

［句子］你刚才去～了？｜妈妈在～，家就在～｜我～知道他怎么想？我和他又不熟｜“这件事麻烦您了！”“～～，不用客气。”

目标 △□☆　目的 △□☆　目前 △□☆　拿 △□☆
拿出 △□☆　拿到 △□☆　哪 △□☆　哪里 △□☆

哪儿 1级

nǎr

pron. where; anywhere; used in rhetorical questions to express negation

“哪儿”和“哪里”

“哪儿”和“哪里”的意思、用法基本相同，“哪儿”更口语化一些。“哪里”可以用来表示谦虚，“哪儿”无此用法。

［短语］爸爸在～｜去～都行｜我～知道

［句子］你们住～？｜你说上～我们就上～，反正～人少我们上～｜当时～会想到还能过上这样的生活！

哪些 1级

nǎxiē

pron. which

［短语］～同学｜去过～地方

［句子］图中有～水果？｜～话能说、～话不能说，你心里要清楚。

那 1级

nà

pron. that; used together with 这 to indicate numerous indefinite people or objects

［短语］～是我大姐｜问这问～

［句子］这是张叔叔家，～是我家｜他第一次来中国，这几天看看这看看～，特别开心。

那 2级

nà

conj. then; in that case

“那”作连词时，用在后句中，表示顺着上文所说的，说出应有的结果或做出判断。比如：“这样不行，那你打算怎么办？”

［短语］～就好好干｜～我怎么办

［句子］你们都没意见，～我只好也同意了｜你再不快点儿，～我们可真赶不上飞机了。

那边 1级

nàbiān

pron. that side, that way, over there

［短语］海的～｜～有一只羊

［句子］你快看，～山上有什么？｜我父母住西城，我住东城～。

那会儿 2级

nàhuìr

pron. that time

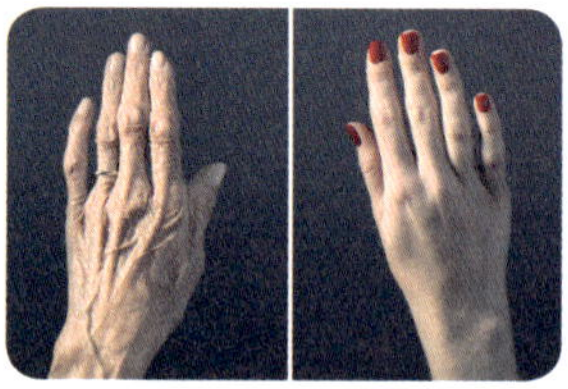

［短语］刚出国～｜～我还小

［句子］奶奶年轻～，特别爱美｜我刚到北京～，每天坐两个小时公交车上班，现在自己开车了。

那里 1级

nà · lǐ

pron. that side, that way, there

［短语］站在～｜～的景色

［句子］～有一座座山，～有一条条河，～有我的亲人们｜你坐在～，什么都不说，就很美好。

那么 2级

nàme

pron. like that

1. 那么＋形容词
 ◇那么干净
 那么美丽
2. 那么＋形容词＋名词
 ◇那么热的茶
 那么高的个子

［短语］别～说｜山～高、水～绿

［句子］你～做是对的，我支持你｜这世界有～多人，多幸运我认识了你。

N

哪儿 △□☆ 哪些 △□☆ 那 △□☆ 那 △□☆
那边 △□☆ 那会儿 △□☆ 那里 △□☆ 那么 △□☆

那儿 1级

nàr

pron. there

"那儿"和"那里""那边"

"那儿"和"那里"意思、用法基本相同，"那儿"更口语化一些。"那边"只指具体的地方，"那儿""那里"可用于抽象事物。

[短语] 去过～两次 | ～有个电影院

[句子] 我这周住我姐～ | 那边是我们学校的体育场，下课后他经常在～打篮球。

那时候 | 那时

2级

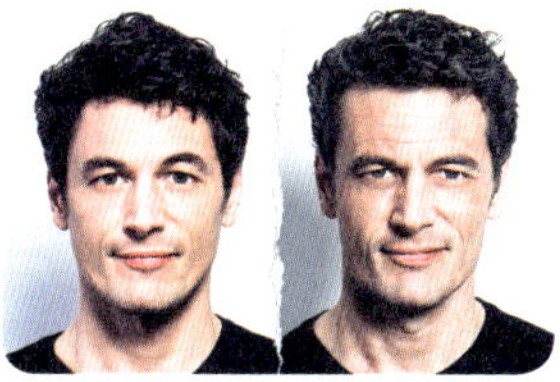

nà shíhou | nà shí

at that time, at that moment

[短语] 比那时候成熟多了 | 那时的我们

[句子] 那时候你我都太年轻了 | 那时他给我提的建议，现在觉得真是太有用了。

那些 1级

nàxiē

pron. those

[短语] ～地方 | ～变化

[句子] 桌子上这些书是中文的，书架上～书是英文的 | 你上次说的～问题都解决了吗？

那样 2级

nàyàng

pron. like that

"那样"和"那么"

1. 别那样做√　别那么做√
2. 那样远大√　那么远大√
3. 急成那样√　急成那么 ×
4. 只好那样了√　只好那么了 ×

[短语] 像爸爸～ | ～美好

[句子] 老板～说你，你都不生气？| 要不～吧，我放你一周的假，你好好休息一下。

奶 1级

nǎi

n. milk

[短语] 一瓶～ | 每天喝～

[句子] 爸爸正在给孩子热～ | 你的咖啡需要加～吗？

奶茶 3级

nǎichá

n. tea with milk

[短语] 一杯～ | 香香的～

[句子] 我不要果汁，我要～ | 姐姐做的～还挺好喝的。

奶奶 1级

nǎinai

n. (paternal) grandmother; respectful form of address for an old woman

[短语] 爷爷和～ | 一位老～

[句子] 爸爸的妈妈叫～，妈妈的妈妈叫什么？| 李～今年 76 岁，很会做饭。

男 1级

nán

adj. male

[短语] ～同学 | ～卫生间

[句子] ～女是平等的 | 他来到约好的地点，发现对面坐着两～一女。

那儿	△ □ ☆	那时候 | 那时	△ □ ☆	那些	△ □ ☆	那样	△ □ ☆
奶	△ □ ☆	奶茶	△ □ ☆	奶奶	△ □ ☆	男	△ □ ☆

男孩儿 1级

nánháir

n. boy

[短语] 一个八岁的～ | 生了个～

[句子] 他有三个孩子，老大是～，老二、老三是女孩儿 | 我们二年级四班有20个～、14个女孩儿。

男朋友 1级

nánpéngyou

n. boyfriend

[短语] 交～ | 没有～

[句子] 王阿姨给我姐介绍了一个～ | 她和～是大学同学，感情非常好。

男人 1级

nánrén

n. man

[短语] 中年～ | 从～的角度看

[句子] 一般来说，～的话比女人少 | 杂志上介绍的这个～，事业非常成功。

男生 1级

nánshēng

n. male student

[短语] 20岁左右的～ | ～比女生多

[句子] 大多数～都喜欢运动 | 我们班～都很热情，喜欢帮助别人。

男子 3级

nánzǐ

n. man

[短语] ～足球队 | ～长跑比赛

[句子] 他是中国古代有名的美～ | 对面坐着一位中年～。

南 1级

nán

n. south

语言积累

南极　南半球　指南针

南水北调　南来北往

走南闯北　寿比南山

[短语] ～广场 | ～北对话

[句子] 上北下～，左西右东 | 红豆生～国，春来发几枝。

南边 1级

nánbian

n. south

[短语] 从～来 | 往～走

[句子] 教学楼在图书馆～ | 我家住在美丽园，～是蓝色的大海，北边是条大马路。

南部 3级

nánbù

n. southern part

"南部"和"南边"

1. 3号楼在1号楼南边。（*南部）
2. 云南省在四川省南边。（两个不同的省）
   凉山州在四川省南部。（凉山州属于四川省）

[短语] ～城市 | ～地区有雨

[句子] 广州在中国～ | 这个国家～的经济比北部发达。

男孩儿	△□☆	男朋友	△□☆	男人	△□☆	男生	△□☆
男子	△□☆	南	△□☆	南边	△□☆	南部	△□☆

南方 2 级

nánfāng

n. south; southern region

在中国，“南方”一般指长江流域及其以南地区。南方地区地形复杂多样，东西差异明显。

[短语] ~人 | 去~过冬

[句子] 她是~姑娘，找了个北方男朋友 | 中国~有很多美丽的小城。

难 1 级

nán

adj. difficult

[短语] 比较~ | 事情~办

[句子] 这道题太~了，我不会做 | 生活中各人有各人的~，只是有的人没说出来。

难道 3 级

nándào

adv. used to reinforce a rhetorical question

“难道”常用在反问句中加强语气，句末常有“吗”或“不成”。比如：“他们做得到，难道我们就做不到吗？”“她三天没来了，难道病了不成？”

[短语] ~他不同意 | ~你不知道

[句子] ~没有更好的办法了吗？| 我说了这么多，~你还不明白我的心？

难度 3 级

nándù

n. degree of difficulty

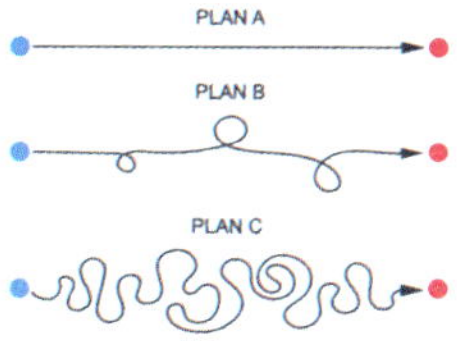

[短语] ~不大 | 提高~

[句子] 这次的中文考试有一定的~ | 这三个计划~不一样，A 计划最容易，C 计划最难。

难过 2 级

nánguò

adj. having a hard time; sorry

[短语] 日子很~ | 感到~

[句子] 刚来北京的时候，他的生活十分~ | 妹妹为什么那么~？

难看 2 级

nánkàn

adj. ugly

[短语] ~的衣服 | 长得~

[句子] 你生气时的样子真~ | 我妈觉得那只猫很~，可是我喜欢。

难受 2 级

nánshòu

adj. uncomfortable; sad

[短语] 腿有点儿~ | 心里很~

[句子] 起床后他突然觉得头很~ | 听到妈妈去世的消息，她~得大哭起来。

难题 2 级

nántí

n. thorny issue

[短语] 一道~ | 解开~

[句子] 这对谁来说都是个~ | 学生们给张老师出了道~，她不知道该怎么办。

南方 △ □ ☆　难 △ □ ☆　难道 △ □ ☆　难度 △ □ ☆
难过 △ □ ☆　难看 △ □ ☆　难受 △ □ ☆　难题 △ □ ☆

难听 2级

nántīng

adj. (voice or sound) unpleasant to hear; (word or talk) offensive

［短语］~的声音｜说话真~

［句子］弟弟唱歌太~了，妹妹都听不下去了｜有话好好说，大家都是朋友，干吗说得那么~？

呢 1级

ne

aux. used at the end of a question to give emphasis; used at the end of a statement to indicate continuation of an action or a state

“呢”的用法

1. 你到哪儿去呢？（表示疑问）
2. 我才不参加呢。（表示确定）
3. 他打球呢。（表示动作正在进行）
4. 喜欢呢，就买下；不喜欢呢，就不买。（表示停顿）

［句子］我的那份文件~？｜小张正找~，你先等一会儿｜刚七点，小王还没有来~。

内 3级

nèi

n. interior

［短语］房间~｜今年年~

［句子］瓶~装着做饭用的各种东西｜~外有别，他不是我们单位的，你不要什么都跟他说。

内容 3级

nèiróng

n. content

［短语］电影的~｜~很简单

［句子］会议的主要~我都记下来了｜书的~确实很重要，但是形式也很重要。

内心 3级

nèixīn

n. heart

［短语］~很强大｜~世界

［句子］每个人~里都有不想让别人知道的事情｜你能从语言和动作看出演员的~活动吗？

能 1级

néng

v. be able to, can; could, may

［短语］~说中文｜喝完酒不~开车

［句子］他一顿~吃十几个包子｜我不太会写这份计划，你~帮帮我吗？

N

能不能 3级

néng bu néng

can or not

［短语］~参加｜~放下两张床

［句子］我手机没电了，~用你的手机打个电话？｜那间教室有多大？~坐下40个人？

能够 2级

nénggòu

v. be able to, can; could, may

“能够”和“能”

“能够”多用于书面语，更强调实现的可能性和结果。“能”多用于口语，更强调能力本身。

［短语］~完成任务｜不~在室内抽烟

［句子］这种水果的皮~做药｜因为缺少相关手续，这个月超市还不~开业。

难听 △□☆	呢 △□☆	内 △□☆	内容 △□☆
内心 △□☆	能 △□☆	能不能 △□☆	能够 △□☆

能力 3 级

nénglì

n. ability

[短语] 很有～ | 解决问题的～

[句子] 他的表达～比我强 | 一个人再有～，也不可能什么都会，需要和别人合作。

你 1 级

nǐ

pron. you (singular)

[短语] ～的房间 | ～一句，我一句

[句子] 我们公司想要的，就是～这样的人才 | 学说普通话，方便～我他。

你们 1 级

nǐmen

pron. you (plural)

[短语] ～好 | ～国家

[句子] ～去过中国吗？| 马上放假了，～想去哪儿旅游？

年 1 级

nián

m. year

[短语] 2024～ | 大雪小雪又一～

[句子] 一～有 12 个月，一般是 365 天 | 每～夏天，爸爸都带我去奶奶家。

年初 3 级

niánchū

n. beginning of the year

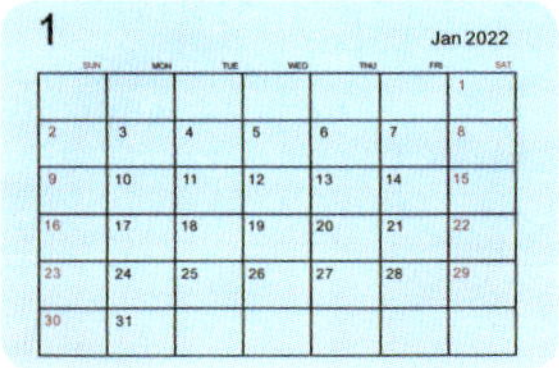

[短语] 今年～ | ～的计划

[句子] 他们是～认识的，年底就结婚了 | 去年～，我调到了这家科技公司工作。

年代 3 级

niándài

n. decade of a century; age

[短语] 20 世纪 80～ | 和平～

[句子] 这张照片是 50～拍的，那时候他们都非常年轻 | 这都什么～了？你的思想还这么落后。

年底 3 级

niándǐ

n. end of the year

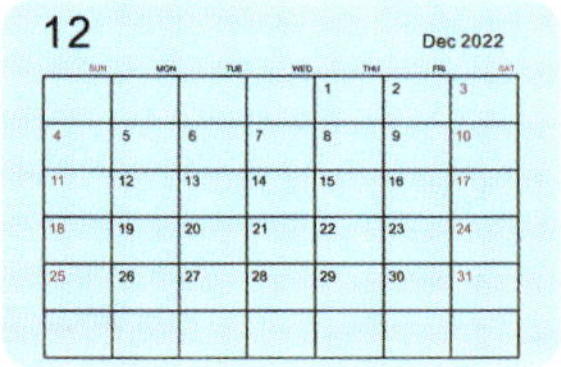

[短语] 前年～ | 从年初到～

[句子] 年初写计划，～写总结 | 一到～，各家都忙着准备过春节的东西。

年级 2 级

niánjí

n. grade

中国的学制

中国的小学大多是六年（一年级到六年级），初中是三年（七年级到九年级），高中是三年（高一到高三，一般不说十年级到十二年级）。

[短语] 六～二班 | 小学高～学生

[句子] 他 15 岁就上大学一～了 | 李老师是～组长，她教三～四个班的英语。

N

能力 △□☆	你 △□☆	你们 △□☆	年 △□☆
年初 △□☆	年代 △□☆	年底 △□☆	年级 △□☆

年纪 3级

niánjì

n. age

[短语] 上了～ | 小小～

[句子] 弟弟～轻轻就懂这么多 | 爷爷～大了，但每天还坚持下地干活儿。

年轻 2级

niánqīng

adj. young

[短语] ～的时候 | 她比我～

[句子] 大学校园里都是像他一样的～人 | 我们这个小组刚成立一个月，非常～。

念 3级

niàn

v. read out

[短语] ～课文 | 大声～出来

[句子] 老师在教小明～生词 | 这些汉字不太难，你多～几遍就记住了。

鸟 2级

niǎo

n. bird

[短语] ～类 | ～语花香

[句子] 树上有一只美丽的小～ | 林子大了，什么～都有。

您 1级

nín

pron. you (show respect)

“您”是“你”的敬称，一般用于单数，不说“您们”。如果不止一人，“您”后面要加数量词，如“您二位里面请”。

[短语] ～好 | ～去哪儿

[句子] 老奶奶，～坐这儿吧 | 我们饭店刚开业，请～多提意见。

牛 3级

niú

n. ox, cattle

[短语] 两只～ | 多如～毛

[句子] 爷爷家养了四头～、十只羊 | 一群～在山上吃草，但放～的不知道去哪里了。

牛奶 1级

niúnǎi

n. milk

[短语] 买～ | 一杯～

[句子] 早上她喜欢喝～、吃面包 | 你的～要不要热一下？

农村 3级

nóngcūn

n. countryside

[短语] ～地区 | ～人口

[句子] 这些年中国～变化很大 | 城里人喜欢到周围的～去休假。

年纪 △ □ ☆　年轻 △ □ ☆　念 △ □ ☆　鸟 △ □ ☆
您 △ □ ☆　牛 △ □ ☆　牛奶 △ □ ☆　农村 △ □ ☆

农民 3级

nóngmín

n. farmer

[短语] ~和工人｜我们村的~

[句子] 现在~生活好了，差不多人人都有手机｜这些年来，很多~来到城市打工。

农业 3级

nóngyè

n. agriculture

[短语] ~银行｜发展~

[句子] ~和工业都是社会经济的重要组成部分｜中国~基本实现了现代化，一些农民还学会了通过互联网卖东西。

弄 2级

nòng

v. do; get

[短语] 电脑~好了｜~点儿水来

[句子] 那个问题你~清楚了没有？｜听说音乐会的票特别不好买，你是怎么~到的？

努力 2级

nǔlì

adj. conscientious, hardworking

[短语] ~学习｜~了一年多

[句子] 她不仅聪明，而且很~｜他每天~训练，目标是拿到金牌。

女 1级

nǚ

adj. female

[短语] ~员工｜我家有~初长成

[句子] 我们班里有十位~同学｜~卫生间在楼上，这层只有男卫生间。

女儿 1级

nǚ'ér

n. daughter

[短语] 这是他~｜给~过生日

[句子] 他有个五岁的~，可爱极了｜有人说，~长得更像爸爸，儿子长得更像妈妈。

女孩儿 1级

nǚháir

n. girl

[短语] 男孩儿和~｜爱笑的~

[句子] 我们班~比男孩儿多三个｜这个专业只有一个~报名。

女朋友 1级

nǚpéngyou

n. girlfriend

[短语] 介绍~｜送~礼物

[句子] 她是哥哥的~吗？｜他和他~认识五年了，关系非常好。

农民	△ □ ☆	农业	△ □ ☆	弄	△ □ ☆	努力	△ □ ☆
女	△ □ ☆	女儿	△ □ ☆	女孩儿	△ □ ☆	女朋友	△ □ ☆

女人 1级

nǚrén

n. woman

［短语］美丽的～｜电影里那个～

［句子］这是一个高个子～，她比边上的男人高出半个头｜这个～很坚强，我从来没见她哭过。

女生 1级

nǚshēng

n. female student

［短语］～楼｜我们班～

［句子］那个～很漂亮，她是哪个学院的？｜你上大学的时候，有喜欢的～吗？

女子 3级

nǚzǐ

n. woman

［短语］～足球队｜～团体赛

［句子］这是一所～中学｜她在～100米短跑比赛中打破了全国纪录。

暖和 3级

nuǎnhuo

adj. warm, snug

［短语］房间里很～｜穿得不～

［句子］我喝了杯热茶，感觉身上～多了｜这几天～了，公园里散步的、跳舞的、运动的人也多了起来。

爬 2级

pá

v. crawl; climb; get up

［短语］～来～去｜～长城｜～不起来

［句子］妹妹喜欢在地上～着玩儿｜那里太高了，我～不上去｜天不亮他就～起来去打工了。

爬山 2级

pá shān

climb mountains

［短语］一起去～｜经常～

［句子］哥哥最大的爱好是～｜～和游泳都对健康有好处。

怕 2级

pà

v. fear; worry

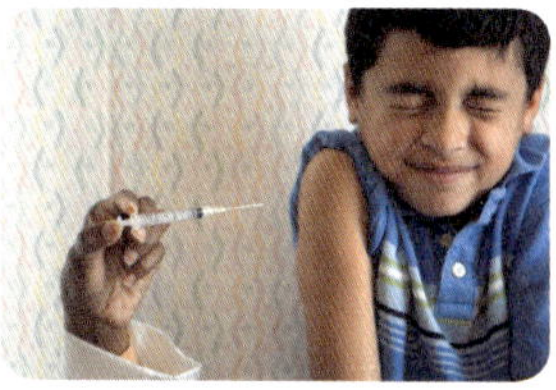

［短语］～黑｜～你太累

［句子］弟弟不～别的，就～去医院｜还是打个电话吧，我～他忘了。

怕 3级

pà

adv. perhaps

这里的“怕”不是表示害怕的动词，而是表示估计的副词，有时还有担心的意思。比如：“这个瓜怕有二十斤吧。”“雨这么大，她怕是来不了了。”

［短语］～是吃不完｜她～有50岁了

［句子］到现在小张还没收到通知书，～是没什么希望了｜房间这么小，三个人～住不下吧。

女人 △□☆　女生 △□☆　女子 △□☆　暖和 △□☆

爬 △□☆　爬山 △□☆　怕 △□☆　怕 △□☆

拍 3级

pāi

v. pat; take (a picture)

[短语] ～～身上的土 | ～电影

[句子] 如果感到幸福你就～～手 | 先生，您能帮我～张照片吗？谢谢！

排 2级

pái

n. row

m. line

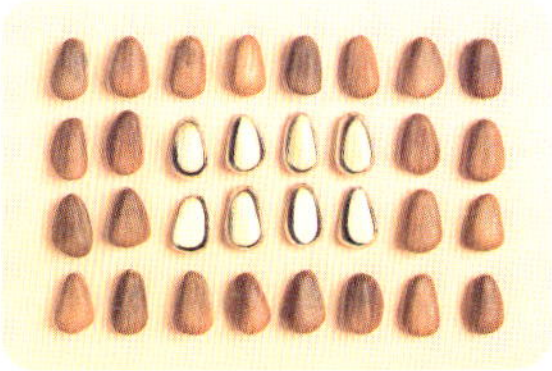

[短语] 后面两～ | 第三～

[句子] 八个一～，一共四～ | 这个问题请第二～最右边那位同学回答一下。

排 3级

pái

v. put in order

[短语] ～下周的课 | ～不下

[句子] 会议两点开始，麻烦你提前把椅子～好 | 明天我的时间～得满满的，没工夫跟你看电影。

排队 2级

pái//duì

queue (up)

[短语] 在超市～ | 排了半个小时的队

[句子] 这位先生，请您到后面去～ | 全班同学十个人一组，快点儿排好队。

排名 3级

pái//míng

rank

[短语] ～第一 | 电脑自动排的名

[句子] 我在这次比赛中～第二，小林得了金牌 | 听说全公司已经排了名了，你第几？

排球 2级

páiqiú

n. volleyball

[短语] 打～ | ～比赛

[句子] ～和篮球大小差不多 | 她从大学一年级就参加了学校的～队。

牌子 3级

páizi

n. plate, sign; brand

[短语] 一块～ | 不同～的汽车

[句子] 路边有三块～，你看清楚再停车 | 你平时喜欢买什么～的衣服？

派 3级

pài

v. send, apportion

n. faction, school

[短语] ～人去办 | 乐观～

[句子] 我家的灯坏了，能～个工人来修一下吗？| 这两位画家不是一～的，作品风格一看就不一样。

P

拍 △□☆	排 △□☆	排 △□☆	排队 △□☆
排名 △□☆	排球 △□☆	牌子 △□☆	派 △□☆

判断 3级

pànduàn
v. judge
n. judgement

[短语] ~对错 | 错误的~
[句子] 你说对了！你是靠什么~出来的？| 事实证明，我对这件事情的~完全正确。

旁边 1级

pángbiān
n. side

[短语] 站在~ | ~的超市
[句子] 大黄最喜欢坐在小美~ | 你的杯子往~放一放，别把水弄到电脑上。

胖 3级

pàng
adj. fat

[短语] ~了十斤 | 白白~~
[句子] 他很~，什么都爱吃 | 哥哥身高一米八，才60公斤，怎么都~不起来。

跑 1级

pǎo
v. run; run errands

[短语] ~得很快 | 忙着~工作
[句子] 两个孩子开心地~了过来 | 我最近一直在~出国手续。

跑步 3级

pǎo//bù
v. jog

[短语] ~前进 | 跑跑步
[句子] 我没骑自行车，我是~来的 | 她每天早上都在海边跑一个小时步。

配 3级

pèi
v. mix, match; find sth. to fit or replace sth. else

[短语] ~颜色 | ~家具
[句子] 这个包很~你的新裙子 | 这张饭桌需要~六把椅子。

P

配合 3级

pèihé
v. cooperate

[短语] ~调查 | 十分~
[句子] 工作中要学会互相~、团结合作 | 在他们公司的~下，我们共同完成了这个任务。

朋友 1级

péngyou
n. friend; boyfriend or girlfriend

[短语] 几位~ | 介绍~
[句子] 在家靠父母，出门靠~ | 这个姑娘看起来真不错，有~了吗？

判断	△ □ ☆	旁边	△ □ ☆	胖	△ □ ☆	跑	△ □ ☆
跑步	△ □ ☆	配	△ □ ☆	配合	△ □ ☆	朋友	△ □ ☆

碰 2级

pèng

v. knock; bump into, try one's luck

[短语] 两辆车~了 | ~~机会

[句子] 他不小心~倒了水杯 | 昨天晚上我在电影院~上他了。

碰到 2级

pèngdào

encounter; run into

[短语] ~困难 | ~熟人

[句子] 妹妹在公园~一只小花猫 | 三年多没见了，没想到在这里~你。

碰见 2级

pèng//jiàn

v. bump into; meet unexpectedly

[短语] ~老朋友 | 碰不见几回

[句子] 我们在校园里~了王老师 | 这样的好事怎么都让你~了？

批评 3级

pīpíng

v. criticize

[短语] ~孩子 | 被领导~

[句子] 老板今天~了小王，因为他对工作太不负责了 | 你可以~年轻人，但最好注意一下方式方法。

批准 3级

pīzhǔn

v. ratify

[短语] 得到~ | ~了他的报告

[句子] 经过海关~，这些电脑可以出口了 | 我想请三天假，部门负责人还没~。

皮 3级

pí

n. skin, peel, shell; wrapper

[短语] 香蕉~ | 包子~

[句子] 你吃苹果带~吗？我不太习惯吃有~的 | 饺子~是用面做的。

皮包 3级

píbāo

n. leather case

[短语] 羊皮~ | 黄色的~

[句子] 快过年了，他给爱人买了个新的~ | 谁的~忘在这里了？

啤酒 3级

píjiǔ

n. beer

[短语] 一杯~ | 喝~

[句子] 老板，再来两瓶~，要凉的 | 一到周末，~广场上的人特别多。

P

碰	△ □ ☆	碰到	△ □ ☆	碰见	△ □ ☆	批评	△ □ ☆
批准	△ □ ☆	皮	△ □ ☆	皮包	△ □ ☆	啤酒	△ □ ☆

篇 2 级

piān

m. used for writing, paper or publication

[短语] 一～作文｜长～小说

[句子] 他写了好几～关于世界经济的文章｜这～听力练习主要内容是什么？

便宜 2 级

piányi

adj. cheap

n. unearned gains

[短语] 太～了｜爱占小～

[句子] 这件衣服能再～点儿吗？｜你把打印纸放回去，别老想着占公司～。

片 2 级

piàn

m. slice (of tablets, bread, land, field, waters, voice, scene, etc.)

[短语] 一～草地｜那～海

[句子] 我没吃饱，我想再吃一～面包｜这束花代表我的一～爱心，你就收下吧。

票 1 级

piào

n. ticket

[短语] 飞机～｜演唱会的～

[句子] 我给父母买了两张京剧～｜话剧～的价格从 80 元到 480 元不等。

票价 3 级

piàojià

n. ticket price

[短语] 提高～｜～比较贵

[句子] 在北京坐地铁，～一般是多少？｜我的机票订得早，～很便宜。

漂亮 2 级

piàoliang

adj. beautiful; remarkable

[短语] ～的花｜干得～

[句子] 我的新衣服～不～？｜他写汉字写得很～。

P

平 2 级

píng

adj. level, flat

[短语] 一块～地｜把书放～

[句子] 这条马路又～又宽，适合开车｜体育场的地不太～，最好修一下。

平安 2 级

píng'ān

adj. safe and sound

[短语] 祝你～｜一路～

[句子] 上个保险吧，保你全家一生～｜高高兴兴上班去，平平安安回家来。

篇	△□☆	便宜	△□☆	片	△□☆	票	△□☆
票价	△□☆	漂亮	△□☆	平	△□☆	平安	△□☆

平常 2级

píngcháng

n. (on) ordinary days

adj. ordinary

［短语］～七点起床｜保持～心

［句子］他们像～一样去上学，没想到路上碰到了一件奇怪的事情｜这是平平常常的一天，没什么特别的。

平等 2级

píngděng

adj. equal

［短语］男女～｜关系不～

［句子］国家不分大小，都是～的｜这个谈判条件明显不～，我们是不会同意的。

平时 2级

píngshí

n. normal times

［短语］～多努力｜和～不一样

［句子］你～几点起床？几点睡觉？｜～我都开车上班，今天车坏了，我坐公交车来的。

评价 3级

píngjià

v. judge

n. evaluation

［短语］～别人｜对他的～很高

［句子］不了解情况，就不要随便～｜三位同事对我的～不太一样。

苹果 3级

píngguǒ

n. apple

［短语］一公斤～｜又红又大的～

［句子］妈妈刚买的～，你吃一个吧｜山上种了一大片～树。

瓶 2级

píng

n. bottle

m. a bottle (of)

［短语］红酒～｜两～果汁

［句子］你喝过的水～不要乱放｜我要一个面包、一～可乐。

瓶子 2级

píngzi

n. bottle

［短语］大大小小的～｜用～装水

［句子］桌子上放着七个～｜你把牛奶从～里倒出来吧。

破 3级

pò

adj. broken

v. break

［短语］一辆～车｜手～了

［句子］那个～房子怎么住人啊？｜我的嘴～了，一吃饭就疼。

P

平常	△□☆	平等	△□☆	平时	△□☆	评价	△□☆
苹果	△□☆	瓶	△□☆	瓶子	△□☆	破	△□☆

破坏 3级

pòhuài

v. destroy, harm

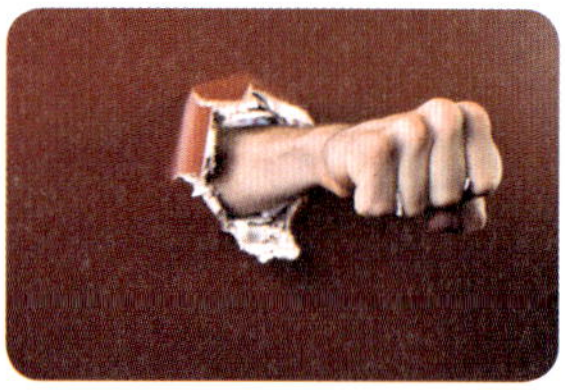

［短语］～公共设备｜现场被～

［句子］大雨下了五天五夜，很多房屋都受到了不同程度的～｜你要有自己的判断，不要让坏人～我们的关系。

普遍 3级

pǔbiàn

adj. widespread

［短语］～现象｜受到～欢迎

［句子］买东西时用手机支付，这在中国非常～｜人们～认为，多喝牛奶对身体有好处。

普及 3级

pǔjí

v. popularize

adj. be popular among

［短语］～普通话｜还不太～

［句子］志愿者正在给大家～卫生知识｜现在手机在全世界已经非常～了。

普通 2级

pǔtōng

adj. ordinary

［短语］～员工｜表现很～

［句子］对于在海边长大的我来说，看海是件再～不过的事情了｜我父母都是普普通通的老百姓。

普通话 2级

pǔtōnghuà

n. standard Chinese

推广普通话的标语

1. 学好普通话，朋友遍天下。
2. 说好普通话，方便你我他。
3. 人人都讲普通话，处处盛开文明花。

［短语］学说～｜～不标准

［句子］请讲～、写规范字｜她上周参加了～水平考试。

七 1级

qī

num. seven; seventh

农历七月初七是中国的"七夕节"。这个节日和一个古代爱情故事有关，被称为"中式情人节"。

［短语］～个人｜明天早上～点

［句子］一周有～天｜弟弟今年～岁了，上小学二年级。

Q

期 3级

qī

n. scheduled time, period

［短语］两～杂志｜第一～工程

［句子］上～节目中我们认识了这位计算机专家｜学习班已经办了三～了。

齐 3级

qí

adj. neat, identical; ready

v. be level with

［短语］向右看～｜收～作业｜长到～桌子高

［句子］这一队选手的动作做得很～｜东西带～了，咱们走吧｜山上的小树已经长得～人高了。

破坏	△ □ ☆	普遍	△ □ ☆	普及	△ □ ☆	普通	△ □ ☆
普通话	△ □ ☆	七	△ □ ☆	期	△ □ ☆	齐	△ □ ☆

其次 3级

qícì

pron. next; secondary

"其次"意思是"第二"。如果在一段话中表达三个方面，可以用"首先……其次……最后……"的结构。

［句子］在我们班玛丽的中文说得最好，～就是大卫｜最重要的是和老朋友见面，～才是吃什么。

其实 3级

qíshí

adv. actually

［短语］～不想去｜～并不难

［句子］他看起来很开心，～心里有些难过｜她装作很意外的样子，～早就知道朋友送自己的生日礼物是一只小猫。

其他 2级

qítā

pron. (referring to either people or things) other

［短语］～人｜～问题

［句子］这周我除了明天不行，～时间都可以｜你们三个留下，～同学可以下课了。

其中 2级

qízhōng

n. among

［短语］～的原因｜乐在～

［句子］我们班有十个女同学，～小丽是我最好的朋友｜动物园里有许多动物，你最喜欢～哪一种？

奇怪 3级

qíguài

adj. strange, incomprehensible

［短语］～的味道｜～的想法

［句子］真～，她唱歌的声音和说话的声音完全不同｜大家都很～，他为什么要这么做。

骑 2级

qí

v. ride

［短语］～着马｜一路～行

［句子］孩子～在牛背上，开心地唱着歌｜我每天早上～自行车上学。

骑车 2级

qí chē

ride a bike

［短语］～旅行｜～上班

［句子］咱们别打车了，～去吧｜我喜欢和朋友在山里～，这是一种很好的运动方式。

起 1级

qǐ

v. rise; begin; be up to a certain standard

［短语］早睡早～｜从今天～｜看得～

［句子］他昨天睡得太晚了，今天～不来了｜这个孩子从五岁～就去学习武术了｜这套房子太贵了，我买不～。

Q

其次	△ □ ☆	其实	△ □ ☆	其他	△ □ ☆	其中	△ □ ☆
奇怪	△ □ ☆	骑	△ □ ☆	骑车	△ □ ☆	起	△ □ ☆

起床 1级

qǐ//chuáng
get up

[短语] 六点~ | ~时间
[句子] 姐姐每天很早~，不到七点就出门了 | 我昨天太累了，今天早上起不来床了。

起飞 2级

qǐfēi
v. take off; thrive

[短语] ~时间 | 经济~
[句子] 上飞机已经两个半小时了，飞机还没有~ | 我们厂之所以能~，主要靠技术创新。

起来 1级

qǐ// · lái
v. stand up; rise up; get up

[短语] ~活动活动 | 早上刚~ | 起不来
[句子] 看见王老师走进教室，我赶快从座位上~ | 几个月没来，一座新大楼~了 | 你这么晚才睡，明天起得来吗?

气 2级

qì
v. get angry, enrage
n. air, gas

[短语] ~哭了 | 一口~
[句子] 别~了，他不是故意弄坏你的东西的 | 自行车没~了，去修车的地方充一下吧。

气候 3级

qìhòu
n. climate

"气候"和"天气"

"气候"是长期的，相对稳定。"天气"是短期的，具有多变性。比如："这里的气候四季如春。""今天天气不太好。"

[短语] 热带~ | 全球~变暖
[句子] 中国南方的~比北方暖和 | 这里的~非常适合苹果树生长，村里种了很多苹果树。

气温 2级

qìwēn
n. temperature

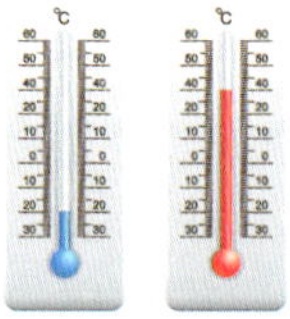

[短语] ~变化 | 最高~
[句子] 今天的~比昨天高一些 | 海南省冬天的最低~一般不会到零下。

汽车 1级

qìchē
n. automobile, car

[短语] 开~ | 一辆~
[句子] 弟弟喜欢各种玩具小~ | ~是一种常见的交通工具。

千 2级

qiān
num. thousand

语言积累

千里马　千字文　千层饼
千军易得，一将难求
千里送鹅毛，礼轻情意重

[短语] 三~二百一十 | 成~上万
[句子] 我们学校有两~多名学生 | 他只用了两个小时，就完成了一篇三~字的文章。

Q

起床	△□☆	起飞	△□☆	起来	△□☆	气	△□☆
气候	△□☆	气温	△□☆	汽车	△□☆	千	△□☆

千克 2级

qiānkè

m. kilogram (kg)

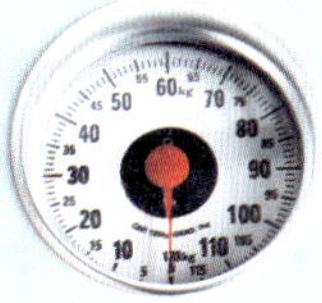

[短语] 三～｜多少～

[句子] 一公斤等于一～｜我身高才一米七，体重就已经90～了，太胖了！

千万 3级

qiānwàn

adv. by all means

在口语中，“千万”常用于强调或劝告，表示某件事一定要注意或一定要做。如“你千万小心”“这件事你千万记着”。

[短语] ～记得｜～不要迟到

[句子] 周末要去看电影，你～别忘了｜最近天气变冷了，请您～注意身体。

前 1级

qián

n. front; past; former

语言积累

1. 远在天边，近在眼前。
2. 前人种树，后人乘凉。
3. 前不见古人，后不见来者。

[短语] 房子～｜～一天｜～三名

[句子] 公园的大门～有一个停车场｜这个表演我～几年在北京看过｜排在～五个的人都进入教室了。

前边 1级

qiánbian

n. front; preceding part

[短语] 排在～｜～已经讲过了

[句子] ～有一个公交车站，有好几路车都能到长城｜成绩在～的同学要主动帮助落后的同学。

前后 3级

qiánhòu

n. period around; front and rear; period from beginning to end

[短语] 12点～｜体育馆～｜～练了一个月

[句子] 春节～人们都很开心｜小王家～都种了苹果树｜这里我～来过六次。

前进 3级

qiánjìn

v. advance

[短语] 不断～｜～的道路

[句子] 等了半个小时，我的车只～了十米｜当我伤心的时候，妈妈总是给我～的力量。

前面 3级

qiánmiàn

n. front; preceding part

[短语] 站在～｜～的部分

[句子] 最～那位是王经理｜～我们提到过这个人，大家还记得吗？

前年 2级

qiánnián

n. the year before last

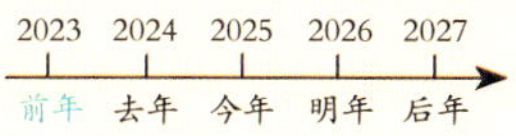

[短语] ～春天｜比～好

[句子] ～的平均气温比去年高，比今年低｜从～一月到现在，我一直在北京工作。

Q

前天 1级

qiántiān

n. the day before yesterday

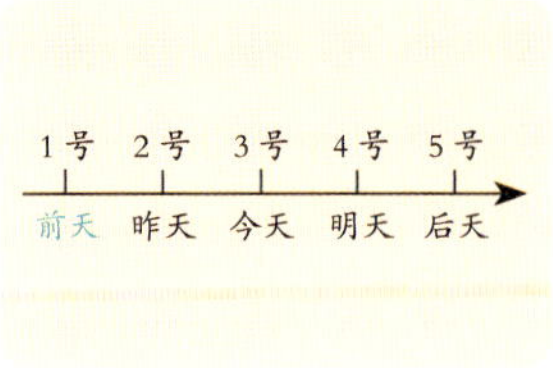

[短语] ~、昨天和今天 | ~晚上

[句子] 小王~就知道这个消息了 | 从~开始她一直在生病，这几天都没上学。

前往 3级

qiánwǎng

v. go to

[短语] ~医院 | ~国外

[句子] 学校派了五名教师~北京，和来自全国的专家交流 | 我们全家计划明年春节~南方，过一个暖和的新年。

钱 1级

qián

n. money

[短语] 多少~ | 饭到口，~到手

[句子] 他买这块手表花了 800 块~ | 我银行卡里~不够，这个手机可以便宜一些吗?

钱包 1级

qiánbāo

n. purse

[短语] 一个~ | 红色的~

[句子] 不用带~了，我用手机支付 | 我的~里除了现金，还放着银行卡和公交卡。

强 3级

qiáng

adj. strong; high-standard; superior

[短语] 教育~国 | 能力~得多 | 水平比他~

[句子] 科技的发展，离不开国家~有力的支持 | 他的责任心很~，对工作非常负责 | 调整之后，这次实验的效果比上次~很多。

强大 3级

qiángdà

adj. powerful

[短语] ~的对手 | 精神~

[句子] 科技的力量非常~，它在改变着人类社会的方方面面 | 他是一个内心~的人，什么困难都打不倒他。

强调 3级

qiángdiào

v. stress, emphasize

[短语] ~原因 | 反复~

[句子] 不要只~困难，咱们要多想想解决问题的办法 | 请用不同颜色的笔画出老师~的学习重点。

强烈 3级

qiángliè

adj. strong, sharp

[短语] ~要求 | ~的感情

[句子] 有些病人对这种药的反应很~ | 没有什么能改变我对家乡~的爱。

前天	△ □ ☆	前往	△ □ ☆	钱	△ □ ☆	钱包	△ □ ☆
强	△ □ ☆	强大	△ □ ☆	强调	△ □ ☆	强烈	△ □ ☆

墙 2级

qiáng

n. wall

[短语] 一面～｜狗急跳～

[句子] 我喜欢白色的～，因为白色可以让房间显得更亮｜你的电脑安装防火～了吗?

桥 3级

qiáo

n. bridge

[短语] 一座～｜立交～

[句子] 建在海上的大～将两个城市连接起来｜湖中间修了一座石～，小船可以在～下通行。

巧 3级

qiǎo

adj. clever, deft; opportune

[短语] 心灵手～｜太～了

[句子] 小丽做事情又快又好，人人都说她是个～姑娘｜真～，我刚想去找你，你就来了。

亲 3级

qīn

adj. related by blood; close

[短语] ～姐姐｜～如一家

[句子] 老王对小李就像～儿子一样，有什么好机会都想着他｜我们从小就认识，～得很。

亲切 3级

qīnqiè

adj. dear, kind

[短语] 十分～｜～的态度

[句子] 虽然是第一次来这里，但大家的热情让我感到非常～｜很多年过去了，我还常常想起王太太那～的样子。

亲人 3级

qīnrén

n. one's own flesh and blood; beloved

[短语] 来自～的关心｜像～一样

[句子] 我一个人在北京工作，没有～在身边｜他对待顾客就像对待～。

亲自 3级

qīnzì

adv. personally

[短语] ～参加｜～前往

[句子] 西餐店的老板～为我们上菜并一一介绍｜你～去看一看，就知道是真是假了。

青年 2级

qīngnián

n. youth, young people

[短语] ～时代｜～学生

[句子] 她是一个爱帮助别人的好～｜在这次活动中，许多～的表现非常突出。

墙	△ □ ☆	桥	△ □ ☆	巧	△ □ ☆	亲	△ □ ☆
亲切	△ □ ☆	亲人	△ □ ☆	亲自	△ □ ☆	青年	△ □ ☆

青少年 2级

qīng-shàonián
n. teenagers

［短语］～读者｜关心～的成长
［句子］～代表着国家的明天｜希望你们创作出越来越多适合～的好书。

轻 2级

qīng
adj. light; small in number, degree, etc.; gentle

［短语］东西很～｜年纪～｜走路～
［句子］这些菜看上去很多，拿起来却很～｜她腿疼得不～，需要赶快去医院看看｜孩子用手～～地碰了一下小猫的头。

清楚 2级

qīngchu
adj. clear; clear-headed

［短语］看不～｜～地知道
［句子］她几句话就把这件事讲～了｜爷爷90岁了，头脑还非常～。

情感 3级

qínggǎn
n. emotion, affection

［短语］强烈的～｜～丰富
［句子］他们做了20年的朋友，有着很深的～｜～和工作，我哪一个都放不下。

情况 3级

qíngkuàng
n. circumstances

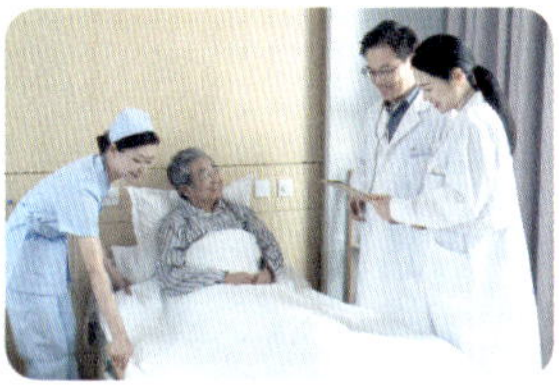

［短语］什么～｜～紧急
［句子］参加工作后，小王和同学们都没联系，谁也不知道他现在～怎么样｜病人目前～还不错，明天应该可以出院了。

晴 2级

qíng
adj. clear

［短语］多云转～｜～空万里
［句子］雪停了，天～了｜雨过天～，公园里的景色更美了。

晴天 2级

qíngtiān
n. sunny day

［短语］大～｜美好的～
［句子］天气预报说今天是～｜～很适合去公园散步，心情也会好起来。

请 1级

qǐng
v. ask; invite; please

［短语］～帮帮我｜～人吃饭｜～进
［句子］我想～你帮我出个主意｜他～我周末到家里来坐坐｜张太太，您先～，咱们这边走。

青少年 △□☆	轻 △□☆	清楚 △□☆	情感 △□☆
情况 △□☆	晴 △□☆	晴天 △□☆	请 △□☆

请假 1级

qǐng//jià

v. ask for leave (of absence)

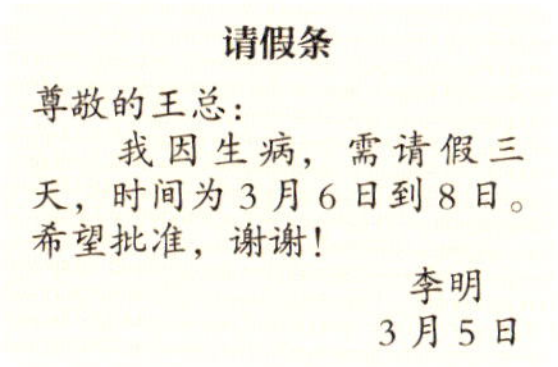

请假条

尊敬的王总：

我因生病，需请假三天，时间为3月6日到8日。希望批准，谢谢！

李明

3月5日

[短语] 向公司～ | 请了几天假

[句子] 上午我～去医院了，没有上班 | 我明天请不了假，就不去车站送你了。

请教 3级

qǐngjiào

v. ask for advice

[短语] ～问题 | 向同事～

[句子] 如果有不懂的，你可以向专家～ | 希望以后还有更多机会向您～创作上的问题。

请进 1级

qǐng jìn

come in, please

[句子] 欢迎您来我们公司参观，～ | 在电影院门口，工作人员对观众说："～，请尽快找到您的座位。"

请客 2级

qǐng//kè

stand treat

[短语] ～吃饭 | 请一次客

[句子] 今天晚上我～，大家一起去吧 | 总让你～，太不好意思了，我们今天AA制吧。

请求 2级

qǐngqiú

v. request

n. request

[短语] ～帮助 | 小小的～

[句子] 那个年轻人～经理再给他一次机会 | 面对男朋友的～，她没想好要不要答应他。

请问 1级

qǐngwèn

v. excuse me

[短语] ～几点了 | ～一下

[句子] ～，最近的地铁站在哪里？ | ～，这条裙子多少钱？

请坐 1级

qǐng zuò

sit down, please

[句子] 您先～，有话我们慢慢说 | ～，请问您要办理什么业务？

庆祝 3级

qìngzhù

v. celebrate

[短语] ～生日 | 热烈～

[句子] 最近全国各地都在～春节 | 今天是爸爸妈妈结婚40周年纪念日，他们打算好好～一下。

请假 △□☆　请教 △□☆　请进 △□☆　请客 △□☆

请求 △□☆　请问 △□☆　请坐 △□☆　庆祝 △□☆

秋天 2级

qiūtiān

n. autumn, fall

［短语］美丽的～｜金色的～

［句子］这里的～非常漂亮，气候也特别舒服｜一年四季中，我最喜欢的就是～。

求 2级

qiú

v. ask; require; seek

［短语］～人办事｜～进步｜不～名，不～利

［句子］弟弟哭着～爸爸救救他的小狗｜我们要讲团结，～发展｜我帮助别人是因为我愿意，不～别人感谢。

球 1级

qiú

n. ball, ball game; sphere, earth

［短语］打～｜月～和地～

［句子］我和朋友约好了晚上一起看～｜这个国家在东半～还是西半～？

球场 2级

qiúchǎng

n. field, pitch, court, course

［短语］灯光～｜在～上

［句子］光说谁更强没有用，咱们～上见｜我们学校有两个标准的篮球～，我每天下午都去打篮球。

球队 2级

qiúduì

n. team

［短语］加入～｜～队长

［句子］我们学校的～去年拿了全市足球比赛第一名｜这个～的队员在全国都很受欢迎。

球迷 3级

qiúmí

n. fan

［短语］热情的～｜网球～

［句子］很多～来到机场欢迎球队回国｜爸爸看了40年球，是个老～了。

球鞋 2级

qiúxié

n. gym shoes

［短语］一双～｜舒服的～

［句子］这双～是一位有名的设计师设计的｜好的～不但可以保护脚，而且可以帮助球员跑得更快、跳得更高。

区 3级

qū

n. area; district

语言积累

山区　市区　郊区

工业区　风景区

商业区　开发区

［短语］教学～｜东城～

［句子］那个公园很大，有专门的老年人活动～和儿童游戏～｜这座城市的大学主要集中在北边这个～。

秋天	△□☆	求	△□☆	球	△□☆	球场	△□☆
球队	△□☆	球迷	△□☆	球鞋	△□☆	区	△□☆

Q

区别 3级

qūbié
n. difference
v. differentiate

[短语] ~很大 | 不太好~
[句子] 你能看出这两张图的~吗？| 姐妹两个一个头发长，一个头发短，很好~。

取 2级

qǔ
v. take, get, obtain

[短语] ~东西 | 从银行~钱
[句子] 下了飞机以后，别忘了~行李 | 您好！您订的外卖到了，请赶快下楼~一下。

取得 2级

qǔdé
v. gain

[短语] ~经验 | 和他~联系
[句子] 他在这次比赛中~了很好的成绩 | 经过不断地试验，我们~了很大进步。

取消 3级

qǔxiāo
v. cancel

[短语] ~成绩 | ~资格
[句子] 因为下大雨，今天所有的水上项目都~了 | 这条规定不合理，已经被~了。

去 1级

qù
v. go (to another place); used after a verb-object structure to indicate an intention of doing sth.

[短语] ~外地 | 开会~
[句子] 明天她就要~北京工作了，大概春节才回来 | 你站在这里不要动，我买些水果~。

去年 1级

qùnián
n. last year

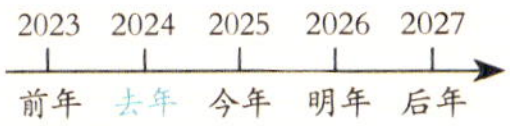

[短语] ~的今天 | ~夏天
[句子] 妹妹~上一年级，今年要上二年级了 | ~我们就谈过合作的事情，结果没有成功。

去世 3级

qùshì
v. pass away

[短语] 因病~ | 上个月~
[句子] 他父母~得早，是爷爷奶奶把他养大的 | 您要找的老先生去年已经~了。

全 2级

quán
adv. all, entirely
adj. complete, whole

语言积累
全班　全校　全市
全省　全国　全球
全民健身　全能选手

[短语] ~写完了 | ~世界
[句子] 因为他突然生病，安排好的计划~打乱了 | ~中国会这种语言的人不多。

Q

区别	△ □ ☆	取	△ □ ☆	取得	△ □ ☆	取消	△ □ ☆
去	△ □ ☆	去年	△ □ ☆	去世	△ □ ☆	全	△ □ ☆

全部 2级

quánbù
n. whole

[短语] 故事的～ | ～重做
[句子] 这只是他作品中的一小部分，不是～ | 把你要用的东西～带上，我们可能要在那里住一个月。

全场 3级

quánchǎng
n. whole audience, the entire house

[短语] ～的学生 | 负责～卫生
[句子] 这场音乐会感动了～观众 | 你们的任务是保证～人员的安全。

全国 2级

quánguó
n. whole country

全国之最

1. 最高的山：珠穆朗玛峰
2. 最长的河：长江
3. 最高的高原：青藏高原
4. 最大的平原：东北平原

[短语] ～上下 | ～的中小学生
[句子] ～人民都关注着这场比赛的结果 | 我的家乡越来越美，～各地的人都来这里旅游。

全家 2级

quánjiā
whole family

[短语] ～人 | ～老少
[句子] 我考上了理想的大学，～都高兴坏了 | 他们～十口人都住在这个两层的小楼里。

全面 3级

quánmiàn
adj. overall

[短语] ～发展 | 营养～
[句子] 工作三年后，我的能力有了～提高 | 大家已经讨论得很～了，我没有什么要补充的。

全年 2级

quánnián
n. whole year

[短语] ～多雨 | ～平均气温
[句子] 现在小王～的收入比刚上班时有了很大增长 | 我们用八个月就完成了～的工作任务。

全球 3级

quánqiú
n. whole world

[短语] ～气候变暖 | 走遍～
[句子] 这个事件影响了～大多数国家的经济发展 | 她的歌曲在～各地都很受欢迎。

全身 2级

quánshēn
n. whole body

[短语] ～上下 | ～都湿了
[句子] 坐得太久了，我觉得～都不舒服 | 你往后退一点儿，帮我拍一张～的照片。

Q

全部 △ □ ☆　全场 △ □ ☆　全国 △ □ ☆　全家 △ □ ☆
全面 △ □ ☆　全年 △ □ ☆　全球 △ □ ☆　全身 △ □ ☆

全体 2级

quántǐ

n. whole

[短语] ~观众 | ~会议

[句子] 一想到明天要对着~员工讲话，小李就感到非常紧张 | 公司成立以后，第一次开~大会。

缺 3级

quē

v. lack, be absent

[短语] ~衣少食 | ~一不可

[句子] 少什么~什么，你就告诉我，不要不好意思 | 同学们都已经到了，就~你一个了。

缺点 3级

quēdiǎn

n. shortcoming

“缺点”和“毛病”

二者意思相近，习惯搭配是“改正缺点”“老毛病、坏毛病”等。“毛病”还可以指人身体上的小病，“缺点”无此用法。

[短语] 改掉~ | 存在~

[句子] 有~是正常的，改了就行 | 评价一个人，应该客观地指出他的优点和~。

缺少 3级

quēshǎo

v. lack

[短语] ~工具 | ~条件

[句子] 他不~机会，但总是抓不住 | 这位作家已经写了好几本书，但还~一部代表作品。

确保 3级

quèbǎo

v. ensure

[短语] ~完成 | ~安全

[句子] 你要~通知到每一个人 | 为了~事情进展顺利，王经理和每个员工都交代了一遍。

确定 3级

quèdìng

adj. certain

v. determine

[短语] ~的时间 | ~计划

[句子] 我很~这篇文章是他写的 | 公司已经~与那个京剧团合作了。

确实 3级

quèshí

adj. real

adv. really

“确实”和“真的”

二者都可表肯定，“确实”多用于书面语，“真的”多用于口语。“确实”可以重叠来加强语气，比如：“他好像没有姐姐吧？”“他确确实实没有姐姐。”

[短语] 数字~ | ~好吃

[句子] 你刚说的消息~吗？不会是假的吧 | 这件衣服~很适合你。

裙子 3级

qúnzi

n. skirt

[短语] 一条~ | 漂亮的~

[句子] 这条~是用什么布做的？感觉很舒服 | 这双鞋和那条~一起穿不太好看。

全体	△ □ ☆	缺	△ □ ☆	缺点	△ □ ☆	缺少	△ □ ☆
确保	△ □ ☆	确定	△ □ ☆	确实	△ □ ☆	裙子	△ □ ☆

群 3级

qún

m. flock

[短语] 一～人｜一～马

[句子] 草地上有一～羊在吃草｜那～孩子围着老师唱起歌来。

然后 2级

ránhòu

conj. then

"然后"一般用在后一个句子中，表示一件事情之后接着又发生另一件事情。前面可以有"先""首先"等词语。

[短语] 学～知不足｜先调查～做决定

[句子] 往牛奶里加50克糖，～加鸡蛋｜你听我说完，～再决定参不参加这次运动会。

让 2级

ràng

v. give away, offer; reduce the price; allow, let

prep. used in the passive voice to introduce the agent

[短语] ～给别人｜～点儿价钱｜～人进门｜～他吃了

[句子] 这么好的机会你说～就～了？｜你～点儿钱，我就把这个店卖给你｜大学到底读哪个专业，应该～孩子自己拿主意｜那支笔～我用了。

热 1级

rè

adj. hot

v. heat up

[短语] 天气～｜～牛奶

[句子] 今天太～了，在家必须开空调｜把菜～一～，马上就能吃饭了。

热爱 3级

rè'ài

v. have a deep love for

[短语] ～生活｜深深地～

[句子] 张老师非常～她从事的教育事业｜我～家乡的一草一木。

热烈 3级

rèliè

adj. warm, ardent

[短语] ～欢迎｜发言～

[句子] 大家～地讨论着旅行计划｜演出结束后，剧场里响起～的掌声。

热情 2级

rèqíng

n. enthusiasm

adj. enthusiastic

[短语] 工作～｜～的球迷

[句子] 他的信中充满了爱国～｜老板～地让我们进来暖和一下，还给我们倒了热茶。

人 1级

rén

n. person, people

[短语] 每个～｜～山～海

[句子] 今天有一百多～参加这次会议｜别因为他这样的～生气了，世界上本来就是什么～都有。

R

群	△ □ ☆	然后	△ □ ☆	让	△ □ ☆	热	△ □ ☆
热爱	△ □ ☆	热烈	△ □ ☆	热情	△ □ ☆	人	△ □ ☆

人才 3级

réncái

n. talented person

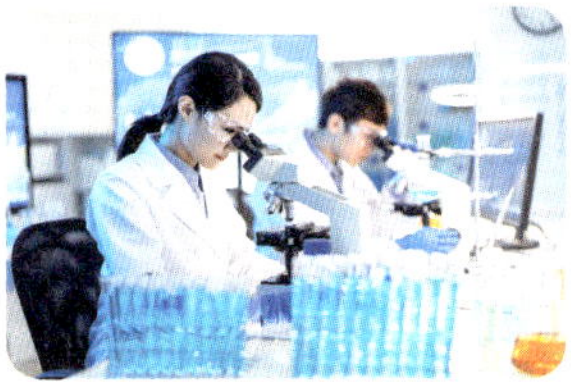

[短语] 重视～ | 科技～

[句子] ～建设对国家的发展非常重要 | 未来的～应该如何培养?

人工 3级

réngōng

n. manual work, person-day

adj. man-made

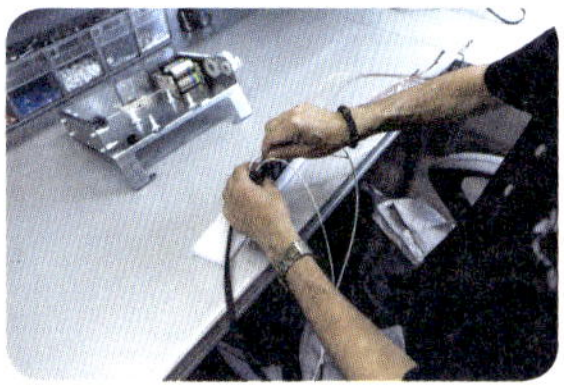

[短语] 费～ | ～制造

[句子] 要多少～才能在三个月内建成这座楼? | 公园里有一个～湖，湖边种了很多树。

人口 2级

rénkǒu

n. population; family size

[短语] 世界～ | 家庭～

[句子] 这个城市经济发达，常住～超过两千万 | 你们家有多少～?

人类 3级

rénlèi

n. mankind

[短语] ～文明 | 动物与～

[句子] 小朋友们对～是怎么来的充满好奇 | 环境问题影响着～社会的发展。

人们 2级

rénmen

n. people

[短语] ～的心情 | 快乐的～

[句子] ～看到月亮时常常会想起自己的家乡 | 晚上，～来到广场上参加庆祝活动。

人民 3级

rénmín

n. the people

[短语] 各国～ | ～的愿望

[句子] 为全国～的幸福生活不断努力 | 这条意见代表了～的声音。

人民币 3级

rénmínbì

n. the RMB, the money system of China

[短语] 美元换～ | 数字～

[句子] 带的～都花完了，我得再去换些钱 | 你知道 50 元～的背面是哪里的景色吗?

人群 3级

rénqún

n. the people

[短语] 适用～ | 高危～

[句子] 他告别了我们，走进～，很快就消失在人海中 | 姐姐穿了一条红裙子，我在～里一眼就看到了她。

人才 △□☆ 人工 △□☆ 人口 △□☆ 人类 △□☆
人们 △□☆ 人民 △□☆ 人民币 △□☆ 人群 △□☆

人生 3级

rénshēng
n. life

[短语] ~大事 | ~的意义
[句子] 他从小就希望自己的~和爸爸妈妈不一样 | ~充满了意外，有时让人高兴，有时让人伤心。

人数 2级

rénshù
n. number of people

[短语] 报名~ | 确定~
[句子] 现在两队的~正好相同 | 参加过这个考试的~有一百多万。

人员 3级

rényuán
n. personnel

[短语] 相关~ | 教学~
[句子] 你们单位有多少退休~? | 在机场，工作~有专门的休息场所。

认出 3级

rènchū
recognize

[短语] ~对方 | ~她的声音
[句子] 咱们几十年没见了，你怎么~我的? | 小王一眼就~了那个曾经帮助过他的人。

认得 3级

rènde
v. recognize

[短语] ~很多动物 | 不~字
[句子] 我~这个地方，小时候妈妈带我来过这里 | 爷爷生病了，不~我们了，但还~老照片上的奶奶。

认可 3级

rènkě
v. approve

[短语] 得到~ | ~他的观点
[句子] 这块金牌是对运动员十几年坚持努力的~ | 你~他刚才说的话吗? 反正我不太~。

认识 1级

rènshi
v. know
n. knowledge

[短语] 相互~一下 | 错误的~
[句子] 你~你们年级其他班的同学吗? | 他从小喜欢读书，~很多古文字。

认为 2级

rènwéi
v. think

[短语] 不这么~ | ~很不错
[句子] 我~他没有完全说真话 | 专家~，全球变暖会对人类的生活产生很多影响。

R

人生 △□☆　人数 △□☆　人员 △□☆　认出 △□☆
认得 △□☆　认可 △□☆　认识 △□☆　认为 △□☆

认真 1级

rènzhēn

adj. serious

[短语] ～的态度 | 做事～

[句子] 请你～地回答我，这件事是你干的吗? | 他对待工作一直都很～。

任 3级

rèn

v. appoint, assume

[短语] ～设计师 | ～管理员

[句子] 公司决定，请小王～新项目的负责人 | 他曾经～多个部门的经理。

任 3级

rèn

conj. no matter (how, what, etc.)

"任"作连词时，常用于口语中，和"不管、不论、无论"意思相近。比如："任我怎么求他，他就是不答应。"

[短语] ～谁也不行 | ～什么都不懂

[句子] ～你怎么说，我都不会改变我的决定 | ～他是谁，小张都不相信。

任何 3级

rènhé

pron. any

"任何"意思是"不论什么"。比如："我们能战胜任何困难。""任何工作都需要认真完成。"

[短语] ～地方 | ～事情

[句子] ～时候妈妈都会支持我 | 搬家以后，我就再没听说过他的～消息了。

任务 3级

rènwu

n. task

[短语] ～很重 | 多～处理

[句子] 每个人都有自己的～，你的～是负责开车接送客人 | 我一定要提前完成～，这样就可以早一些回家了。

仍 3级

réng

adv. still

[短语] ～在坚持 | ～没改变

[句子] 今日下午我市～有中雨 | 一周过去了，这几朵花～开得很好。

仍然 3级

réngrán

adv. still

[短语] ～记得 | ～不懂

[句子] 冬天到了，那棵树的叶子～绿绿的 | 很多年过去了，我～记得妈妈做的面条儿的味道。

日 1级

rì

n. the sun; daytime, a day; every day; a period

[短语] 红～东升 | ～～夜夜 | 每～一读 | 多～以后

[句子] ～出江花红胜火，春来江水绿如蓝 | 最近他经常没～没夜地工作 | 工厂的～产量是多少? | 这几位都是我的旧～好友。

R

认真	△ □ ☆	任	△ □ ☆	任	△ □ ☆	任何	△ □ ☆
任务	△ □ ☆	仍	△ □ ☆	仍然	△ □ ☆	日	△ □ ☆

日报 2级

rìbào
n. a daily (newspaper)

［短语］~和晚报｜买一份~
［句子］她是一家~社的记者｜这份~的读者很多，有的买报纸看，有的在网上看。

日常 3级

rìcháng
adj. day-to-day

［短语］~生活｜~习惯
［句子］他~工作虽然比较累，但很有成就感｜我的身体基本上好了，可以下床做很多~活动。

日期 1级

rìqī
n. the day when sth. happens

［短语］报到~｜比赛~
［句子］除了名字，不要忘了写~｜开学~是9月1日，但你最好提前两天来报到。

日子 2级

rìzi
n. a day; days; a life

［短语］考试的~｜那些~｜幸福的~
［句子］今天是她结婚的~｜~一天天过去，她慢慢习惯了这里的生活｜不论钱多钱少，~要过得充满希望。

容易 3级

róngyì
adj. easy; liable

［短语］~的题目｜~生病
［句子］做一件好事~，一直做好事不~｜你小心些，这个玩具很~坏。

肉 1级

ròu
n. meat, pulp; flesh

［短语］~食动物｜长了二斤~
［句子］如果这顿饭没吃到~，弟弟就感觉像没吃饭一样｜这孩子身体好，身上的~紧得很。

R

如果 2级

rúguǒ
conj. if

［短语］~来的话｜~我是你
［句子］~感到不舒服，你就早些下班吧｜~你们都选这门课，那么我也和你们一起选。

如何 3级

rúhé
pron. how

［短语］~解决｜味道~
［句子］家长应该知道~帮助孩子健康成长｜这个活动安排你感觉~？

日报 △□☆　日常 △□☆　日期 △□☆　日子 △□☆
容易 △□☆　肉 △□☆　如果 △□☆　如何 △□☆

入口 2级

rùkǒu

n. entrance

［短语］东～｜观众～

［句子］电影院的～在前面｜这个舞台有三个演员～，一个工作人员～。

三 1级

sān

num. three; the third

［短语］～只鸟｜住在～层

［句子］已经有～个人问我这个问题了｜我～哥今年考上大学了。

散步 3级

sàn//bù

take a stroll

［短语］出门～｜散半个小时步

［句子］爷爷奶奶每天早上都去公园～｜山里空气真好，咱们下楼散会儿步吧。

沙发 3级

shāfā

n. sofa

［短语］一组～｜皮～

［句子］这个～坐上去真舒服｜我打算买一套新～。

沙子 3级

shāzi

n. sand

［短语］金黄色的～｜河里的～

［句子］妹妹的鞋里进了～，要倒一倒｜这里海边的～是白色的，我用小瓶子装了一些作为纪念。

山 1级

shān

n. hill, mountain; anything resembling a mountain

［短语］高～流水｜一座冰～

［句子］周末我们全家要去～里玩儿两天｜节假日时的故宫人～人海。

伤 3级

shāng

v. injure

n. wound

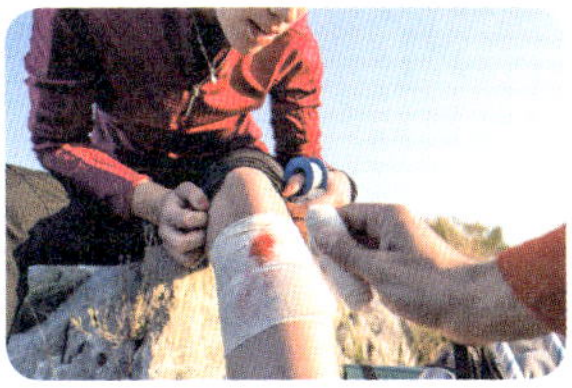

［短语］出口～人｜身上有～

［句子］你这样和她说话会～感情的｜她左腿有～，不能骑自行车下山了。

伤心 3级

shāng//xīn

sad, broken-hearted

［短语］太～了｜～的女人

［句子］只是一次考试没考好，你不用这么～｜他这样做会伤了大家的心。

入口 △□☆　三 △□☆　散步 △□☆　沙发 △□☆

沙子 △□☆　山 △□☆　伤 △□☆　伤心 △□☆

商场 1级

shāngchǎng
n. department store

[短语] ~开业 | ~入口
[句子] 下午我要去~买一双运动鞋 | 这个~空调温度开得太低了，一点儿都不环保。

商店 1级

shāngdiàn
n. shop, store

[短语] 服装~ | 开一家日用品~
[句子] 我不想去大超市了，就在门口的小~买点儿吃的吧 | 你知道那家百货~几点开门吗？

商量 2级

shāngliang
v. talk over

[短语] 好好~ | 和他~事情
[句子] 这件事虽然困难很多，但大家一起~，总能想出解决办法 | 你们几个先~好，再去向领导报告。

商品 3级

shāngpǐn
n. goods

[短语] 一件~ | ~价格
[句子] 今天我给大家带来了一些便宜又好用的~ | 这家商店里的~十分丰富，顾客很满意。

商人 2级

shāngrén
n. business person

[短语] 一名~ | 外国~
[句子] 别喊我“大老板”，其实我只是一个小~ | 他以前在路边做一些小生意，现在已经是一位成功的~了。

商业 3级

shāngyè
n. commerce

[短语] ~发展 | ~影响力
[句子] 这个城市的~很发达，经营环境很好 | 我们打算再建两条这样的~街。

S

上 1级

shàng
n. a high position; the previous time; superior
v. go up; go to; be up to; serve; used after a verb indicating the attainment of an objective

[短语] 往~看 | ~周 | ~级 | ~楼 | ~书店 | ~了岁数 | ~菜 | 看~了电视
[句子] 天~有飞机 | ~个星期我见到他了 | 这是~级公司的意见 | 你可以~舞台来看看 | 我要~街买菜 | 他单位有~万名员工 | ~水果吧 | 你这么快就吃~大餐了？

1400

上班 1级

shàng//bān
go to work, be on duty

[短语] 去单位~ | 上两天班
[句子] 她去年刚开始~，今年就当了部门主任 | 你这么晚才起床，还上不上班了？

商场	△ □ ☆	商店	△ □ ☆	商量	△ □ ☆	商品	△ □ ☆
商人	△ □ ☆	商业	△ □ ☆	上	△ □ ☆	上班	△ □ ☆

上边 1级

shàngbian
n. higher place; higher authority

[短语] 桌子～ | ～的领导
[句子] 游客站在桥～看着水里的鱼 | 这是～安排的任务，咱们得重视起来。

上车 1级

shàng chē
get on a bus, car, train, etc.

[短语] 八点～ | 在门口～
[句子] 赶快～，我们马上要出发了 | 她～后才发现忘记带身份证了。

上次 1级

shàng cì
last time

[短语] ～演出 | ～运动会
[句子] ～见面时，他还是个小孩子 | ～旅行是坐火车去的，这次我想坐飞机。

上课 1级

shàng//kè
attend a class; teach a class

[短语] 认真～ | 上音乐课
[句子] 同学们正在～，突然有人走进了教室 | 马老师又上中文课，又上英文课，学生们都很喜欢她。

上来 3级

shàng// · lái
come up; used after a verb, indicating success in doing sth.

[短语] 爬～ | 回答不～
[句子] 月亮升～了，像条金色的小船挂在天空 | 这里面的科学道理我可说不～。

上面 3级

shàngmiàn
n. higher place; the above-mentioned; higher authority

[短语] 房顶～ | ～的练习 | ～的要求
[句子] 飞机飞到了云层～ | ～就是我今天要讲的全部内容 | ～对这件事已经有了明确的处理意见。

上去 3级

shàng// · qù
go up; used after a verb, indicating outwards direction or a rise in level

[短语] 跑～ | 走上前去 | 把经济搞～
[句子] 你～吧，他在楼上等你呢 | 经理走～和客人们握手 | 你的报告交～了吗?

上升 3级

shàngshēng
v. move upward, be on the rise

[短语] 不断～ | 事业～期
[句子] 飞机～到一定的高度以后，开始向东飞行 | 夏天到了，气温～得很快。

S

上边 △ □ ☆　上车 △ □ ☆　上次 △ □ ☆　上课 △ □ ☆
上来 △ □ ☆　上面 △ □ ☆　上去 △ □ ☆　上升 △ □ ☆

上网 1 级

shàng//wǎng
go online

[短语] ~查信息｜上了三个小时网
[句子] 很多年轻人觉得，不能~的生活简直没法过｜我的手机怎么上不了网？你能帮我看看吗？

上午 1 级

shàngwǔ
n. morning

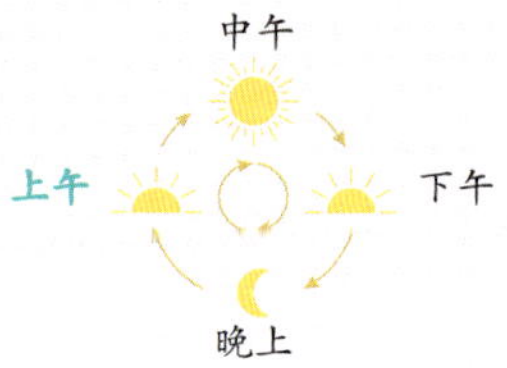

[短语] ~好｜~的课
[句子] 我~在图书馆，下午去运动场｜你明天~有安排吗？咱们去打球吧！

上学 1 级

shàng//xué
go to school

[短语] 八点~｜上过学
[句子] 你怎么还在家？今天不~吗？｜我们一周上五天学。

上衣 3 级

shàngyī
n. jacket

[短语] 新~｜一件~
[句子] 你这件~真好看，是新买的吗？｜这件~的颜色我很满意，但大小不太合适。

上周 2 级

shàng zhōu
last week

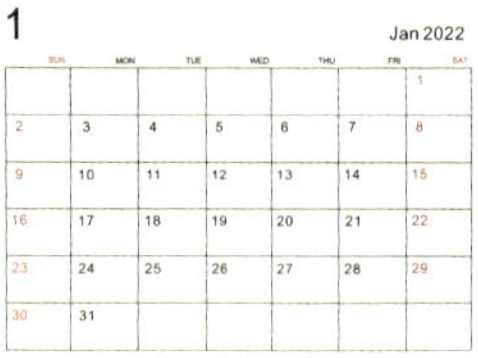

[短语] ~结束｜在~举行
[句子] ~我刚从北京回来｜这个会议通知~就发了，你没看到吗？

少 1 级

shǎo
adj. little
v. lack

[短语] 数量~｜缺衣~食
[句子] 看过这本小说的人很~｜我带了五支笔，可是来了六个人，~了一支笔。

S

少数 2 级

shǎoshù
n. few

[短语] ~人｜~民族
[句子] ~服从多数｜不同意的人是~，但他们的想法也要重视。

少年 2 级

shàonián
n. early youth, teenager

[短语] ~时代｜安静的~
[句子] 街边的公园里，一群~在打篮球｜~时不养成好习惯，中年后就很难改变了。

上网	△ □ ☆	上午	△ □ ☆	上学	△ □ ☆	上衣	△ □ ☆
上周	△ □ ☆	少	△ □ ☆	少数	△ □ ☆	少年	△ □ ☆

设备 3级

shèbèi

n. equipment

[短语] 一台～ | ～落后

[句子] 这家工厂配有先进的机器～ | 那家医院新买的～是中国制造的。

设计 3级

shèjì

v. design

n. design

[短语] ～路线 | 艺术～

[句子] 这件衣服是谁～的？| 张老师给大家介绍了自己的教学～。

设立 3级

shèlì

v. establish

[短语] ～新部门 | ～汽车站

[句子] 学校～了许多兴趣小组，满足了不同学生的需要 | 总公司在全国各大城市～了办事处。

社会 3级

shèhuì

n. society

[短语] 人类～ | ～新闻

[句子] 全～都在关注老年人的健康问题 | 不论从事什么工作，我们都要做对～有用的人。

谁 1级

shéi/shuí

pron. who, whom, whose; somebody, anybody

[短语] ～说的 | ～都可以来

[句子] 这是～的书包？| 他们姐弟二人～也不听～的。

身边 2级

shēnbiān

n. one's side

[短语] ～的情况 | 留在父母～

[句子] ～的人都说我写字好看 | 她有心脏病，～总是带着药。

身份证 3级

shēnfènzhèng

n. identity card

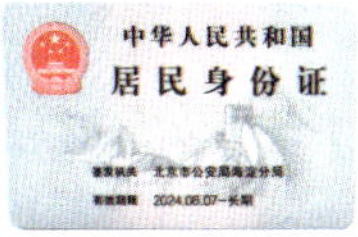

[短语] 带上～ | ～照片

[句子] 看～号可以知道你的出生日期 | ～是非常重要的证件，最好时刻带在身上。

身上 1级

shēnshang

n. on one's body; with one

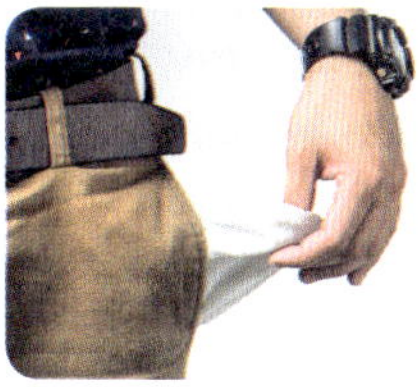

[短语] ～的衣服 | ～没钱

[句子] 这只小猫～的毛全是黑色的 | 你～有现金吗？可不可以借我 200 块钱？

S

设备	△ □ ☆	设计	△ □ ☆	设立	△ □ ☆	社会	△ □ ☆
谁	△ □ ☆	身边	△ □ ☆	身份证	△ □ ☆	身上	△ □ ☆

身体 1级

shēntǐ

n. body

［短语］～健康｜检查～

［句子］奶奶最近～怎么样？｜你多吃一点儿，现在正是长～的时候。

深 3级

shēn

adj. deep; abstruse; thorough; intimate; late

［短语］河很～｜内容～｜～～知道｜关系很～｜夜已～

［句子］这里水很～，你不要下去游泳｜这本书对五岁的弟弟来说有点儿～｜我对家乡有着～～的爱｜这孩子和奶奶感情最～｜已经是～冬了，天气很冷。

深刻 3级

shēnkè

adj. deep

“深刻”和“深”

“深”可用于具体事物，也可用于抽象事物；“深刻”只用于抽象事物。如可以说“水很深”，不能说“水很深刻”；但“印象深”“印象深刻”都可以。

［短语］～的观点｜思想～

［句子］这位专家对社会问题的看法很～｜我对教育的重要意义有～的体会。

深入 3级

shēnrù

v. go deep into

adj. in-depth

［短语］～海底｜～地学习

［句子］作为一名校园作家，要～学生的日常学习和生活中｜经过多次讨论，大家对这个问题的认识已经非常～了。

什么 1级

shénme

pron. what; something, anything; any, every; whatever

［句子］你带了～好吃的？｜反正没事儿干，我们看个～电影吧｜我刚进来，～也没听到｜我心里想～嘴上就说～。

什么样 2级

shénmeyàng

pron. what kind

［短语］～的人｜新房子～

［句子］她家的小猫长～？｜这家蛋糕店品种很多，你喜欢～的？

升 3级

shēng

v. ascend; promote

［短语］～起来｜～得很快

［句子］雨这么大，水面继续～下去很危险｜祝你早日高～，一切顺利！

生 2级

shēng

v. grow; give birth to; be born; incur

［短语］～出小草｜～儿育女｜～老病死｜～出事情

［句子］野火烧不尽，春风吹又～｜我爱人快要～了，我得赶快去医院｜她～在上海，长在北京｜爷爷今年身体不好，～出许多病来。

身体 △□☆　深 △□☆　深刻 △□☆　深入 △□☆
什么 △□☆　什么样 △□☆　升 △□☆　生 △□☆

生 3级

shēng
adj. raw; immature; unfamiliar

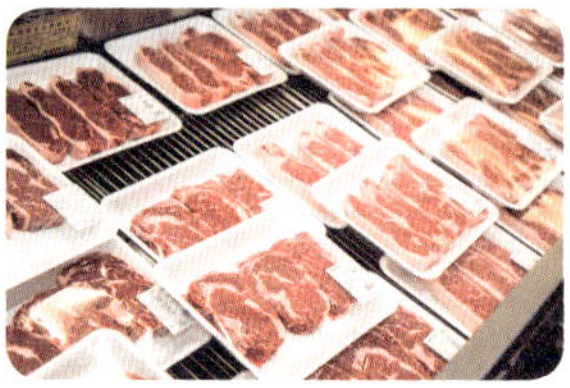

[短语] ~牛肉 | 黄瓜可以~吃 | 人~地不熟
[句子] 这米饭半~不熟的，怎么吃啊？| 这个香蕉还有点儿~，过两天再吃 | 这个人看上去脸~，是新来的吧？

生病 1级

shēng//bìng
fall ill

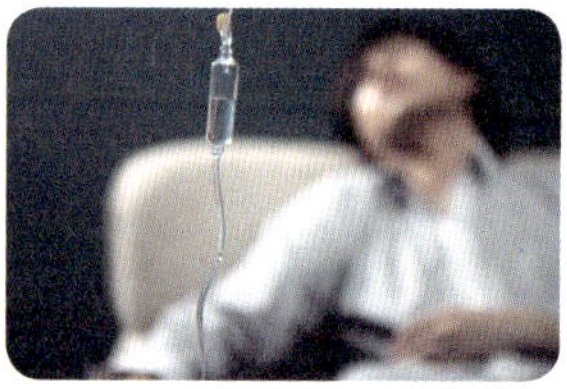

[短语] 经常~ | 生了一场病
[句子] 好几天没见到你，是~了吗？| 生了病就得好好养身体，别着急去上班。

生产 3级

shēngchǎn
v. produce; give birth to a baby

[短语] ~手机 | 顺利~
[句子] 新来的厂长抓~抓得很紧 | 姐姐刚刚~完，需要好好休息。

生词 2级

shēngcí
n. new word

[短语] 背~ | ~表
[句子] 今天的~都是和买东西有关的 | 每天记几个~是学习语言的好习惯。

生存 3级

shēngcún
v. survive

[短语] ~能力 | ~问题
[句子] 没有空气和水，人类就~不下去 | 这里的气候又干又热，很多花草都不能~。

生动 3级

shēngdòng
adj. vivid

[短语] ~的表演 | 语言~
[句子] 张老师讲故事非常~，小朋友们都很喜欢她 | 这张画儿~地表现了鱼儿在水中游来游去的样子。

生活 2级

shēnghuó
n. life
v. live

[短语] 幸福的~ | ~困难
[句子] 她的注意力都放在家庭~上，这样对工作不好 | ~像一张张画儿，画笔就握在我们每个人手中。

生命 3级

shēngmìng
n. life

[短语] ~的意义 | 热爱~
[句子] 为了救人，他年轻的~永远停在了 26 岁 | 花花草草也是有~的，我们不能破坏它们的生存环境。

S

生	△ □ ☆	生病	△ □ ☆	生产	△ □ ☆	生词	△ □ ☆
生存	△ □ ☆	生动	△ □ ☆	生活	△ □ ☆	生命	△ □ ☆

生气 1级

shēng//qì
get angry

[短语] 容易～ | 生他的气
[句子] 朋友指出你的缺点是想帮助你，你不要～ | 你在生谁的气呢？看你那满脸不高兴的样子。

生日 1级

shēngrì
n. birthday

[短语] 过～ | 唱～歌
[句子] 昨天是妹妹六岁的～，我们都祝她～快乐 | 今天过完～你就 18 岁了，已经是大人了。

生意 3级

shēngyi
n. business

[短语] 做～ | 没什么～
[句子] 一会儿我要和经理出去谈～ | 你的饭馆最近～好不好？

生长 3级

shēngzhǎng
v. grow, be born and brought up

[短语] 草木～ | ～过程
[句子] 春天来了，万物～ | 我从小～在南方，第一次看到雪，感到一种不一样的美。

声明 3级

shēngmíng
v. declare
n. declaration

[短语] 正式～ | 发表～
[句子] 王先生～，他从来没有参加过这类活动 | ～上说，公司不会公开最后的调查结果。

声音 2级

shēngyīn
n. sound, voice

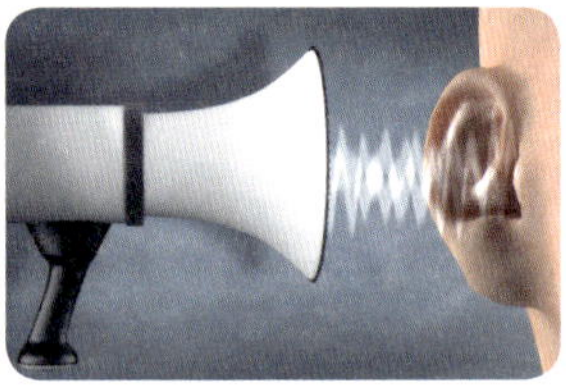

[短语] 动人的～ | ～很好听
[句子] 请把音乐的～调小一点儿 | 这个歌手说话～不大，但唱歌的～很有力量。

省 2级

shěng
n. province

中国有 34 个省级行政区，包括 23 个省、5 个自治区、4 个直辖市和 2 个特别行政区。

[短语] 河北～ | 东三～
[句子] 小张是从～里派来的，帮助我们市发展商业 | 河南、山东、广东都是人口大～。

省 2级

shěng
v. omit, save

[短语] ～事 | ～时间
[句子] 这个句子里可以～去哪个词，意思不会变？| 后面用钱的地方还多呢，你先～着点儿花吧。

S

生气	△ □ ☆	生日	△ □ ☆	生意	△ □ ☆	生长	△ □ ☆
声明	△ □ ☆	声音	△ □ ☆	省	△ □ ☆	省	△ □ ☆

胜 3级

shèng

v. win, defeat, be superior to

[短语] ~了对手｜以少~多｜~过所有人

[句子] 昨天的网球大战最后谁~了？｜一班篮球队以88：60大~二班，赢了这场比赛｜你亲自体验一下，远~听别人讲十遍。

胜利 3级

shènglì

v. be victorious, attain a goal as planned

n. victory, triumph

[短语] ~完成｜取得~

[句子] 经过那么多年的努力，我们终于~了｜能坚持跑完这十公里，对我来说已经是~了。

失去 3级

shīqù

v. lose

[短语] ~金钱｜~机会

[句子] 帮助别人，你不会~什么，却能得到快乐｜他刚刚~了养了八年的小狗，心情很差。

十 1级

shí

num. ten; tenth

语言积累

1. 十年树木，百年树人。
2. 十里不同风，百里不同天。
3. 听君一席话，胜读十年书。
4. 笑一笑，十年少；愁一愁，白了头。

[短语] ~个人｜上午~点

[句子] 这件事一传~，~传百，很快大家都知道了｜我家住~楼，是最高的一层。

十分 2级

shífēn

adv. very

[短语] ~清楚｜~方便

[句子] 妹妹有一只~可爱的小猫｜小王是一个~努力的年轻人，才上班几天就已经完全进入了状态。

石头 3级

shítou

n. stone

[短语] 一块~｜摸着~过河

[句子] 他喜欢研究各种各样的~｜设计师在后院设计了一条~小路，看起来很有特色。

石油 3级

shíyóu

n. petroleum

[短语] ~公司｜开发~

[句子] 这个国家的~工业很发达｜最近国际市场的~价格一直在上升。

时 3级

shí

n. season; time

[短语] 上学~｜~过三年

[句子] 九岁~我们就认识了｜你快起床，现在去海边看日出正当~。

胜	△ □ ☆	胜利	△ □ ☆	失去	△ □ ☆	十	△ □ ☆
十分	△ □ ☆	石头	△ □ ☆	石油	△ □ ☆	时	△ □ ☆

时代 3级

shídài

n. times; period in one's life

［短语］～的变化｜青年～

［句子］晚会上，工人们唱出了～的声音｜我们从儿童～开始就是好朋友了。

时候 1级

shíhou

n. time; a moment

［短语］看书的～｜小～

［句子］你明天什么～有时间？一起吃顿饭吧｜都什么～了，你还在工作，快休息吧。

时间 1级

shíjiān

n. time

［短语］～观念｜没有～

［句子］同学们花了很多～准备这个节目｜我们约的七点见面，现在才五点，还有～。

时刻 3级

shíkè

n. moment

adv. all the time

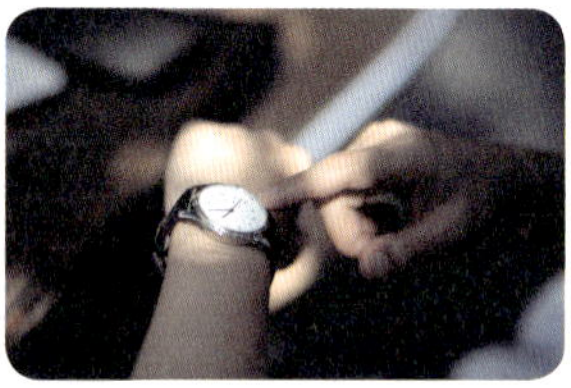

［短语］重要～｜～准备着

［句子］我永远不会忘记这个特别的～｜我～记得妈妈的话，要学会关心别人。

实际 2级

shíjì

n. reality

adj. practical, real

［短语］从～出发｜～工作

［句子］他每天看上去高高兴兴的，可～并不是这样｜公司给新员工安排了住的地方，为他们解决了～问题。

实际上 3级

shíjì · shàng

adv. actually

［短语］～压力很大｜～没听明白

［句子］你们两个说的～是同一个人｜这件事看起来很简单，～情况非常复杂。

S

实力 3级

shílì

n. strength

［短语］～强大｜整体～

［句子］他是这次比赛中最有～的选手｜公司给你这个机会，就说明对你的～有信心。

实习 2级

shíxí

v. do an internship

n. internship

［短语］在公司～｜教学～

［句子］～中获得的经验对今后找工作很有帮助｜您能帮我开一张～证明吗？

时代	△ □ ☆	时候	△ □ ☆	时间	△ □ ☆	时刻	△ □ ☆
实际	△ □ ☆	实际上	△ □ ☆	实力	△ □ ☆	实习	△ □ ☆

实现 2级

shíxiàn

v. realize

［短语］～愿望｜～现代化

［句子］不知道修路的计划什么时候才能～｜她终于～了自己的人生理想，考上了那所重点大学的研究生。

实行 3级

shíxíng

v. put into practice

［短语］～科学管理｜～五天工作制

［句子］新标准从明年1月1日起～｜那个制度只～了几天就坚持不下去了。

实验 3级

shíyàn

v. test

n. experiment

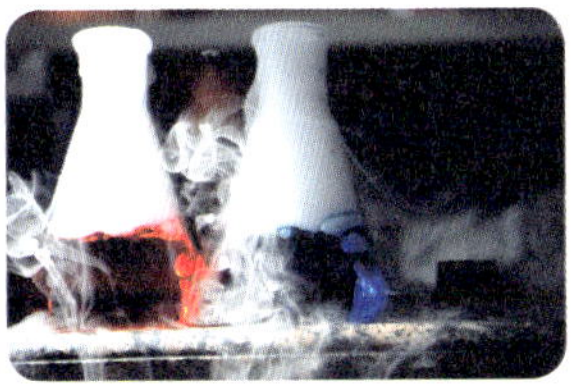

［短语］开始～｜化学～

［句子］经过很多次～，他们终于成功了｜接下来，我们做两个～，请同学们注意观察。

实验室 3级

shíyànshì

n. laboratory

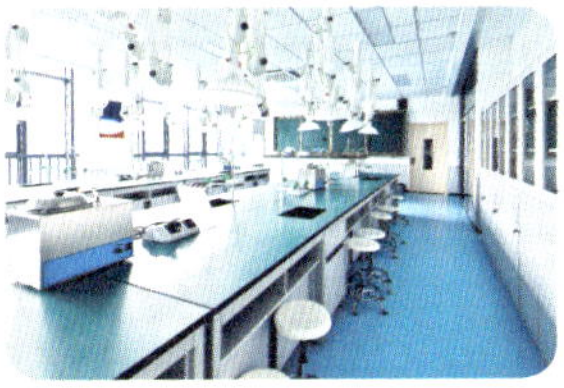

［短语］先进的～｜～成员

［句子］我们学校新建了一个国家级～｜除了吃饭睡觉，他差不多都在～里。

实在 2级

shízài

adv. really, actually

“实在”和“确实”

“实在”可以用在当面表示歉意或感谢的句子里，如“实在不好意思”“实在太谢谢你了”，此时不能用“确实”。

［短语］～不了解｜～不行

［句子］～对不起，我来晚了｜我～太喜欢这件衣服的设计了。

实在 2级

shízài

adj. honest; true; practical

［短语］这人真～｜～的想法｜内容～

［句子］二哥是个～人，从来不说假话｜他跟着王大夫，学到了实实在在的本事｜这家饭馆的牛肉面真～，肉多量大。

食品 3级

shípǐn

n. foodstuffs

［短语］～安全｜绿色～

［句子］我姐姐在一家～加工厂工作｜离这里不远有一个～商店，你去看看有没有什么特色～可以带回去。

食物 2级

shíwù

n. food

“食物”和“食品”

“食物”指一切可以吃的东西，可给人吃，也可给动物吃；可在商场买到，也可在大自然中找到。“食品”指经过加工制作的、给人吃的东西，通常在商场里卖。

［短语］浪费～｜～的多样性

［句子］有些小动物会准备很多过冬的～｜每天吃各种不同的～，才能营养全面。

S

实现 △□☆	实行 △□☆	实验 △□☆	实验室 △□☆
实在 △□☆	实在 △□☆	食品 △□☆	食物 △□☆

使 3级

shǐ
v. cause; use; have (sb. do sth.)

[短语] ～人伤心｜这把刀好～｜～人去问
[句子] 运动～人更加健康｜这不是刚才我～的那支笔｜大家都在安安静静地做自己的事情，只有他大喊大叫，～人干这个做那个的。

使用 2级

shǐyòng
v. use

[短语] ～过程｜方便～
[句子] 你知道怎么～这种设备吗？｜他一步一步地告诉老人新电视机该如何～。

始终 3级

shǐzhōng
adv. from beginning to end

汉语中有一些词语是由两个意思相反或相对的字组成的。除了“始终”，还有“开关、动静、早晚、得失、买卖、东西、内外、因果、生死”等。

[短语] ～相信｜～认为
[句子] 不论碰到什么事情，妈妈～理解我、支持我｜认识这么多年，我～觉得不太了解她。

世纪 3级

shìjì
n. century

“世纪”是计算年代的单位，100年是一个世纪。比如，公元1年至100年为1世纪，1901年至2000年为20世纪。

[短语] 半个～｜上～
[句子] 人类已经进入了21～｜这一事件发生于16～的中国。

世界 3级

shìjiè
n. world; realm

[短语] ～各国｜儿童～
[句子] 你知道目前～上有多少种动物吗？｜弟弟有着丰富的内心～，对很多事情都充满好奇。

世界杯 3级

shìjièbēi
n. World Cup

[短语] ～足球赛｜～网球比赛
[句子] 你觉得这次～哪个队会赢？｜在哪儿可以看到～比赛直播？

市 2级

shì
n. city; market

中国有四个直辖市：北京市、上海市、天津市、重庆市。它们是国家直接管理的城市，级别和省、自治区等相同。

[短语] ～人事局｜书～开业
[句子] 这条街是最早的～中心｜奶奶每天去早～买菜，她说那里的菜又好又便宜。

市场 3级

shìchǎng
n. marketplace

[短语] 超级～｜～行为
[句子] 你家周围有菜～吗？｜我们公司应该在国际～发展更多的合作方。

使	△ □ ☆	使用	△ □ ☆	始终	△ □ ☆	世纪	△ □ ☆
世界	△ □ ☆	世界杯	△ □ ☆	市	△ □ ☆	市场	△ □ ☆

市长 2级

shìzhǎng

n. mayor

语言积累

组长 班长 校长

村长 县长 区长

市长 省长 部长

[短语] ~接待日 | ~办公室

[句子] ~将参加今天下午的大会并作重要发言 | 王副~主要负责教育和卫生工作。

事 1级

shì

n. thing; work; trouble

语言积累

1. 大事化小，小事化了。
2. 前事不忘，后事之师。
3. 好事不出门，坏事传千里。
4. 世上无难事，只怕有心人。

[短语] 人生大~ | 有~多商量 | 平安无~

[句子] 张先生，您找我有什么~吗？| 对你来说，最重要的是先找到~做，自己能养活自己 | 不会有~的，你千万别怕。

事故 3级

shìgù

n. accident

[短语] 意外~ | 交通~

[句子] 前方道路~多发，请司机小心开车 | 大家再认真检查一遍，一定要防止出现安全~。

事件 3级

shìjiàn

n. incident

[短语] 重大~ | ~的经过

[句子] 这一~影响了两个家庭几十年的命运 | 你知道这一~发生的时间和地点吗？

事情 2级

shìqing

n. thing, event, affair; job

[短语] 重要的~ | 做~

[句子] 那件~的经过大概是这样的 | 你在那家文化公司找了个什么~？

事实 3级

shìshí

n. fact

[短语] ~证明 | 铁的~

[句子] 虽然听起来很难让人相信，但我说的都是客观~ | 我们先去查清楚~，然后再评价。

事实上 3级

shìshíshang

actually

[短语] ~不是这样 | ~的负责人

[句子] 弟弟一米八六，看起来像个大人了，~还是个孩子 | 表面上两家公司在谈合作，~他们都不太信任对方，分别留了一手。

事业 3级

shìyè

n. career

[短语] ~心 | ~取得成功

[句子] 家庭和~对一个人来说同样重要 | 我把教育当成一生的~来做。

S

市长	△ □ ☆	事	△ □ ☆	事故	△ □ ☆	事件	△ □ ☆
事情	△ □ ☆	事实	△ □ ☆	事实上	△ □ ☆	事业	△ □ ☆

试 1级

shì

v. try

[短语] ~一下 | 飞机~飞

[句子] 你可以去~一~，看适合不适合这份工作 | 你~穿一下这条裙子，这个颜色今年很流行。

试题 3级

shìtí

n. examination question

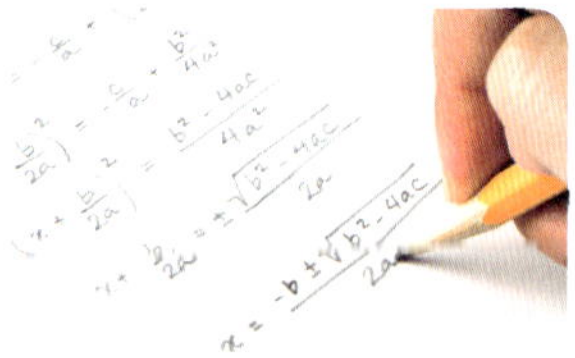

[短语] 出~ | 数学~

[句子] 你觉得英语~难度大不大？| 这次考试的~比上次难得多，大家的成绩都没上次高。

试验 3级

shìyàn

v. test

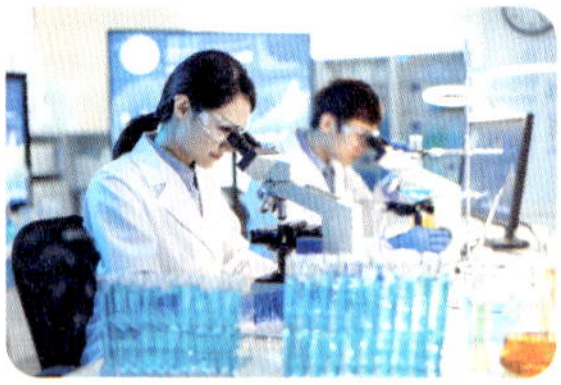

[短语] 反复~ | ~新方法

[句子] 我们来~一下，看两个铁球是不是同时落地 | 这种新机器经过三年~，今年终于进入市场了。

是 1级

shì

v. be; used with 的 to indicate classification; used to indicate existence

[短语] ~工人 | ~新买的 | 前边~银行

[句子] 我刚才说的都~真的 | 他~来找你的，不~来找我的 | 打完球后，妹妹满脸~汗。

是不是 1级

shì bu shì

isn't it (used to ask a question); whether (used to indicate confusion)

[句子] ~所有人都到齐了？| 这篇小说~那位作家最早发表的作品？

适合 3级

shìhé

v. suit

[短语] ~青少年 | 不太~

[句子] 这份工作很~我，我非常喜欢 | 这件黄色的上衣比较~你，你快来试穿一下。

适应 3级

shìyìng

v. be suited to

[短语] ~环境 | ~时代

[句子] 他的~能力很强，才上班两天就认识了很多新朋友 | 爸爸刚调到南方的一所大学，正在努力~这个城市的生活。

适用 3级

shìyòng

adj. suitable

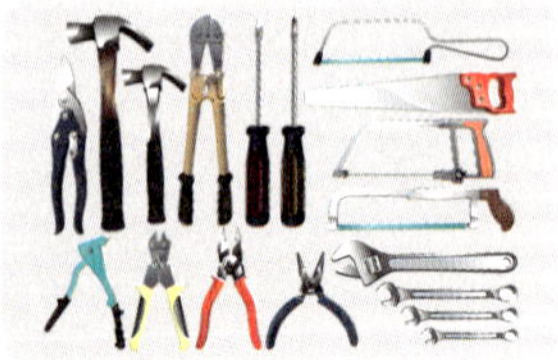

[短语] ~的工具 | 不~的部分

[句子] 通过读书提高中文水平，这个方法也~于学习其他语言 | 发展经济~房，让更多的人买得起房。

试	△ □ ☆	试题	△ □ ☆	试验	△ □ ☆	是	△ □ ☆
是不是	△ □ ☆	适合	△ □ ☆	适应	△ □ ☆	适用	△ □ ☆

室 3 级

shì

n. room; administrative unit

[短语] ~外活动 | 图书~

[句子] 你租的房子是几~的？| 设计~的工作主要是让产品不光好用，还要好看。

收 2 级

shōu

v. receive, accept; collect; put sth. away

[短语] ~钱 | ~房租 | 把玩具~起来

[句子] 这是我自己做的一个小礼物，请您一定~下 | 今天是我帮老师~的作业 | 要下雨了，快~衣服。

收到 2 级

shōudào

receive

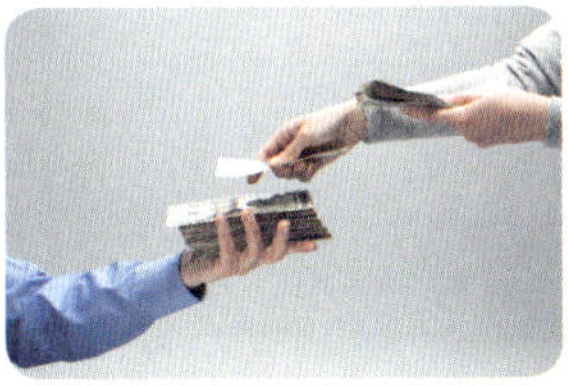

[短语] ~消息 | ~电子邮件

[句子] 他~了这个月的工资 | 我~你送来的花了，谢谢你，我很喜欢！

收费 3 级

shōufèi

v. charge

[短语] ~站 | ~方式

[句子] 这个停车场的~标准是怎样的？| 那个公园以前~，现在免费了。

收看 3 级

shōukàn

v. watch

[短语] ~电视 | ~体育节目

[句子] 爸爸每天晚上七点~新闻 | 超过 200 万人通过互联网~了他的演唱会。

收入 2 级

shōurù

v. take in

n. income

[短语] 词典~新词语 | 每月的~

[句子] 这本书~了十几位作家的作品 | 这份工作我很感兴趣，~也还可以。

收听 3 级

shōutīng

v. listen to (radio, broadcast, etc.)

[短语] ~广播 | 欢迎~

[句子] 我喜欢开车时~音乐台 | 一到晚上九点，很多人等着~她主持的节目。

收音机 3 级

shōuyīnjī

n. radio, wireless

[短语] 一台~ | 关上~

[句子] 把~打开，我想听听今天的天气预报 | 爷爷的~坏了，得找个地方修一下。

室 △□☆　收 △□☆　收到 △□☆　收费 △□☆
收看 △□☆　收入 △□☆　收听 △□☆　收音机 △□☆

S

手 1级

shǒu
n. hand; person good at sth.

[短语] 一双～ | 多面～
[句子] 弟弟刚才玩儿沙子，把～弄脏了 | 在修电脑方面，小王是个好～。

手表 2级

shǒubiǎo
n. watch

[短语] 一块～ | 修～
[句子] 你的～真好看！在哪儿买的？| 你带～了吗？现在几点了？

手机 1级

shǒujī
n. mobile phone

[短语] 新～ | 一部～
[句子] 我的～用了好几年了，该换换了 | 他新买的～功能很强大。

手续 3级

shǒuxù
n. procedure

[短语] ～复杂 | 办结婚～
[句子] 我工作的事情基本定了，正在办理～ | 你知道开实习证明都需要哪些～吗？

手指 3级

shǒuzhǐ
n. finger

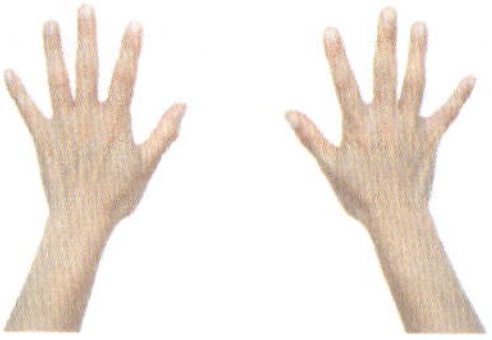

[短语] 五根～ | 活动活动～
[句子] 昨天打篮球的时候，他右手的～受伤了 | 人的～分别是拇指、食指、中指、无名指和小指。

首都 3级

shǒudū
n. capital

各国的首都

中国—北京　日本—东京
英国—伦敦　美国—华盛顿
德国—柏林　俄罗斯—莫斯科

[短语] 伟大的～ | 美丽的～
[句子] 北京是中国的～ | ～文化节活动下周就要开始了。

S

首先 3级

shǒuxiān
adv. first

[短语] ～提出 | ～发现
[句子] 在全班十个小组中，我们小组～完成了任务 | ～报名的十个人学费可以便宜 100 块钱。

受 3级

shòu
v. receive; suffer; bear

[短语] ～教育 | ～批评 | ～不了
[句子] 这里太吵了，做作业会～影响 | 王老师讲课很～同学们欢迎 | 想成功，就要能～得了累。

手	△□☆	手表	△□☆	手机	△□☆	手续	△□☆
手指	△□☆	首都	△□☆	首先	△□☆	受	△□☆

受到 2级

shòudào
receive

[短语] ~认可 | ~考验
[句子] 这部电影~广大观众的喜爱 | 这些志愿者都~过专门的训练。

受伤 3级

shòu//shāng
be injured

[短语] 腿部~ | 受了伤
[句子] 你运动时千万要小心，注意别~ | 他的右腿受过两次伤。

书 1级

shū
n. book; document; letter

[短语] 中文~ | 说明~ | ~信
[句子] 那位作家今年又出了一本新~，是一部小说 | 你的保证~我收到了 | 这封家~是爷爷写给爸爸的。

书包 1级

shūbāo
n. school bag

[短语] 买~ | ~里面
[句子] ~太重了，你拿出几本不常用的书吧 | 妹妹背着新~，穿着新衣服，高高兴兴去上学。

书店 1级

shūdiàn
n. bookshop, bookstore

[短语] 去~ | ~经理
[句子] 这家~经常举行一些文化活动 | 这本书我在~没找到，是在网上买的。

书架 3级

shūjià
n. bookshelf

[短语] 外文~ | 木头~
[句子] 老师家的~占满了房间一整面墙 | 中文书就在~第二层，你看到了吗?

舒服 2级

shūfu
adj. comfortable

[短语] 身体不~ | 舒舒服服地睡一觉
[句子] 今天不冷也不热，在外面走走很~ | 不要跟他说这些，他听了会不~的。

输 3级

shū
v. lose

[短语] 谁~谁赢 | ~了三分
[句子] 我们学校的网球队在决赛中~了 | ~赢不重要，重要的是大家在比赛过程中认识了很多新朋友。

受到 △ □ ☆　受伤 △ □ ☆　书 △ □ ☆　书包 △ □ ☆
书店 △ □ ☆　书架 △ □ ☆　舒服 △ □ ☆　输 △ □ ☆

输入 3级

shūrù
v. import, transfuse; input (words, numbers or signal)

[短语] ~先进技术 | 拼音~法
[句子] 医生刚把血~病人体内 | 你能帮我把这篇文章~到电脑里吗？

熟 2级

shú/shóu
adj. cooked; ripe; familiar; practiced; deep

[短语] ~肉 | 苹果~了 | 和他很~ | ~能生巧 | 深思~虑
[句子] 他只吃做~的鱼，不吃生鱼片 | 这些水果还不太~，没什么味儿 | 这所学校我很~ | 包饺子她可是~手 | 回家后，他很快就睡~了。

熟人 3级

shúrén
n. acquaintance

[短语] 老~ | 找~
[句子] 我和老张是~，可以向他打听一下到底什么情况 | 我刚到北京工作，没有一个~。

属 3级

shǔ
v. belong to, be subordinate to

[短语] 胜利终~我们 | 保定市~河北省
[句子] 婚后财产~夫妻双方共有 | 这个学校是教育部直~单位。

属于 3级

shǔyú
v. belong to

[短语] ~思想问题 | 收入~他个人
[句子] 这次事故完全~意外，我们以后要注意预防 | 信息安全问题~三个部门共同管理。

数 2级

shǔ
v. count

[短语] ~一~ | ~不清
[句子] 那个孩子一边~着手指，一边计算 | 还有几个人没有来？你快去~~。

束 3级

shù
m. bundle

[短语] 一~草 | 一~头发
[句子] 他给女朋友买了一~玫瑰 | 桌上那~花是谁拿来的？好漂亮啊！

树 1级

shù
n. tree

[短语] 种~ | ~大招风
[句子] 她站得笔直，好像一棵小~ | ~上有一只小鸟在唱歌。

输入	△□☆	熟	△□☆	熟人	△□☆	属	△□☆
属于	△□☆	数	△□☆	束	△□☆	树	△□☆

数量 3级

shùliàng
n. quantity

[短语] 人口～｜计算～
[句子] 全年级一共十个班，从～上看，我们班参加运动会的人最少｜我们准备的快餐～不够，赶快再去订一些。

数字 2级

shùzì
n. figure; quantity

1 2 3
4 5 6
7 8 9

[短语] 阿拉伯～｜～不断上升
[句子] 这里的～应该用大写还是小写？｜不要只求～好看，更重要的是顾客的满意程度。

双 3级

shuāng
m. pair
adj. two, double

读一读

人有两件宝，
双手和大脑。
双手会做工，
大脑会思考。

[短语] 一～眼睛｜成～成对
[句子] 这～鞋样子很好看，就是穿上不太舒服｜听说年底我们公司会发～份工资，是真的吗？

双方 3级

shuāngfāng
n. both sides

[短语] ～父母｜～家长
[句子] ～都很努力，谁也不认输｜～都愿意进一步加强合作。

水 1级

shuǐ
n. water

[短语] 倒杯～｜节约用～
[句子] 鱼儿在～里游来游去，好像在做游戏｜～太热了，放一会儿再喝。

水果 1级

shuǐguǒ
n. fruit

[短语] ～刀｜～店
[句子] 我好几天没吃～了，咱们去买一些吧｜这里的气候好，适合很多种～生长。

水平 2级

shuǐpíng
n. level

[短语] 生活～｜高～运动队
[句子] 他们几个都喜欢跑步，但～有高有低｜我们厂的技术～还需要进一步提高。

睡 1级

shuì
v. sleep

[短语] 早～早起｜～不着
[句子] 都上午十点了，你怎么还在～？｜今天太累了，他刚上地铁就～着了。

S

数量	△ □ ☆	数字	△ □ ☆	双	△ □ ☆	双方	△ □ ☆
水	△ □ ☆	水果	△ □ ☆	水平	△ □ ☆	睡	△ □ ☆

睡觉 1级

shuì//jiào
sleep

［短语］上床～｜睡一觉
［句子］有人在～，你说话声音小一点儿｜奶奶有点儿不舒服，睡了一下午觉。

顺利 2级

shùnlì
adj. smooth

［短语］发展～｜～通过
［句子］这次出门一切都很～，明天就可以回家了｜她很～地考上了理想的大学。

说 1级

shuō
v. speak; explain, refer to; criticize

［短语］～得多做得少｜把道理～清楚｜～了他一顿
［句子］你刚才～什么？｜这道题怎么做，他一下就～明白了｜孩子怕妈妈～他，就把弄破的杯子收起来了。

说话 1级

shuō//huà
speak, chat; criticize

［短语］爱～｜说句话
［句子］别～了，老师正上课呢｜你如果做错事，当然会有人出来～。

说明 2级

shuōmíng
v. explain; show
n. explanation

［短语］～情况｜事实～｜使用～
［句子］你～一下这件事的经过｜结果～我们的坚持是有意义的｜我给奶奶写了一个清楚的～，告诉她怎么用新手机。

司机 2级

sījī
n. driver

［短语］火车～｜当～
［句子］这辆车怎么停马路中间了？～呢？｜弟弟小时候最喜欢学着～的样子“开汽车”。

S

思想 3级

sīxiǎng
n. thought, idea

［短语］新～｜～变化
［句子］这种创作～影响了很多年轻的作家｜读完大学后回家乡工作，这是他真实的～。

死 3级

sǐ
v. die
adj. inflexible, impassable; deadly, extreme

“死”和“去世”

“死”多用在口语中，可用于人，也可用于动物等，如“死了父亲”“花干死了”“死了这条心吧”。“去世”多用在书面语中，只用于成年人离开人世。

［短语］树～了｜～不同意｜气～我了
［句子］天这么冷，小猫在外面会～的｜你们把时间定～，不能再改了｜这道题难～了，谁都不会。

睡觉	△ □ ☆	顺利	△ □ ☆	说	△ □ ☆	说话	△ □ ☆
说明	△ □ ☆	司机	△ □ ☆	思想	△ □ ☆	死	△ □ ☆

四 1级

sì

num. four; forth

和“四”有关的中国文化

1. 四大发明：造纸术、指南针、火药、印刷术。
2. 中医四诊：望、闻、问、切。
3. 戏曲四功：唱、念、做、打。
4. 文人四艺：琴、棋、书、画。

[短语] ～菜一汤 | ～岁零两个月

[句子] 还有～个月爸爸就要回来了 | ～月的一个下午，我在春风里见到了她。

送 1级

sòng

v. give, deliver; see sb. off

[短语] ～礼物 | ～客人

[句子] 这个杯子真漂亮，是谁～你的？| 快要下雨了，我开车～你回去吧。

送到 2级

sòngdào

send to

[短语] ～学校 | 快餐～了

[句子] 都这个时间了，我订的外卖怎么还没～？| 对方说没收到，你把文件～哪里去了？

送给 2级

sòng gěi

send

[短语] ～爱人 | ～老师

[句子] 你喜欢写字，这支笔～你吧 | 这束花～您，祝您健康快乐！

速度 3级

sùdù

n. speed

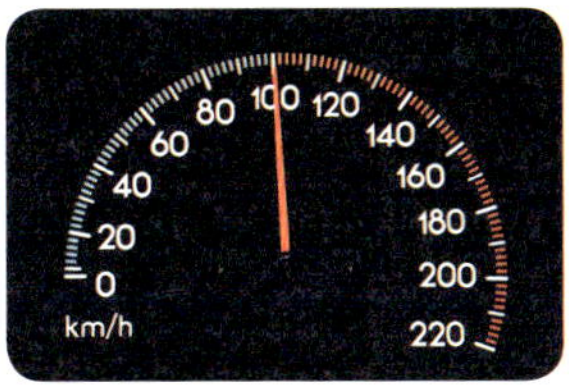

[短语] 汽车的～ | 提高～

[句子] 你说话～慢一点儿，我有些听不清 | 十年来，我的家乡经济发展～很快。

算 2级

suàn

v. calculate, figure, consider; include; be effective

[短语] ～错了 | ～我一个 | 说了不～

[句子] 100 以内的加减法弟弟～得又快又准 | 这次出去旅行，～上车票才 800 元 | 你自己答应的事情，到时候可要说话～话。

虽然 2级

suīrán

conj. although

[句子] ～他今天不太舒服，可还是去上班了 | 弟弟～才四岁，但是知识面很广。

随 3级

suí

v. follow; go along with; do at one's convenience, along with (some other action)

[短语] ～父母旅游 | ～风起舞 | ～你怎么说

[句子] 她～着老师来到实验室 | 别人说什么，你就～着说什么，你自己的想法呢？| 去不去～你，我不管。

四	△ □ ☆	送	△ □ ☆	送到	△ □ ☆	送给	△ □ ☆
速度	△ □ ☆	算	△ □ ☆	虽然	△ □ ☆	随	△ □ ☆

随便 2级

suíbiàn

adj. random, whatever; casual

[短语] ~谈谈 | 说话不能~

[句子] 今天时间太紧了，咱们就~吃一点儿，改天我请你吃大餐 | 这么重要的场合，你穿个短裤来也太~了。

随时 2级

suíshí

adv. at any time, whenever necessary

[短语] ~联系 | ~随地

[句子] 如果有听不懂的地方，大家可以~举手 | 发现问题要~解决，别把小问题变成大麻烦。

岁 1级

suì

m. a year (of age)

[短语] 几~ | 二十多~

[句子] 弟弟今年六~了，九月就上小学一年级了 | 王大爷已经八十多~了，每天早上都坚持去公园散步。

所 3级

suǒ

n. a place (used as the name of an institution or other organization)

m. used for houses, schools, buildings, etc.

[短语] 交易~ | 一~房子

[句子] 我们~新来的那个大学生外语特别好 | 离这儿不远就有一~医院。

所以 2级

suǒyǐ

conj. so

[句子] 因为天气不好，~演出取消了 | 王老师突然病了，~今天没来学校上课。

所有 2级

suǒyǒu

adj. all

[短语] ~问题 | ~的东西

[句子] 她下班后~的时间都用在孩子身上了 | ~观众都认为他们的表演太精彩了。

所长 3级

suǒzhǎng

n. the head of an institute, office, etc.

[短语] 王~ | 一位~

[句子] ~在总结会上感谢了全体员工 | 听说下一任研究所~是从上海调来的。

他 1级

tā

pron. he, him, his

[短语] ~和我 | 认识~ | ~爸爸

[句子] ~特别喜欢音乐 | 老师请~介绍一下自己 | 我和~姐姐是同事。

随便	△ □ ☆	随时	△ □ ☆	岁	△ □ ☆	所	△ □ ☆
所以	△ □ ☆	所有	△ □ ☆	所长	△ □ ☆	他	△ □ ☆

T

他们 1级

tāmen

pron. they, them, their

[短语] ~说 | 和~一起 | ~公司
[句子] ~每天下午都一起打球 | 我去问问~，看知不知道这件事 | 五年前我去过~学校。

它 2级

tā

pron. it, its

[短语] ~是谁 | ~妈妈
[句子] 我有一只小猫，~叫“阿福” | 这座老房子很漂亮，你知道~的故事吗？

它们 2级

tāmen

pron. they, them, their

[短语] ~两个 | 找到~ | ~家
[句子] ~有什么不同？| 我家有两只可爱的小猫，妹妹很喜欢~ | 人类要保护动物，做~的朋友。

她 1级

tā

pron. she, her

[短语] ~是医生 | 喜欢~ | ~弟弟
[句子] ~今天穿了一条黄裙子 | 妈妈工作了一天，让~好好休息吧 | ~父母都是普通工人。

她们 1级

tāmen

pron. they, them, their

[短语] ~是同学 | 碰到~ | ~学校
[句子] ~在同一家公司工作 | 每次看到~，我都想起自己的大学生活 | ~英文老师是个美国人。

台 3级

tái

n. stage; station

m. a whole set of items performed on a single occasion; used for certain machinery, apparatus, etc.

[短语] 写字~ | 电视~ | 一~晚会
[句子] 乐队在~上表演 | 他是哪个~的节目导演？| 哥哥买了一~很贵的电视机。

太 1级

tài

adv. so, too

“太”和“很”

“太”表示的程度比“很”高，而且有较强的感情色彩，常用于感叹句。“很”主要用于客观叙述，一般用于陈述句。

[短语] ~难了 | 不~明白
[句子] 我最近~忙了，过两周再和你联系 | 张老师对我这次的成绩不~满意。

太太 2级

tàitai

n. Mrs; wife

[短语] 王~ | 他的~
[句子] 李先生、李~，你们好！欢迎来到我们酒店 | 昨天我在饭馆碰到了老板和他~。

T

他们 △ □ ☆　它 △ □ ☆　它们 △ □ ☆　她 △ □ ☆
她们 △ □ ☆　台 △ □ ☆　太 △ □ ☆　太太 △ □ ☆

太阳 2级

tài · yáng
n. sun, sunshine

[短语] ~系 | 东方红，~升
[句子] ~离地球到底有多远？| 今天是阴天，没有~。

态度 2级

tài · dù
n. attitude; manner

[短语] 积极的~ | ~很差
[句子] 小李对顾客的服务~很热情 | 在离婚这件事上，她的~很坚决。

谈 3级

tán
v. talk

[短语] ~工作 | ~一~
[句子] 他们两个对共同创业的看法差不多，所以~得很开心 | 父母经常和我~人生，~理想，也~生活中的小事。

谈话 3级

tán//huà
talk

[短语] ~节目 | 谈过两次话
[句子] 和作家的那次~给他留下很深的印象 | 领导应该经常找员工谈谈话，了解一下他们在工作中碰到的困难。

谈判 3级

tánpàn
v. negotiate
n. negotiation

[短语] 和他们~ | 外交~
[句子] 为了解决问题，双方决定坐下来~ | 我们都没想到，~这么快就结束了。

汤 3级

tāng
n. soup

[短语] 牛肉~ | 一碗~
[句子] 生病的时候，我就想喝鸡~ | 吃完饺子，再喝一碗饺子~吧。

糖 3级

táng
n. sugar

[短语] 白~和红~ | 一块~
[句子] 小孩儿应该少吃一些~ | 您的咖啡需要加多少~？

讨论 2级

tǎolùn
v. discuss

[短语] ~内容 | 课堂~
[句子] 同学们分小组~了环境保护问题 | 经过认真地~，我们决定和那家公司合作。

太阳	△ □ ☆	态度	△ □ ☆	谈	△ □ ☆	谈话	△ □ ☆
谈判	△ □ ☆	汤	△ □ ☆	糖	△ □ ☆	讨论	△ □ ☆

套 2级

tào

m. used to indicate a group of similar things

［短语］一~衣服｜三~教材

［句子］我爱人买了一~新沙发｜现在已经是新时代了，别总用你那~老办法。

特别 2级

tèbié

adj. special

adv. extremely; specially, especially

［短语］~的味道｜~生气｜~指出

［句子］今天有 12 个人发言，他的观点最~｜我对这家酒店的服务~满意｜校长~强调了这次活动的安全问题。

特点 2级

tèdiǎn

n. distinguishing feature

［短语］作品的~｜具有明显的~

［句子］我的朋友们性格都不相同，各有各的~｜画画儿时注意抓住~，尽量画得生动一些。

特色 3级

tèsè

n. characteristic

［短语］艺术~｜~突出

［句子］这家酒店建在山上，房间设计很有~｜导演，请问您的新电影最大的~是什么？

疼 2级

téng

v. pain; love dearly

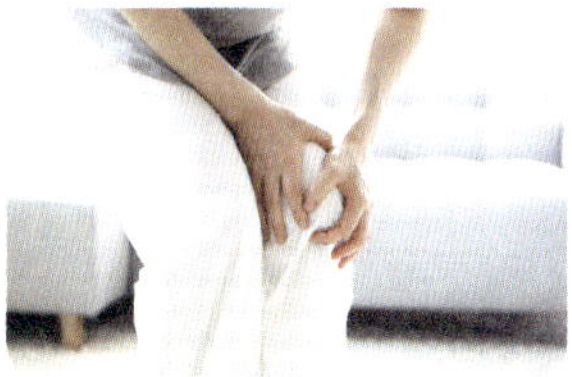

［短语］头~医头，脚~医脚｜老人~孩子

［句子］每到雨雪天气，奶奶的腿就~｜在全家的小孩儿中，爷爷最~我。

提 2级

tí

v. carry in one's hand; put forward; move forward

［短语］~着包｜~要求｜往前~一天

［句子］他站在雨中，手里还~着没有送出去的外卖｜别~了，今天的饭菜真难吃｜我们把您的发言~到了下午第一个，请您做好准备。

提出 2级

tíchū

put forward

［短语］~问题｜~想法

［句子］她在会议上~的建议很有道理｜市长~，要把解决老百姓看病难的问题作为重要的工作来抓。

提到 2级

tídào

mention

［短语］~环境问题｜在发言中~

［句子］你还记得王老师上课时~的计算方法吗？｜新闻中~了一位专门为女生办学校的校长。

T

套	△ □ ☆	特别	△ □ ☆	特点	△ □ ☆	特色	△ □ ☆
疼	△ □ ☆	提	△ □ ☆	提出	△ □ ☆	提到	△ □ ☆

提高 2级

tí//gāo

raise

［短语］~价格｜~难度

［句子］换了一份工作后，我的工资~了不少｜不努力，就不知道自己的水平能提多高。

提前 3级

tíqián

v. do sth. ahead of time

［短语］~退休｜~十分钟出发

［句子］今天是小李第一天上班，她~半个小时到了公司｜教学楼~建好了，我们十月就可以搬进新教室上课了。

提问 3级

tíwèn

v. ask a question

［短语］主动~｜~方式

［句子］在学习中，有时候~比回答更重要｜现在是~时间，有请第一排那位女记者。

题 2级

tí

n. question; subject

［短语］一道数学~｜文不对~

［句子］老师出了五道~，他一道也不会做｜对我来说，问答~比选择~难做。

题目 3级

tímù

n. subject; examination question

［短语］小说~｜考试~

［句子］这篇报道的~很特别｜这些都是你曾经做错的~，你再复习一下。

体会 3级

tǐhuì

v. learn from experience

n. understanding, feeling

［短语］深入~｜个人~

［句子］他小小年纪就离开了家，你能~他当时的心情吗？｜我想简单谈一谈自己在这方面的~。

T

体现 3级

tǐxiàn

v. embody

［短语］深刻~｜~出很强的学习能力

［句子］李小姐在商业上的实力~在她对公司的经营管理上｜这位音乐家每一个作品都~了他的人生态度。

体验 3级

tǐyàn

v. learn through personal experience

［短语］亲身~｜没~过

［句子］为了表演得更真实，那位演员专门去医院~生活｜除了增长知识，你还可以在旅行中~到交朋友的快乐。

提高 △□☆　提前 △□☆　提问 △□☆　题 △□☆

题目 △□☆　体会 △□☆　体现 △□☆　体验 △□☆

体育 2级

tǐyù

n. physical education (PE), sports

[短语] ~爱好者 | ~运动

[句子] 我小时候最喜欢上~课 | 我们学校的~设备又新又全。

体育场 2级

tǐyùchǎng

n. sports ground, stadium

[短语] 建设~ | 在~比赛

[句子] 请问到~北门怎么走? | 这个~虽然不大，但基本能满足孩子们的运动需求。

体育馆 2级

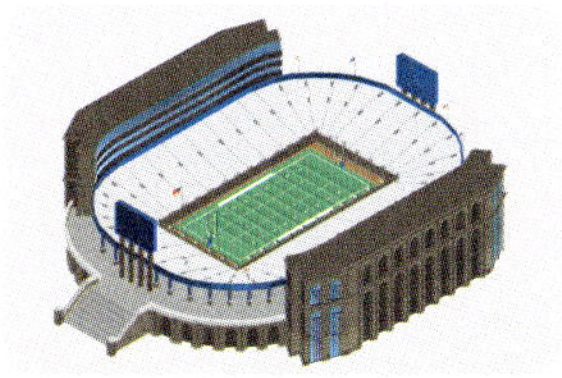

tǐyùguǎn

n. gymnasium

[短语] 国家~ | 一座~

[句子] 今天有一场明星篮球赛，~里坐满了人 | 321 路公交车是开往~的。

天 1级

tiān

n. sky; weather

m. day

[短语] 蓝~白云 | ~晴了 | 第二~

[句子] 看到满~的星星，小朋友们开心极了 | 明天是晴~还是阴~? | 还有十~就是新年了。

天空 3级

tiānkōng

n. sky

[短语] 高远的~ | 升上~

[句子] 太阳就要下山了，整个~都变成了红色 | 他把相机对着~中的那架飞机，想拍一张特别的照片。

天气 1级

tiānqì

n. weather

[短语] ~不错 | ~情况

[句子] 爸，~预报说明天下雪，您要注意加衣服 | 在这样的坏~出门，我的心情很差。

天上 2级

tiānshàng

n. sky

[短语] ~的鸟儿 | 在~飞

[句子] 圆圆的月亮挂在~ | 我们要靠自己努力，好日子不会从~掉下来。

甜 3级

tián

adj. sweet; pleasant

[短语] 又香又~ | ~~的日子

[句子] 我喜欢这种水果，因为它没那么~ | 爱情有时很~，有时也让人难过。

体育	△ □ ☆	体育场	△ □ ☆	体育馆	△ □ ☆	天	△ □ ☆
天空	△ □ ☆	天气	△ □ ☆	天上	△ □ ☆	甜	△ □ ☆

条 2 级

tiáo

m. for sth. long, narrow or thin, for bar-shaped objects; for sth. that can be listed item by item

语言积累

一条线　两条腿　三条鱼
四条狗　五条路　六条河
七条新闻　八条规定

[短语] 一～裤子 | 两～建议

[句子] 他划着一～小船在湖里玩儿 | 这几～经验是我在具体工作中总结出来的。

条件 2 级

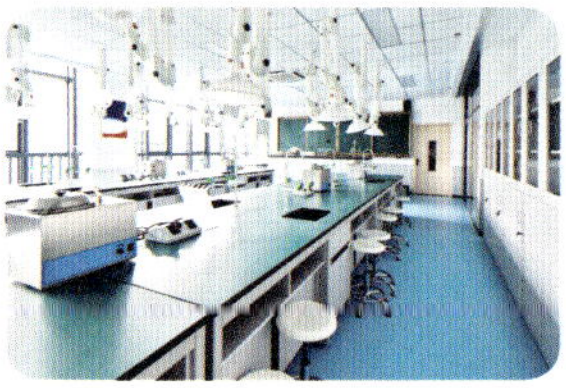

tiáojiàn

n. condition

[短语] 工作～ | 有利～

[句子] 我们学校实验室的～很好 | 我们认为对方提出的～很不合理。

调 3 级

tiáo

v. mix, mediate

[短语] ～大音量 | 给咖啡～味儿

[句子] 演员上台的时候，请把灯光～亮一些 | ～一下颜色，这张照片的感觉就完全不一样了。

调整 3 级

tiáozhěng

v. adjust

[短语] ～路线 | ～方法

[句子] 教练告诉我，～好座位再开车 | 领导最近～了大家的工作安排。

跳 3 级

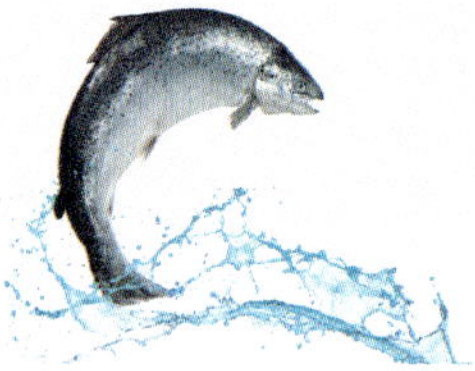

tiào

v. jump

[短语] ～一～ | ～不过去

[句子] 突然，一条鱼从水里～了出来 | 到了动物园，小弟弟高兴得直～。

跳高 3 级

tiàogāo

v. high jump

[短语] ～金牌 | 喜欢～

[句子] 为了参加比赛，弟弟每周都去市体育馆练习～ | 这次运动会有～、跳远、短跑等项目。

跳舞 3 级

tiào//wǔ

dance

[短语] ～比赛 | 没跳过舞

[句子] 她学～学了快 20 年了 | 晚会上，我们唱了歌，跳了舞，大家都特别高兴。

跳远 3 级

tiàoyuǎn

v. long jump

[短语] ～选手 | 学习～

[句子] 她是全国～成绩最好的运动员 | 如果想提高～水平，一定要多训练。

条 △ □ ☆　条件 △ □ ☆　调 △ □ ☆　调整 △ □ ☆
跳 △ □ ☆　跳高 △ □ ☆　跳舞 △ □ ☆　跳远 △ □ ☆

铁 3级

tiě

n. iron

[短语] 一座～桥｜打～工人

[句子] 这块小小的～片在整台机器中起着非常重要的作用｜在青少年时代，我特别喜欢～做的玩具。

铁路 3级

tiělù

n. railway, railroad

[短语] 修～｜一条～

[句子] 现在高速～的速度能达到每小时 350 公里｜他们为建设这条～付出了很多努力。

听 1级

tīng

v. listen to; take sb.'s advice

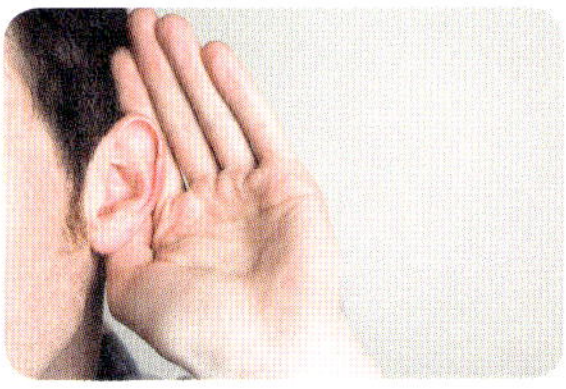

[短语] ～报告｜～妈妈的话

[句子] 我上大学的时候～过一次李老师的课，直到现在都忘不了｜这件事你～我的，相信我。

听到 1级

tīngdào

hear

[短语] ～哭声｜没～

[句子] ～孩子叫"爸爸"，他心里感到阳光一般的温暖｜有些人一～别人的批评就要跳起来。

听见 1级

tīng//jiàn

hear

[短语] ～歌声｜听不见

[句子] 有的人～风就是雨，自己也不想一想真实情况是不是这样｜房间很安静，我听得见外面的鸟叫声。

听讲 2级

tīng//jiǎng

listen to a talk, attend a lecture

[短语] 认真～｜听专家讲

[句子] 他是这所大学的保安，只要有空儿，他就来～｜上课时我没好好听老师讲，这道题又做错了。

听力 3级

tīnglì

n. hearing

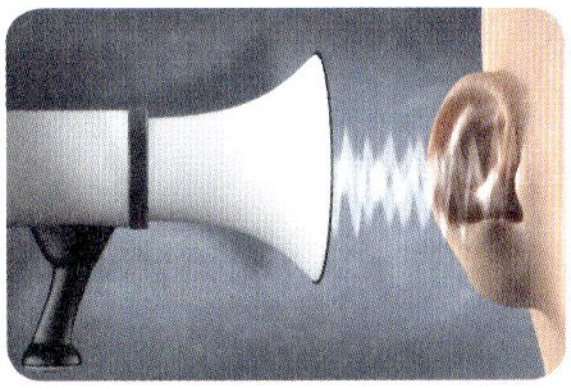

[短语] 影响～｜～练习

[句子] 他小时候生了一场病，失去了～｜我的学习经验是，通过多看中文电影来提高～水平。

听说 2级

tīngshuō

v. listen and speak; hear of

[短语] 中文～考试｜～一个消息

[句子] 我对自己的～能力有信心，可是用中文写作的水平就很一般了｜我从朋友那儿～，小王离开了那家大公司，自己创业去了。

铁	△ □ ☆	铁路	△ □ ☆	听	△ □ ☆	听到	△ □ ☆
听见	△ □ ☆	听讲	△ □ ☆	听力	△ □ ☆	听说	△ □ ☆

听写 1级

tīngxiě

v. dictate

[短语] ~词语 | 课前~

[句子] 学校要求家长每天帮助孩子做~练习 | 每次考试，~都是最让我紧张的题目。

听众 3级

tīngzhòng

n. audience

[短语] 热情的~ | ~朋友们

[句子] 他讲话时，网上的~超过两万人 | 这个广播节目从一开始就得到了广大~的支持。

停 2级

tíng

v. park, halt; stop

[短语] ~下来 | 音乐~了

[句子] 我把车~好，才给爱人打电话 | 说到这里，老王~住了，我知道他很难过。

停车 2级

tíng//chē

park, stop a car

[短语] 不让~ | 停不了车

[句子] 你们最好坐地铁来，这里不好~ | 麻烦停一下车，我有点儿不舒服。

停车场 2级

tíngchēchǎng

n. car park, parking lot

[短语] 收费~ | 自动~

[句子] 我哥哥经营着一个很大的~ | 公司的~很快就被停满了。

停止 3级

tíngzhǐ

v. stop

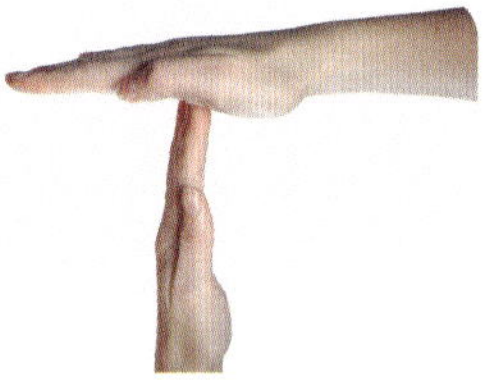

[短语] ~运动 | 突然~

[句子] 你想要的这种鞋早就~生产了 | 直到他生命的最后时刻，他也没有~过创作。

挺 2级

tǐng

adv. very

"挺"和"很"

1. "很"前面可加"不"，"挺"不能。
   ◇不很高　＊不挺高
2. "挺＋形容词"后可加"的"，"很"不能。
   ◇挺干净的　＊很干净的

[短语] ~甜的 | ~顺利

[句子] 现在想找到一份好工作~不容易的 | 下班的时候已经~晚了，除了回家，我哪儿也不想去。

挺好 2级

tǐng hǎo

very good

[短语] ~的人 | 写得~

[句子] 不论别人怎么说，我觉得现在的生活~的 | 我听说那部电影拍得~，值得看一看。

听写	△□☆	听众	△□☆	停	△□☆	停车	△□☆
停车场	△□☆	停止	△□☆	挺	△□☆	挺好	△□☆

通 2级

tōng
v. lead to; understand, know
adj. coherent

[短语] ～向北方｜想～了｜说得～
[句子] 我的家乡终于～火车了｜他～好几门外语｜这篇文章连句子都不～，需要大改。

通常 3级

tōngcháng
adj. usual

“通常”和“常常”
1. 在表示规律性很强的动作行为或情况时，多用“通常”。
◇他通常两年回一次老家。（*常常）
2. “常常”可用于过去和未来，“通常”只用于过去。
◇以后你要常常来看我。（*通常）

[短语] ～的情况｜～认为
[句子] 这是～的做法，如果有特别的情况，我们再商量｜在部门会议上，他～是不发言的，但今天说了很多。

通过 2级

tōngguò
prep. through
v. pass(through); pass

[短语] ～安全检查｜顺利～｜考试没～
[句子] ～反复实验，科学家找到了解决这个难题的办法｜前面的公路断了，汽车没办法～｜他提出的建议在会上～了。

通信 3级

tōng//xìn
correspond; communicate

[短语] 和他通过信｜～设备
[句子] 那个年代没有手机，我和男朋友只能靠～保持联系｜在各种～技术的支持下，教学方式发生了很大的变化。

通知 2级

tōngzhī
v. notify
n. notification

[短语] ～所有人｜会议～
[句子] 请～全班同学，中文课提前到明天上午九点｜王医生一接到～就马上出发，很快赶到了医院。

同时 2级

tóngshí
conj. furthermore
n. same time

[短语] ～到达｜～考上大学
[句子] 我们照顾老人们的日常生活，～也很关注他们的心理健康｜在不停接电话的～，她还要发很多邮件。

同事 2级

tóngshì
n. colleague

[短语] 单位～｜～关系
[句子] 我们公司有三位来自国外的～｜感谢各位领导和～对我的关心和帮助！

同学 1级

tóngxué
n. classmate

[短语] ～们｜王～
[句子] 他是我的老～，我们认识十几年了｜～，请问校长办公室怎么走？

T

通	△ □ ☆	通常	△ □ ☆	通过	△ □ ☆	通信	△ □ ☆
通知	△ □ ☆	同时	△ □ ☆	同事	△ □ ☆	同学	△ □ ☆

同样 2级

tóngyàng
adj. same
conj. same

[短语] ～的条件 | ～大小
[句子] 在人生中，过程和结果～重要 | 年轻人需要自由，～，老年人也需要自由。

同意 3级

tóngyì
v. agree

[短语] ～我的计划 | ～不～
[句子] 我们坚决不～在这个公园旁边建高楼 | ～或者不～，你必须有个态度。

痛 3级

tòng
adj. painful

[短语] 感到心～ | 让人头～的问题
[句子] 他跑着跑着，突然腰～了起来 | 小病小～不用去医院，自己吃点儿药就行。

痛苦 3级

tòngkǔ
adj. painful

[短语] ～的经历 | 感到～
[句子] 失去亲人的这几个月，他过得非常～ | 看到那封信，她～地把头低了下去，一句话也不说。

头 2级

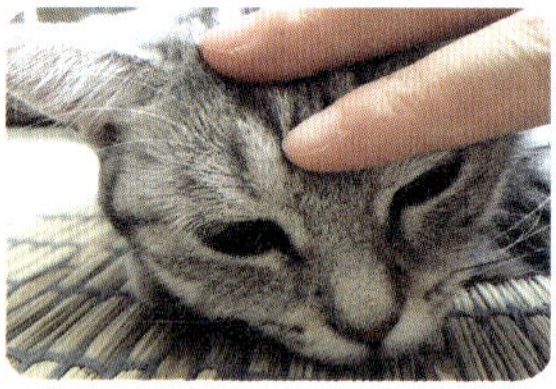

tóu
n. head
m. used for certain domestic animals

[短语] 小猫的～ | 一～大象
[句子] 他回过～朝我笑了一下 | 我是在农村长大的，我家养了好几～牛。

头 3级

tóu
adj. previous year or day; first

1. "头"用在"年"或"天"前，表示时间在先的。
◇头年　头天
2. "头＋数词/数量词"表示次序在前。
◇头三排　头两个

[短语] ～年春节 | ～一名
[句子] ～两天还能坚持，再往后他就开始找理由不练了 | 我最喜欢～一个上台表演的乐队。

T

头发 2级

tóufa
n. hair

[短语] ～的颜色 | 长～
[句子] 孩子慢慢长大，父母的～却变白了 | 大夫，我最近总是掉～，这是为什么啊？

头脑 3级

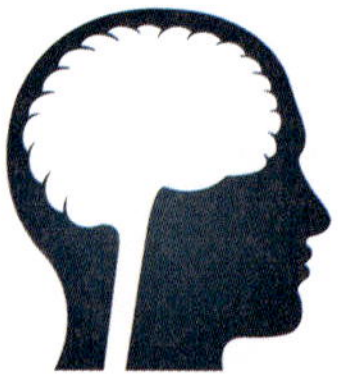

tóunǎo
n. head

[短语] ～清楚 | 商业～
[句子] ～简单的人往往很容易相信别人说的话 | 读书可以丰富我们的～，使生活更有趣。

同样 △ □ ☆　同意 △ □ ☆　痛 △ □ ☆　痛苦 △ □ ☆
头 △ □ ☆　头 △ □ ☆　头发 △ □ ☆　头脑 △ □ ☆

头 2级

tou

suff. a noun suffix; a suffix of a noun of locality

语言积累

舌头　骨头　枕头
听头儿　吃头儿
甜头儿　苦头儿

[词语] 石～ | 看～ | 上～

[句子] 有一个木～人，一说假话鼻子就会变长 | 你怎么喜欢喝这种果汁？有什么喝～啊 | 别停下，更美的景色还在前～呢！

突出 3级

tūchū

adj. outstanding

v. stick out, stress

[短语] 特点很～ | ～自身优势

[句子] 虽然她很年轻，但她在文学方面的成就非常～ | 如果什么都想写，你就很难～重点。

突然 3级

tūrán

adj. sudden

"突然"和"忽然"

作副词时二者意义、用法相近，但"突然"还可作形容词，"忽然"不能。如"这件事很突然"，这里不可换为"忽然"。

[短语] ～发生 | ～得很

[句子] 他～想明白了那道题该怎么做 | 这太～了，请给我们一点儿时间准备准备。

图 3级

tú

n. picture

[短语] 两张～ | 设计～

[句子] 这本书～文都很美，值得好好读一读 | 现在这个时代，大家更习惯通过看～得到信息。

图画 3级

túhuà

n. drawing

[短语] ～书 | 美丽的～

[句子] 拿到一本书，有些人先看文字，有些人先看～ | 让我们拿起画笔，画一张最新最美的～吧！

图片 2级

túpiàn

n. picture

[短语] 保存～ | 新闻～

[句子] 你是怎么从几万张～中准确找到这一张的？ | 这些文字、声音、～记录了这个历史事件的全过程。

图书馆 1级

túshūguǎn

n. library

[短语] 一座～ | 国家～

[句子] 这些年来，城市中的公共～条件越来越好了 | 大学～是最受老师和学生们欢迎的地方。

土 2级

tǔ

n. earth, land

[短语] ～墙 | 一把黄～

[句子] 上飞机前，他装了一瓶家乡的～ | 你去哪儿玩儿了？衣服上到处都是～。

T

头	△ □ ☆	突出	△ □ ☆	突然	△ □ ☆	图	△ □ ☆
图画	△ □ ☆	图片	△ □ ☆	图书馆	△ □ ☆	土	△ □ ☆

团 3级

tuán

n. ball-shaped thing; group

m. used for things that are ball-shaped

[短语] 云～ | 代表～ | 一～线

[句子] 桌子上有一个纸～ | 那个有名的话剧～下周来我们学校演出 | 老李对人很热情，他就像一～火，走到哪儿就把温暖带到哪儿。

团结 3级

tuánjié

v. unite

[短语] ～同学 | ～起来

[句子] 我们要～各方面的力量，光靠自己可不行 | 村里的老百姓都～在他周围，工作开展得很顺利。

团体 3级

tuántǐ

n. group, organization

[短语] 艺术～ | ～比赛

[句子] 志愿者～中的每个人都很热情，随时准备帮助别人 | 个人和～都可以报名参加这次活动。

推 2级

tuī

v. push; push forward; postpone; decline

[短语] ～自行车 | ～出去 | 向后～两天 | ～病不来

[句子] 做游戏的时候，他不小心把同学～倒了 | 要把这个做法～到全校，让大家都学会 | 这件事不急，再往后～一～吧 | 爸爸～掉了其他安排，来给我过生日。

推动 3级

tuī//dòng

drive

[短语] ～经济发展 | ～社会进步

[句子] 双方反复谈判，积极～问题的解决 | 老板，请你再想想别的办法吧，这个工作我实在推不动了。

推广 3级

tuīguǎng

v. popularize, promote

[短语] ～新方法 | ～普通话

[句子] 这家医院的经验被～到了全市 | 下个月我们的工作重点就是～这套新设备。

推进 3级

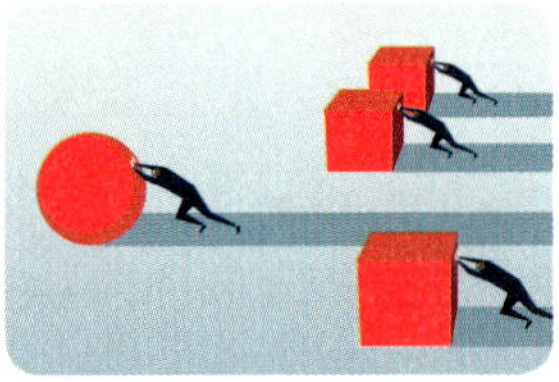

tuījìn

v. promote, give impetus to

[短语] ～工作 | 向前～

[句子] 要加快～农村中小学的校园建设，给孩子们创造更好的学习环境 | 两个国家正在努力～问题的和平解决。

推开 3级

tuīkāi

push away; spread

[短语] ～房门 | 快速～

[句子] 老人～我们给他的钱，说：“谢谢，我可以靠自己生活。” | 公司的新制度要一步一步～，效果才会更好。

团 △ □ ☆　团结 △ □ ☆　团体 △ □ ☆　推 △ □ ☆

推动 △ □ ☆　推广 △ □ ☆　推进 △ □ ☆　推开 △ □ ☆

腿 2级

tuǐ
n. leg; leg-like support

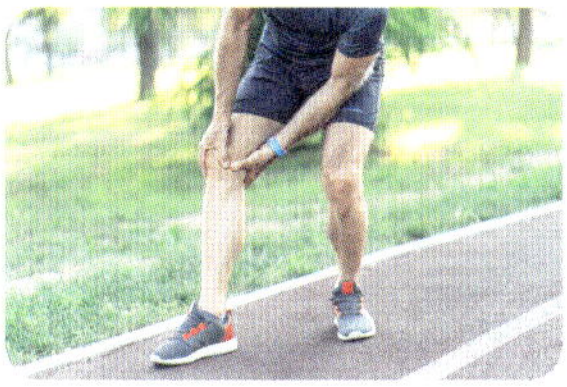

[短语] 两条～ | 桌子～
[句子] 老王年纪大了，右～不太方便 | 这个沙发～坏了，您可以帮忙修一下吗？

退 3级

tuì
v. move backwards; withdraw from; return

[短语] 往后～ | ～下来 | ～回商店
[句子] 不能再～了，我要掉下去了 | 我今年59岁了，再有一年就～了 | 小李，请把这些不合格的商品都～给工厂。

退出 3级

tuìchū
v. leave, withdraw from

[短语] ～舞台 | 全部～
[句子] 我们都没注意，他已经～了会议室 | 由于使用人数越来越少，这个牌子的手机只好～了市场。

退休 3级

tuì//xiū
retire

[短语] 提前～ | ～教师
[句子] 李阿姨从单位～后，报名参加了老年大学的学习班 | 父亲退了休以后工资没有原来高，不过他觉得够用了。

外 1级

wài
n. exterior

[短语] 门～ | 城里城～
[句子] 我的房间～就是大海 | 每位同学都可以自由选择喜欢的课～活动。

外边 1级

wàibian
n. exterior, outside

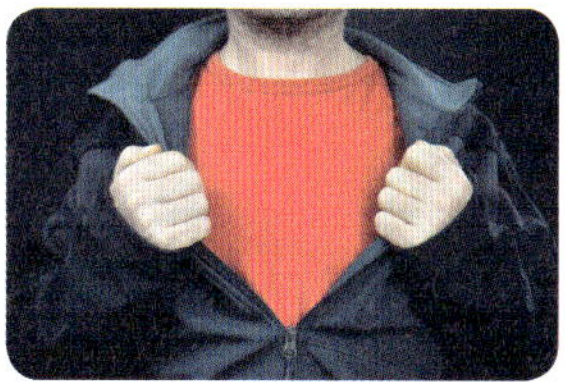

[短语] 书包～ | ～冷里边热
[句子] 他今天～穿了件黑的，里边穿了件红的 | 天气很好，大家放下手机，去～走一走吧。

外地 2级

wàidì
n. non-local places, other places

[短语] ～的朋友 | 去～打工
[句子] 去～旅游的时候，我习惯买一份当地的地图 | 到～上大学以后，我就和他断了联系。

外国 1级

wàiguó
n. foreign country

[词语] ～留学生 | ～语言文学
[句子] 王先生在～生活了很多年 | 开学以后，我新认识了几个～朋友。

腿	△ □ ☆	退	△ □ ☆	退出	△ □ ☆	退休	△ □ ☆
外	△ □ ☆	外边	△ □ ☆	外地	△ □ ☆	外国	△ □ ☆

W

外交 3级

wàijiāo

n. diplomacy

［短语］～活动｜～部

［句子］旅游是重要的民间～｜两国的～谈判到了最困难的时候，双方都不愿意退一步。

外卖 2级

wàimài

n. takeaway, carryout

v. provide a takeout service

［短语］点～｜～服务

［句子］大部分父母都不希望孩子总吃～，觉得不够健康｜这家饭馆地方很小，主要靠～。

外面 3级

wài · miàn

n. exterior, outside

［短语］火车～｜去～玩儿

［句子］从～看，这就是一座很普通的房子｜大山里的孩子都想走出去，看一看～的世界。

外文 3级

wàiwén

n. foreign language

［短语］～小说｜～系

［句子］那本杂志里的～我只能看懂一点儿｜电视台用九种～播放了这条新闻。

外语 1级

wàiyǔ

n. foreign language

［短语］学习～｜～专业

［句子］这位演员会说四种～，所以她得到了更多的表演机会｜大学生们积极报名，加入～志愿者服务队。

完 2级

wán

v. finish, end, use up

［短语］说～｜卖～了

［句子］我把咖啡喝～了｜参观～工厂以后，我们又和几位工人讨论了一下技术问题。

完成 2级

wán//chéng

accomplish

［短语］全部～｜完不成

［句子］大家在规定时间内～了所有任务｜各位观众，我身后就是刚刚建设～的高速公路，很快就可以通车了！

完美 3级

wánměi

adj. perfect

［短语］～地解决｜～的自己

［句子］那位跳高运动员在比赛中的表现非常～｜感谢大家和我一起过了一个～的假期。

外交 △ □ ☆　外卖 △ □ ☆　外面 △ □ ☆　外文 △ □ ☆

外语 △ □ ☆　完 △ □ ☆　完成 △ □ ☆　完美 △ □ ☆

完全 2级

wánquán
adj. complete
adv. completely

“完全”和“全”

“全”可以表示一定数量人或物的全部，“完全”不能这样用。如“一斤饺子全让他吃完了”，这里不能换成“完全”。

[短语] 话没说～ | ～不明白
[句子] 请尽量在大会上把我们的意见表达～ | 我～理解你现在的心情，你看我能帮你做点儿什么？

完善 3级

wánshàn
adj. perfect
v. make sth. perfect

[短语] ～的制度 | 进一步～
[句子] 我们的目标是建立一套～的顾客服务规范 | 这个会议记录写得很好，你把这两个地方再～～。

完整 3级

wánzhěng
adj. complete

[短语] ～地说明 | 表达得很～
[句子] 如果没有孩子，人生就不～。你同意这个观点吗？| 只有五岁的他把故事讲得既～又清楚。

玩具 3级

wánjù
n. toy

[短语] ～店 | 制造～
[句子] 小时候，父母工作忙，这些～就是我的朋友 | 越来越多的人开始关注～的安全问题。

玩儿 1级

wánr
v. play, have fun, enjoy

[短语] ～足球 | ～得开心
[句子] 怎么能让孩子少～游戏，家长们有什么好办法吗？| 我出去～了一个多月，交了不少新朋友。

晚 1级

wǎn
adj. late

[短语] 一天到～ | ～几分钟到
[句子] 昨天我工作到很～，结果今天早晨起～了 | 只要行动起来，什么时候开始都不～。

晚安 2级

wǎn'ān
v. good night

[短语] 说声～ | 祝你～
[句子] 听众朋友们，今天的节目就到这里，大家～ | 每天晚上睡觉前，妈妈都会对我说一句：“～，我的宝贝。”

晚报 2级

wǎnbào
n. evening paper

[短语] 订～ | 一份～
[句子] 他每天都帮楼上的张爷爷取～ | 这份～办得很好，内容丰富、信息及时。

W

完全	△ □ ☆	完善	△ □ ☆	完整	△ □ ☆	玩具	△ □ ☆
玩儿	△ □ ☆	晚	△ □ ☆	晚安	△ □ ☆	晚报	△ □ ☆

晚餐 2级

wǎncān

n. dinner

［短语］节日～｜～时间

［句子］我和朋友在那家新开的饭店吃了一顿～｜爱人做的爱心～，吃起来特别幸福。

晚饭 1级

wǎnfàn

n. dinner

［短语］准备～｜～很简单

［句子］每天的～时间是我们一家人最幸福的时刻｜早饭要吃饱，午饭要吃好，～要吃少。

晚会 2级

wǎnhuì

n. evening party

［短语］新年～｜举办～

［句子］你还记得去年夏天咱们学校的～吗？｜～结束以后，大家都到台上和演员们一起照相。

晚上 1级

wǎnshang

n. evening

［短语］明天～｜有一天～

［句子］请你尽量～来，白天我们很忙，不一定有时间｜那天～，他们两个谈到半夜，好像重新认识了对方。

碗 2级

wǎn

n. bowl

［短语］一只～｜铁饭～

［句子］他把～筷洗干净，还认真整理了房间｜推开门，我看到桌上有饭菜，～里有热汤，心里立刻温暖起来。

万 2级

wàn

num. ten thousand, myriad

语言积累

千军万马　千山万水
千言万语　千变万化
读万卷书，行万里路
万事齐备，只欠东风

［短语］五～元｜～里长城

［句子］学校图书馆里有两～多本书｜祝您在新的一年里～事顺利！

W

网 2级

wǎng

n. internet; net

［短语］～上大学｜鱼死～破

［句子］大楼的～断了，我们都没办法继续工作了｜现代化城市离不开数字化的交通～。

网球 2级

wǎngqiú

n. tennis

［短语］～运动员｜一只新～

［句子］电视台正在直播～比赛呢｜经常打打～，能让身体更有力量。

晚餐	△□☆	晚饭	△□☆	晚会	△□☆	晚上	△□☆
碗	△□☆	万	△□☆	网	△□☆	网球	△□☆

网上 1级

wǎng shang
on line

［短语］～超市｜～的信息
［句子］随着社会的发展，越来越多的事情都能在～办理了｜如果发现有人在～传播假消息，请马上通知我们。

网友 1级

wǎngyǒu
n. web friend

［短语］和～见面｜广大～
［句子］我有很多～，他们不知道我的真名字，但他们很了解我｜下个月的武术比赛受到世界各地～们的关注。

网站 2级

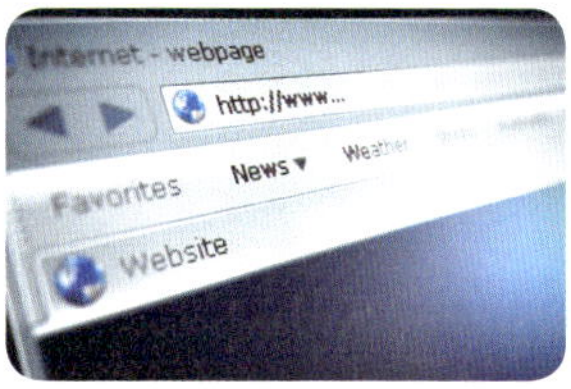

wǎngzhàn
n. website

［短语］设计～｜几家～
［句子］每天都有几十万人访问这个～｜你可以在这家公司的～上查到相关信息。

往 2级

wǎng
v. go
prep. in the direction of

［短语］南来北～｜开～上海的火车
［句子］小王，你再～左一点儿｜我～后看了一眼，发现他正在～书包里装东西。

往往 3级

wǎngwǎng
adv. often

"往往"和"常常"

"往往"用于过去，"常常"可用于过去和未来。比如："以后，你要常常跑步。"这里的"常常"就不能换为"往往"。

［短语］～工作到夜里｜～不吃早饭
［句子］春天～刮大风｜年轻人常常有大目标，但～忘记要先做好小事。

忘 1级

wàng
v. forget

［短语］～不了｜～带手机
［句子］走得再远，都别把老朋友～了｜啊！我又～了及时交作业。

忘记 1级

wàngjì
v. forget

［短语］～时间｜～关灯
［句子］老人年纪大了，连自己儿子的名字都～了｜他一忙起来常常～去吃饭。

危害 3级

wēihài
v. endanger
n. harm

［短语］～社会｜减少～
［句子］这些～儿童健康的玩具要全部处理掉｜在黑暗中使用手机，会给眼睛带来很大～。

网上	△ □ ☆	网友	△ □ ☆	网站	△ □ ☆	往	△ □ ☆
往往	△ □ ☆	忘	△ □ ☆	忘记	△ □ ☆	危害	△ □ ☆

危险 3级

wēixiǎn

adj. dangerous

n. danger

[短语] 非常～ | 忘记～

[句子] 那里挂着一块牌子，让人们不要接近～的地区 | 当～出现时，希望这些知识能够真正帮助到大家。

为 3级

wéi

v. act as; be, become

语言积累

大有可为　所作所为

一分为二　化敌为友

吃得苦中苦，方为人上人

国以民为本，民以食为天

[短语] 四海～家 | 考试时间～一小时

[句子] 员工们都同意选老李～会议代表 | 我相信通过大家的努力，一定会变理想～现实。

1700

为 3级

wéi

prep. by (often used together with 所)

这里的“为”表示被动，多用于书面语，常和“所”连用。如“你这样做事，会为人所笑”。

[短语] 不～所动 | ～我所用

[句子] 父亲是个不～周围环境所影响的人 | 这位作家一直～广大网友所喜欢。

围 3级

wéi

v. enclose

[短语] ～在一起 | ～着老师提问

[句子] 我们都知道，地球是～着太阳转的 | 比赛一结束，运动员们就被热情的观众～住了。

伟大 3级

wěidà

adj. great

[短语] ～的民族 | 非常～

[句子] 那位画家在年轻的时候就创作出很多～的作品 | ～的科学家精神影响了一代又一代人。

卫生 3级

wèishēng

adj. hygienic

n. hygiene

[短语] 比较～ | 讲～

[句子] 吃饭前不洗手太不～了 | 过去这里的～条件比较差，现在已经有了很大改进。

W

卫生间 3级

wèishēngjiān

n. bathroom

[短语] 女～ | 去～

[句子] 租房的几个年轻人共同使用一个～ | 各位游客，我们在这里停车十分钟，大家可以去一下～。

为 2级

wèi

prep. for, for the purpose of; because

语言积累

一心为公　舍己为人

为民造福　为国育才

我为人人，人人为我

人为财死，鸟为食亡

[短语] ～运动员加油 | ～人民服务

[句子] 张医生～网友们介绍了预防感冒的知识 | 今年夏天弟弟考上了大学，我们都～他高兴。

危险	△ □ ☆	为	△ □ ☆	为	△ □ ☆	围	△ □ ☆
伟大	△ □ ☆	卫生	△ □ ☆	卫生间	△ □ ☆	为	△ □ ☆

为了 3级

wèile

prep. for the sake of

“为了”和“为”

“为”在主语后时，前面可有“必须、可以、一定要”等，“为了”一般不这样用。

［短语］～满足需求｜～下一代

［句子］～确保飞行安全，每次起飞前工程师都要进行全面检查｜他是个普通人，但～环保事业做了很多不普通的工作。

为什么 2级

wèi shénme

why

［短语］～这样说｜～不同意

［句子］请问，你～选择离开大城市、回到家乡工作？｜说真的，我到现在也不明白她到底～生气。

位 2级

wèi

m. polite expression for person

［短语］一～朋友｜两～工程师

［句子］今天我们请到三～专家，跟大家谈谈最近的经济问题｜各～同学，祝你们顺利通过明天的考试！

味道 2级

wèi · dào

n. taste; style, certain feeling

［短语］～不错｜难闻的～

［句子］这道菜很好地保留了食物本来的～｜她唱歌唱得很有～，人们都安静下来，认真地听她唱。

喂 2级

wèi

int. hello

［句子］～，麻烦您帮我找一下李叔叔｜～，你的钱包掉了！

温度 2级

wēndù

n. temperature

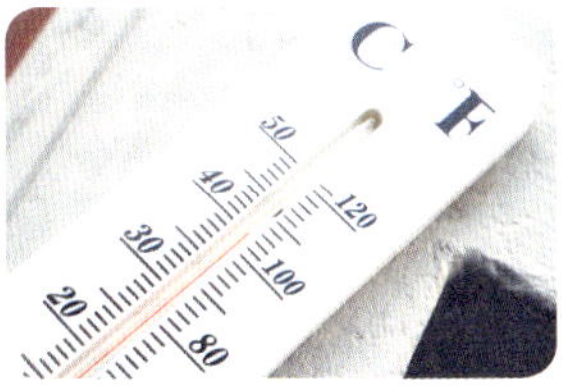

［短语］～很低｜水的～

［句子］这几天～上升，外面的树和草都变绿了｜下雪了，今天的最高～只有三度。

温暖 3级

wēnnuǎn

adj. warm

v. warm

［短语］～的房间｜～人心

［句子］搬到～的南方以后，奶奶的腿不再疼了｜在这个远离家乡的城市，我们两个一直相互帮助，相互～。

文化 3级

wénhuà

n. culture, civilization; education

［短语］传统～｜～水平

［句子］包饺子是中国节日～中重要的一部分｜李校长克服困难办学校，就是为了让农村的孩子也能学习～。

W

为了 △□☆　为什么 △□☆　位 △□☆　味道 △□☆

喂 △□☆　温度 △□☆　温暖 △□☆　文化 △□☆

文件 3级

wénjiàn

n. document, file

[短语] 正式~ | 保存~

[句子] 刚才会议上发的~，请各位一定认真学习 | 我的电脑突然坏了，里面很多重要的~都找不到了，急死我了！

文明 3级

wénmíng

n. civilization

adj. civilized

[短语] 古代~ | ~城市

[句子] 人类~是世界各国人民共同创造的 | 我们要注意自己的行为，人人都做~游客。

文学 3级

wénxué

n. literature

[短语] ~网站 | 爱好~

[句子] 他一直想成为~家，几十年来不断进行~创作 | 直到今天，这些~作品仍然有强大的生命力。

文章 3级

wénzhāng

n. article, literary works

[短语] 一篇~ | 修改~

[句子] 这个记者的~我看过一些，很有特点 | 她连续好几年为那本杂志写~，已经非常有经验了。

文字 3级

wénzì

n. script, written language; writing

[短语] ~教学 | ~水平

[句子] 她喜欢研究世界各国的~，觉得很有意思 | 这位有名的作家给孩子们写了许多故事，内容有趣，~简单，孩子们都很喜欢。

闻 2级

wén

v. smell; hear

[短语] ~花香 | 百~不如一见

[句子] 小狗~到肉汤的味道，马上跑了过来 | 李老先生，久~大名，今天终于见面了！

问 1级

wèn

v. ask; enquire after

[短语] ~老师 | ~声好

[句子] 医生~了老人一些健康方面的问题 | 妈，小王最近来电话还~起您，他很关心您。

问路 2级

wènlù

v. ask for directions

[短语] 下车去~ | 向别人~

[句子] 这是我第一次用外语~，我觉得有点儿紧张 | 现在很多年轻人都用手机上的地图，~的人越来越少了。

文件 △ □ ☆　文明 △ □ ☆　文学 △ □ ☆　文章 △ □ ☆

文字 △ □ ☆　闻 △ □ ☆　问 △ □ ☆　问路 △ □ ☆

问题 2级

wèntí

n. question; problem; point; trouble

[短语] 回答～｜就业～｜谈四个～｜出了点儿～

[句子] 欢迎大家提～｜别担心，我们一起努力，没有解决不了的～｜这篇文章分三个～来说明｜设备突然出～了，你找人修一下吧。

我 1级

wǒ

pron. I, me, my; we, us, our

[短语] 跟～学中文｜～校师生

[句子] 虽然早就离开家乡了，但～始终关注那里的发展｜～国最大的自然保护区最近向游客开放了。

我们 1级

wǒmen

pron. we, us, our

[短语] ～三个｜相信～｜～单位

[句子] 这不是我一个人的意见，～大家都觉得应该抓住这个机会｜这个任务就交给～吧｜今年～村里的玉米长得特别好。

握手 3级

wò//shǒu

shake hands

[短语] 亲切～｜握了握手

[句子] 走之前，老王和我们每个人～告别｜他紧紧握住医生的手，感动得说不出话来。

屋子 3级

wūzi

n. room

[短语] 一间～｜整个～

[句子] 我们让两位老人住朝南的那间～吧｜这一～都是你的玩具，别再买新的了！

五 1级

wǔ

num. five; fifth

和“五”有关的节日

元宵节：正月十五
劳动节：五月一日
青年节：五月四日
端午节：五月初五
中秋节：八月十五

[短语] ～条狗｜第～名

[句子] 李老师，请选～位同学去做志愿者｜王先生住在～楼从左边数第～个房间，请你下午～点去找他。

午餐 2级

wǔcān

n. lunch

[短语] 营养～｜丰富的～

[句子] 夏天到了，学校的～增加了水果和果汁｜她放下吃了一半的～又去工作了。

午饭 1级

wǔfàn

n. lunch

[短语] 做一顿～｜～以后

[句子] 李医生经常忙得没时间吃～｜来不及做饭了，～就叫外卖吧。

问题 △ □ ☆　我 △ □ ☆　我们 △ □ ☆　握手 △ □ ☆
屋子 △ □ ☆　五 △ □ ☆　午餐 △ □ ☆　午饭 △ □ ☆

午睡 2级

wǔshuì

n. afternoon nap

v. take a nap after lunch

[短语] ~的习惯 | ~一会儿

[句子] ~可以让人精神变得更好，但~时间最好不要太长 | 如果你想~，可以去旁边那间屋子。

武器 3级

wǔqì

n. weapon

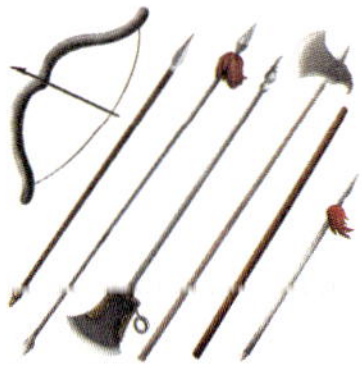

[短语] 古代的~ | 化学~

[句子] 这种现代化~使用了最新的科技，破坏力很强 | 关于~的制造和使用，国家有明确的规定。

武术 3级

wǔshù

n. *wushu*; martial arts

[短语] 练~ | ~表演

[句子] 世界青少年~大赛下周在中国举行 | 我认识一个会~的朋友，他让我了解了很多和~有关的文化。

舞台 3级

wǔtái

n. stage

[短语] ~设计 | 国际~

[句子] 你认识~上那个唱歌的姑娘吗？| 对我们来说，时代就是最好的~。

西 1级

xī

n. west

[短语] 往~走 | 大门朝~

[句子] 上北下南，左~右东 | 我们开车一路向~，终于在天黑前到达了那个城市。

西北 2级

xīběi

n. north-west

[短语] ~方向 | ~部

[句子] 今天有六级的~风，你多穿点儿 | 青海省属于中国~地区，景色非常美。

西边 1级

xībian

n. west

[短语] 学校~ | 东边日出~雨

[句子] 今天真是太阳从~出来了，你怎么这么早就起床了？| 你住~那个房间吧，更安静一些。

西部 3级

xībù

n. western part

[短语] ~城市 | ~大开发

[句子] 上海在东部，河南在中部，宁夏在~ | 他是从~大山里走出来的孩子。

X

午睡	△ □ ☆	武器	△ □ ☆	武术	△ □ ☆	舞台	△ □ ☆
西	△ □ ☆	西北	△ □ ☆	西边	△ □ ☆	西部	△ □ ☆

西餐 2级

xīcān

n. Western food

[短语] ~馆 | 吃过~

[句子] 一些老年人不太习惯吃~ | 这家饭店有中餐也有~，你想吃什么？

西方 2级

xīfāng

n. west; the West

[短语] 向着~ | ~国家

[句子] ~有一大片草地 | 东方文明和~文明共同推动了人类社会的进步。

西南 2级

xīnán

n. southwest

[短语] ~风 | ~地区

[句子] 云南在北京的~方向 | 你知道中国~部都有哪些省区吗？

西医 2级

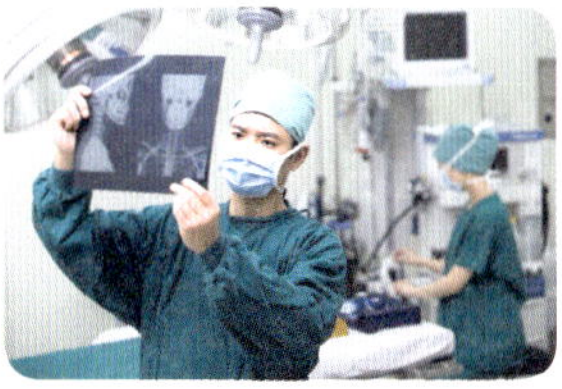

xīyī

n. Western medicine, doctor trained in Western medicine

[短语] 看~ | 一位~

[句子] ~传到中国好几百年了 | 中医和~看病的方法不太一样。

希望 3级

xīwàng

v. hope, wish

n. hope, promise, prospect

[短语] ~成功 | 未来的~

[句子] 我~有机会去更多的国家学习 | 每个孩子都是父母心中的~。

习惯 2级

xíguàn

n. custom

v. be accustomed to

[短语] ~成自然 | 不太~

[句子] 结婚时穿红色的服装是中国人的~ | 他来广州半年后，慢慢~了南方的气候。

洗 1级

xǐ

v. wash

[短语] ~衣服 | ~了好几遍

[句子] 饭前饭后要~手 | 把苹果~干净再吃。

洗手间 1级

xǐshǒujiān

n. washroom

[短语] 去~ | 女~

[句子] 请问，~在哪儿？| 这一层没有男~，您得去楼上。

X

西餐	△ □ ☆	西方	△ □ ☆	西南	△ □ ☆	西医	△ □ ☆
希望	△ □ ☆	习惯	△ □ ☆	洗	△ □ ☆	洗手间	△ □ ☆

洗衣机 2级

xǐyījī

n. washing machine

[短语] 一台～ | 换个新～

[句子] 下午工人来我家安装～ | 我的～坏了，这几天衣服只能手洗了。

洗澡 2级

xǐ//zǎo

have a bath

[短语] 每天都～ | 洗个热水澡

[句子] 弟弟特别喜欢～ | 明天就开学了，你最好洗洗澡、理理发。

喜欢 1级

xǐhuan

v. like

[短语] ～打篮球 | 不～吃米饭

[句子] 哥哥特别～流行音乐 | 你喝咖啡时～加糖吗？

系 3级

xì

n. department

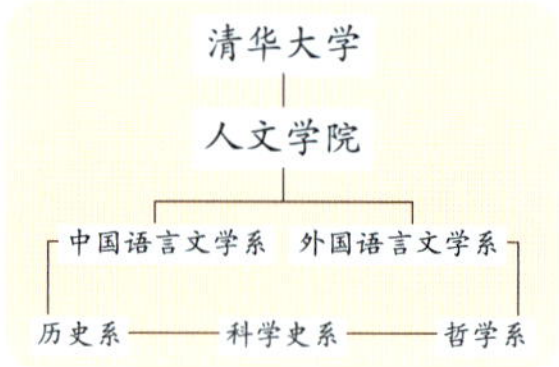

[短语] 计算机～ | 艺术～

[句子] 这所大学哪些～的教学水平比较高？ | 教育学院有四个～，每个～的课程不太一样。

下 1级

xià

n. low position or rank; the next; the lower; used to indicate circumstance, extent, situation, etc.

v. go down; give; indicate completion or result of an action

[短语] 从上到～ | ～个月 | ～级 | ～飞机 | ～课 | ～决心

[句子] 在他的帮助～，我完成了这个任务 | 你先～楼，我马上来 | 这个教室坐得～50个人吗？

下 2级

xià

m. used to indicate the repetition of an action

“下”作量词时，表示动作的次数。如“敲了三下门”“拍了他一下”。“下”也可用在“两”“几”后面，表示本领。如“他真有两下”“我就会这么几下”。

[短语] 打了两～ | 帮一～忙

[句子] 墙上的钟响了三～ | 等公交车的人太多了，有人在后面推了我几～，我才上去。

X

下班 1级

xià//bān

get off work

[短语] 几点～ | 下了班去找你

[句子] 公司规定六点半～，但他经常九点多才走 | 我能提前下会儿班吗？孩子今天放学早，我得去接他。

下边 1级

xiàbian

n. lower place, next

[短语] 桌子～ | ～请小张发言

[句子] 椅子～有一只猫 | 王总，您有时间的话多去～走走，听听大家的想法。

洗衣机	△□☆	洗澡	△□☆	喜欢	△□☆	系	△□☆
下	△□☆	下	△□☆	下班	△□☆	下边	△□☆

下车 1级

xià chē
get off the car, alight

[短语] 准备～｜上车饺子～面
[句子] 地上有水，您～小心｜北京西站到了，～的旅客请带好自己的行李。

下次 1级

xià cì
next time

[短语] ～再见｜～我请客
[句子] 我得赶飞机，～再约你吃饭｜我们部门得了第二名，～争取拿第一。

下课 1级

xià//kè
dismiss a class

[短语] 五点～｜下了课先别走
[句子] 刚一～，孩子们就像小鸟一样飞出了学校｜你下了课以后来办公室找我一下。

下来 3级

xià// · lái
v. come down; to indicate decrease of intensity; to indicate the completion or result

[短语] 从楼上～｜安静～｜风停了～
[句子] 你在一楼等我，我马上～｜见有人来，他的声音低了～｜看见有行人，车慢慢停了～。

下面 3级

xiàmiàn
n. being below; people or companies at lower levels

[短语] 大桥～｜～的单位
[句子] 妹妹爬到了桌子～｜总经理经常去～的工厂了解情况。

下去 3级

xià// · qù
go down; used after a verb, indicating the continuation of an action; used after an adjective, indicating an increasing degree

[短语] 跳～｜说～｜胖～
[句子] 太热了，你要不要～游游泳？｜还有最后三天，你一定要坚持～｜已经三月了，天气还会冷～吗？

下午 1级

xiàwǔ
n. afternoon

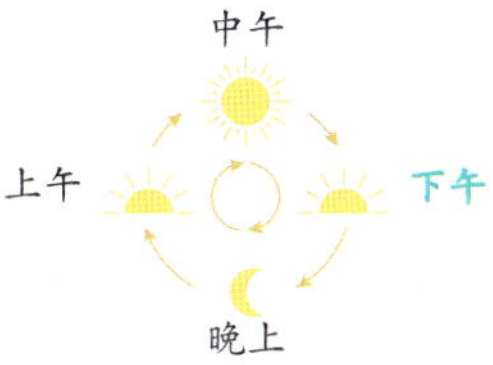

[短语] ～茶｜明天～
[句子] 咱们～三点在502房间开会｜各位同学～好！今天我们来学习第三课。

下雪 2级

xià xuě
snow

[短语] 很少～｜可能会～
[句子] 天气预报说明天～｜一～，整个城市看着更干净了。

下车 △□☆　下次 △□☆　下课 △□☆　下来 △□☆
下面 △□☆　下去 △□☆　下午 △□☆　下雪 △□☆

下雨 1级

xià yǔ
rain

[短语] 很久没～ | ～天，留客天
[句子] 南方的夏天经常～ | 我不喜欢～，因为穿着雨衣骑自行车上班不方便。

下周 2级

xià zhōu
next week

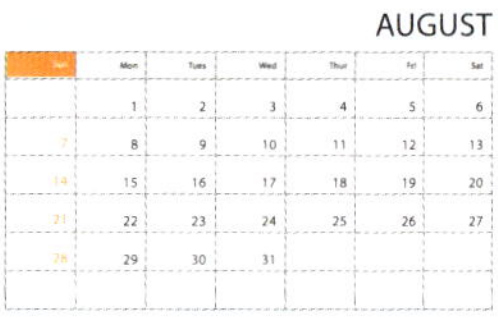

[短语] ～见 | ～再说
[句子] 我这周不在北京，～回去 | ～我们开个会吧，讨论一下部门工作。

夏天 2级

xiàtiān
n. summer

[短语] 去年～ | 从春天到～
[句子] ～的太阳就像一个大火球 | 四年前的那个～，我们从全国各地来到大学校园。

先 1级

xiān
adv. first

[短语] ～到～得 | 我～说
[句子] 大家排好队，谁来得早谁～办 | 爷爷奶奶还没上桌，小孩儿不能～吃。

先进 3级

xiānjìn
adj. advanced
n. progressive individual or group

[短语] ～的技术 | 当上～
[句子] 这台新设备功能真～ | 我们要向～学习，争取更大的进步。

先生 1级

xiānsheng
n. mister (Mr); teacher; husband

[短语] 张～ | 教古代文学的～ | 她～
[句子] 王～，欢迎您来上海 | 上大学时～对我们的要求很高 | 这是我～，姓夏，在医院工作。

显得 3级

xiǎnde
v. look, seem, appear

[短语] ～很成熟 | ～更加美丽
[句子] 他发言时～有些紧张 | 妈妈已经六十多岁了，但仍然～很年轻。

显然 3级

xiǎnrán
adj. obvious, apparent

[短语] ～不行 | 效果～很好
[句子] 减了十几斤后，现在的她～更健康了 | 这道题你～做得不对。

X

下雨	△ □ ☆	下周	△ □ ☆	夏天	△ □ ☆	先	△ □ ☆
先进	△ □ ☆	先生	△ □ ☆	显得	△ □ ☆	显然	△ □ ☆

显示 3级

xiǎnshì

v. show, display

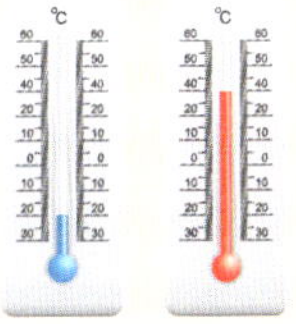

［短语］～水平｜～温度

［句子］这场比赛完全～出中国队的实力｜听说你唱歌特别好，给我们～～吧！

现场 3级

xiànchǎng

n. scene, site

［短语］～办公｜保护～

［句子］王工程师下午没在办公室，他去～了｜今天晚上八点～直播春节晚会。

现代 3级

xiàndài

n. modern times

［短语］～文明｜～化城市

［句子］～汉语和古代汉语不同｜信息技术推动了～社会的发展。

现金 3级

xiànjīn

n. cash

［短语］不收～｜～交易

［句子］用手机支付很方便，出门根本不用带～｜公司～不够，你下午再去银行取十万元。

现实 3级

xiànshí

n. reality

［短语］面对～｜～情况

［句子］理想和～总是差得很远｜你必须得学会接受～，生气是没有用的。

现象 3级

xiànxiàng

n. phenomenon

［短语］社会～｜不良～

［句子］“极光”是一种美丽的自然～｜看问题不能只看表面～。

现在 1级

xiànzài

n. present time

［短语］～几点｜～出发

［句子］从～开始努力，一切都不晚｜我～去找你，大概一个小时以后到。

线 3级

xiàn

n. line, thread, wire

［短语］一根～｜生命～

［句子］在两点之间画一条～｜今年那个大学的分数～是多少？

显示	△ □ ☆	现场	△ □ ☆	现代	△ □ ☆	现金	△ □ ☆
现实	△ □ ☆	现象	△ □ ☆	现在	△ □ ☆	线	△ □ ☆

相比 3级

xiāngbǐ

v. compare with each other

[短语] 和他～ | ～过去

[句子] 跟去年～，哥哥和弟弟都长高了 | 同先进部门～，我们的管理还需要改进。

相当 3级

xiāngdāng

adv. considerably, quite

v. match, be equal to

[短语] ～合适 | 实力～

[句子] 五月的北京已经～热了 | 他们两个水平～，谁当上部门主任都不意外。

相关 3级

xiāngguān

v. be related, correlate

[短语] ～情况 | ～人员

[句子] 他们正在调查交通事故～原因 | 一个人的性格往往和家庭环境～。

相互 3级

xiānghù

adv. each other

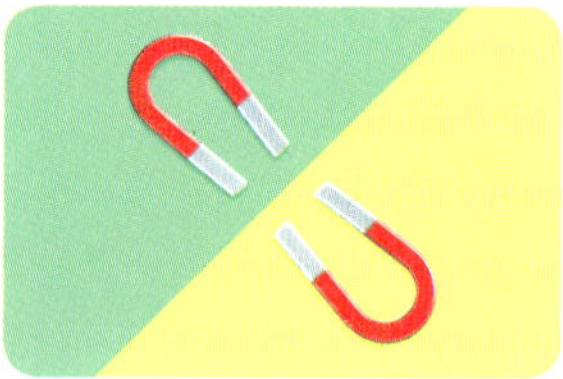

[短语] ～影响 | ～作用

[句子] 她们～看了一眼，谁也没说话 | 大家要团结一心，～帮助。

相似 3级

xiāngsì

adj. similar

[短语] ～性 | 情况～

[句子] 它们很～，但不完全相同 | 他们公司的设计为什么和我们的这么～？

相同 2级

xiāngtóng

adj. same

[短语] 爱好～ | ～的习惯

[句子] 我和他的手机完全～ | 老师和家长的想法虽然不太～，但都是为了孩子好。

相信 2级

xiāngxìn

v. believe

[短语] ～别人 | 不～他说的话

[句子] 我～这个问题会解决的 | 加油！～你们一定有更加美好的未来！

香 3级

xiāng

adj. fragrant; delicious

[短语] 一瓶～水 | 包子真～

[句子] 这种花好～啊！你也来闻闻 | 每天坚持运动，保证你吃得～、睡得～。

相比	△ □ ☆	相当	△ □ ☆	相关	△ □ ☆	相互	△ □ ☆
相似	△ □ ☆	相同	△ □ ☆	相信	△ □ ☆	香	△ □ ☆

香蕉 3级

xiāngjiāo

n. banana

[短语] 一根～｜买了二斤～

[句子] 我不喜欢～，我喜欢苹果｜今天单位午餐配的水果是～。

响 2级

xiǎng

adj. loud

[短语] 闹钟～了｜又～又亮

[句子] 喊得～，不一定说得对｜这是图书馆，说话声音别那么～。

想 1级

xiǎng

v. think; want

[短语] ～事情｜不～出国

[句子] 碰到问题多～一～，总会有办法解决的｜读完大学以后，你～去哪个城市发展？

想到 2级

xiǎngdào

think of

[短语] ～一个老朋友｜真没～

[句子] 李明突然～一个好主意｜一～明天还要去医院检查，我就觉得头疼。

想法 2级

xiǎng · fǎ

n. idea

[短语] 新～｜～不太一样

[句子] 他总是有很多奇怪的～｜光有～是不够的，还要靠行动去实现。

想起 2级

xiǎngqǐ

remember, remind

[短语] ～家乡的亲人｜～一句话

[句子] 李明突然～要给王经理回个电话｜每次看见这件礼物，我就～大学时的那位好朋友。

向 2级

xiàng

prep. indicating direction or target of action

v. face, turn towards

[短语] ～前看｜大门～南

[句子] 我们要～先进学习｜～着太阳，～着光明，走～新时代！

相机 2级

xiàngjī

n. camera

[短语] 一台～｜全景～

[句子] 这种多功能～多少钱？｜现在很多人都用手机拍照，不再买～了。

香蕉 △□☆　响 △□☆　想 △□☆　想到 △□☆

想法 △□☆　想起 △□☆　向 △□☆　相机 △□☆

X

像 2级

xiàng

v. resemble

[短语] ~雪一样白 | 我和他很~

[句子] 姐姐和妹妹长得太~了，我们根本分不清 | 天上的星星~明亮的眼睛。

消费 3级

xiāofèi

v. consume

[短语] ~水平 | ~得起

[句子] 这几年老百姓的~能力明显提高了 | 这家饭店的菜可不便宜，一般人~不起。

消失 3级

xiāoshī

v. disappear

[短语] 马上~ | ~的行李

[句子] 她头也不回地走了，很快就~在人群中 | 时代在发展，有些职业慢慢~了。

消息 3级

xiāoxi

n. news, news report

[短语] 坏~ | 发送~

[句子] 我已经两年没有他的~了 | 昨天电视台报道了我们单位的~。

小 1级

xiǎo

adj. small, little, tiny; young

[短语] ~公司 | ~女孩儿

[句子] ~手拉大手，幸福向前走 | 他是我们班最~的，还不到12岁。

小 2级

xiǎo

pref. used before the family name of a younger person as a form of familiar address

1. “小＋姓氏”，一般表示年轻人。如“小张、小李、小黄”。
2. “小＋人名”，一般表示小孩子。如“小红、小明、小强”。

[短语] ~张 | ~红

[句子] ~李把老李照顾得很好 | ~南和~兰，都在三二班。天天都见面，一起加油干！

小孩儿 1级

xiǎoháir

n. kid, child

[短语] 一群~ | 生~

[句子] 姐姐特别喜欢~，她以后想当一位小学老师 | 你和你爱人工作都那么忙，谁帮你们照顾~？

小姐 1级

xiǎojiě

n. miss, Miss

[短语] 林~ | 这位~

[句子] ~，请问我可以坐您对面吗？| 那位穿黑色裙子、留短发的~，就是你要找的人。

像	△□☆	消费	△□☆	消失	△□☆	消息	△□☆
小	△□☆	小	△□☆	小孩儿	△□☆	小姐	△□☆

小朋友 1级

xiǎopéngyǒu

n. kid

[短语] ~好 | 三个~

[句子] 我们班有 15 位~ | ~们，下课以后大家记得把玩具放好。

小声 2级

xiǎo shēng

low voice

[短语] ~说话 | ~唱歌

[句子] 孩子刚睡，你接电话~点儿 | 你那么~干什么？我都听不清。

小时 1级

xiǎoshí

n. hour

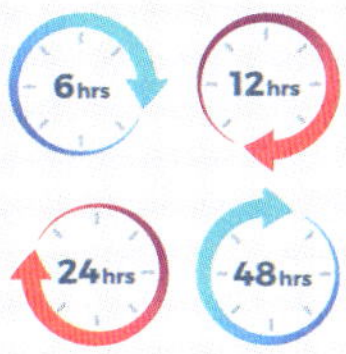

[短语] 半个~ | 开了三个~车

[句子] 一天有 24 个~，一个~有 60 分钟 | 这个电影挺长的，大概两个~零十分钟。

小时候 2级

xiǎoshíhou

n. childhood

[短语] 我~ | ~的事情

[句子] 你们现在的生活条件可比我们~强多了 | 这是他们四个~的照片，你还认得出来吗？

小说 2级

xiǎoshuō

n. novel

[短语] 一篇~ | 外国~

[句子] 我读过不少~，但这本没读过 | 他在创作这部~前，专门去农村体验了半年的生活。

小心 2级

xiǎoxīn

adj. careful

v. take care

[短语] 非常~ | ~别写错了

[句子] 他讲话一直很~，从不乱说 | ~！卫生间地上有水。

小学 1级

xiǎoxué

n. primary school, grade school

[短语] 上~ | ~三年级

[句子] 我上了六年~、三年初中、三年高中 | 她是一名~英语教师，上课时非常热情。

小学生 1级

xiǎoxuéshēng

n. pupil

[短语] 几个~ | 那些~们

[句子] 妹妹是二年级的~ | 他长得高，显得像中学生，其实还是个~。

小朋友 △□☆　小声 △□☆　小时 △□☆　小时候 △□☆

小说 △□☆　小心 △□☆　小学 △□☆　小学生 △□☆

X

小组 2级

xiǎozǔ

n. small group

[短语] 第三～ | ～成员

[句子] 我们班成立了科技～和艺术～ | 大家四个人一个～，分组讨论这个问题。

校园 2级

xiàoyuán

n. campus, schoolyard

[短语] ～的景色 | 大学～

[句子] 下课了，孩子们在～里跑着玩儿 | 人生最难忘记的就是～时代，可是再也回不去了。

校长 2级

xiàozhǎng

n. headmaster, president

[短语] 中学～ | 一位～

[句子] 我很喜欢我们的～，她能理解每个学生的感受 | 今年我们学校来了一位新～，听说他还是一位作家。

笑 1级

xiào

v. laugh; laugh at

[短语] ～一～，十年少 | 别～他

[句子] 小张性格很好，特别爱～ | 小时候同学们总～他个子小，现在他已经一米九了。

笑话 2级

xiàohua

v. laugh at

[短语] ～别人 | 爱～人

[句子] 他老是～我，我才不喜欢他呢 | 你们这样公开～人可不好，对同事要友好。

笑话儿 2级

xiàohuar

n. joke

读一读

上课铃响了，一个男生迟到了。他对老师说："为了省钱，我跟着公交车跑来的。"老师说："下次你跟着火车跑，这样省得更多，还不会迟到。"

[短语] 说～ | 很会讲～

[句子] 这个～很有意思，我听一次笑一次 | 你没听过这个～吗？现在网上很流行。

X

效果 3级

xiàoguǒ

n. result, effect

[短语] 教学～ | ～明显

[句子] 感冒三天了，吃药也不见～，我打算明天去医院看看 | 她设计这个广告的时候，没想到会有这么好的～。

鞋 2级

xié

n. shoe

[短语] 一双～ | 穿新～走老路

[句子] 打篮球的时候要换专门的篮球～ | ～是不是合脚，要试过才知道。

小组 △□☆　校园 △□☆　校长 △□☆　笑 △□☆

笑话 △□☆　笑话儿 △□☆　效果 △□☆　鞋 △□☆

写 1级

xiě

v. write; compose

[短语] ~数学作业 | ~文章

[句子] 老王习惯把自己读书时的感受~在书上 | 那位作家喜欢在晚上~东西，他觉得夜晚安静，脑子清楚。

写作 3级

xiězuò

v. write

[短语] 喜欢~ | ~课

[句子] 他从小就学习中文，中文听说能力和~能力都很强 | 她一直从事儿童文学作品~，很受孩子们欢迎。

血 3级

xiě

n. blood

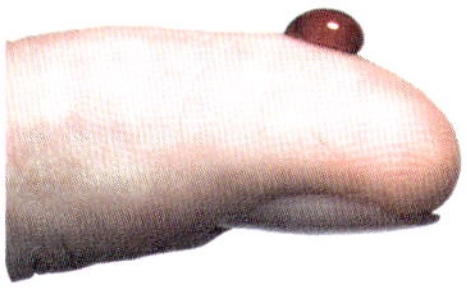

[短语] 鸡~ | 流了点儿~

[句子] 搬家的时候手碰出~了 | ~的事实告诉我们，用电安全是关系生命的大事。

谢谢 1级

xièxie

n. thank you

[短语] ~医生 | ~大家

[句子] ~你请我吃饭，下次你来我家，我给你做好吃的 | 别人帮助了你，一定要对人家说“~”。

心 3级

xīn

n. heart; mind, thought

[短语] ~惊肉跳 | 人在~不在

[句子] 一看到他，我的~就跳得特别快 | 王老师已经八十多岁了，可人老~不老，还总是想像年轻人一样做事。

心里 2级

xīn · lǐ

n. chest, heart

[短语] ~话 | ~高兴

[句子] 你~有什么想法都可以对我说 | 他~只有工作，天天都在想着单位的事情。

心情 2级

xīnqíng

n. frame of mind

[短语] ~不好 | 没~出去玩儿

[句子] 本来今天~很好，没想到让这个坏消息破坏了 | 我理解您的~，咱们一起努力，争取达到最好的效果。

心中 2级

xīnzhōng

n. in one's mind

[短语] 记在~ | ~有数

[句子] 爸爸已经去世十年了，可他一直活在我们~ | 她就是我~的女朋友、未来的新娘。

写 △□☆　写作 △□☆　血 △□☆　谢谢 △□☆

心 △□☆　心里 △□☆　心情 △□☆　心中 △□☆

新 1级

xīn

adj. new

［短语］～衣服｜～想法

［句子］上周我买了辆～车｜我们今天这节课会讲一些～概念，请大家认真听。

新年 1级

xīnnián

n. New Year

［短语］过～｜～快乐

［句子］～假期快到了，你有什么打算？｜～的钟声响起来了，我们祝电视机前的观众朋友们～快乐！身体健康！一切顺利！

新闻 2级

xīnwén

n. news

［短语］～节目｜～广播

［句子］张记者从事～工作已经十年了｜今天你看～了吗？有一个重要的国际会议在北京成功举办。

信 2级

xìn

n. letter

［短语］一封～｜证明～

［句子］现在交流的形式很多，写～的人越来越少了｜整理房间的时候，我发现了 20 年前她写给我的～，现在读起来仍是那么亲切。

信 3级

xìn

v. believe

［短语］～不～由你｜～不过

［句子］他总爱笑话别人，别～他的话｜老张特别实在，他说什么大家都～。

信封 3级

xìnfēng

n. envelope

［短语］一个～｜红色的～

［句子］请检查一下～上的信息全不全、对不对｜那个～上的字已经看不清了。

X

信号 2级

xìnhào

n. signal

［短语］通信～｜～很强

［句子］屋里～不太好，我去门口打个电话｜过马路时一定要注意看～灯。

信任 3级

xìnrèn

v. trust

［短语］～朋友｜取得～

［句子］互相～是双方合作的基础｜病人最～医生，所以医生一定要对病人负责。

新 △□☆　新年 △□☆　新闻 △□☆　信 △□☆

信 △□☆　信封 △□☆　信号 △□☆　信任 △□☆

信息 2级

xìnxī

n. information

[短语] 科技～ | 发送～

[句子] 图书馆有各个大学的相关～，你可以去查一查 | 我们单位对～学专业的人才需求很大，欢迎大家积极报名。

信心 2级

xìnxīn

n. confidence

[短语] 缺少～ | 建立～

[句子] 他是一个乐观的人，对自己充满～ | 只要对未来有～，就不怕任何困难。

信用卡 2级

xìnyòngkǎ

n. credit card

[短语] 办理～ | ～中心

[句子] 刚才银行给我打电话，告诉我别忘了及时还～的钱 | 我们店支持现金、～和移动支付等多种支付方式。

星期 1级

xīngqī

n. week; day of the week

[短语] 两个～ | ～一

[句子] 还有一个～就放假了，太开心了 | 我最喜欢～四，因为再过一天就是周末了。

星期日 1级

xīngqīrì

n. Sunday

[短语] ～早上 | ～下午

[句子] 原来今天是～，我以为是星期一，很早就起来了 | 每个～我都会去超市买很多东西，为下个星期做好准备。

星期天 1级

xīngqītiān

n. Sunday

"星期天"不可以说成"星期七"，可以说"星期日""礼拜日""周日"等。

[短语] ～一大早 | ～上午

[句子] ～早上我一般会去公园里跑步 | 有的银行～不营业，或者只营业到下午三点。

星星 2级

xīngxing

n. star

[短语] 数～ | 要～不给月亮

[句子] 一闪一闪亮晶晶，满天都是小～ | 虽然～看起来很小，但实际上很大。

行 1级

xíng

v. be all right

adj. competent

[短语] ～不～ | 真～

[句子] 他们觉得这么做恐怕不～ | 以后像这样的事情都交给我吧，我能～。

X

信息 △ □ ☆　信心 △ □ ☆　信用卡 △ □ ☆　星期 △ □ ☆

星期日 △ □ ☆　星期天 △ □ ☆　星星 △ □ ☆　行 △ □ ☆

行动 2级

xíngdòng

v. move about; take action

n. movement

［短语］～不方便｜开始～｜实际～

［句子］我的腿受伤了，现在～困难｜计划提前了，今天晚上就～｜发现了问题就要认真对待，采取积极～去解决。

行李 3级

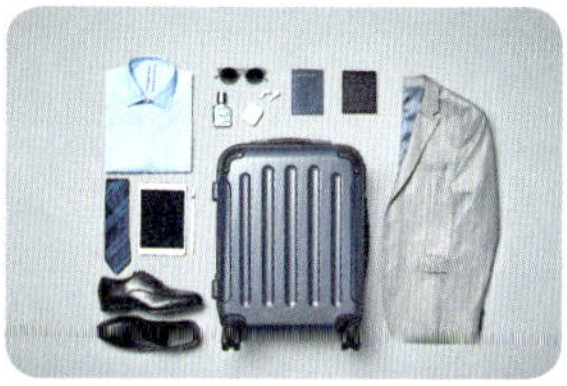

xíngli

n. luggage, baggage

［短语］整理～｜存一件～

［句子］爸爸出门带的～一般都不多，主要是衣服｜～重不重？我来帮你拿吧！

行人 2级

xíngrén

n. pedestrian

［短语］注意～｜路上的～

［句子］～过马路要看红绿灯｜～和汽车分别从不同的门进入，确保安全。

行为 2级

xíngwéi

n. behaviour

［短语］各种～｜～艺术

［句子］在公共场合要注意自己的～，不要带来不好的影响｜她最近的～有些奇怪，发生什么事情了？

形成 3级

xíngchéng

v. take shape

［短语］～方法｜～经验

［句子］你知道这种特别的地形是怎么～的吗？｜～好习惯要靠孩子、老师和父母共同努力。

形式 3级

xíngshì

n. form

［短语］表演～｜在线会议的～

［句子］不同的艺术有不同的表现～｜如果～不为内容服务，那么它就没有什么价值了。

形象 3级

xíngxiàng

n. image, imagery

adj. vivid

［短语］艺术～｜生动～

［句子］一名好演员不能光靠～好，表演水平也要高｜你这次的作文写得很好，特别是～地写出了小动物的样子。

形状 3级

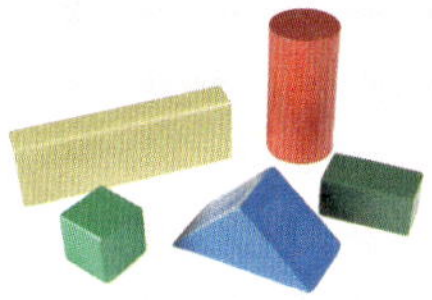

xíngzhuàng

n. shape

［短语］改变～｜各种～

［句子］这件艺术品是用不同～的东西组成的｜水和空气都没有一定的～。

X

行动 △ □ ☆　行李 △ □ ☆　行人 △ □ ☆　行为 △ □ ☆

形成 △ □ ☆　形式 △ □ ☆　形象 △ □ ☆　形状 △ □ ☆

幸福 3级

xìngfú

adj. happy

n. happiness

[短语] 一生～ | 祝你～

[句子] ～的家庭总是一样的，不幸的家庭各有各的不幸 | 人生中有很多方式可以得到～。

幸运 3级

xìngyùn

adj. lucky

[短语] ～星 | 带来～

[句子] 福袋代表着～ | 她是个～的小女孩儿，有那么多人帮助她。

性 3级

xìng

suff. added to noun, verb or adjective to form an abstract noun or a category noun

语言积累

创造性　普遍性

可靠性　重要性

实用性　流行性

[短语] 可能～ | 长期～

[句子] 做事要有计划～，才能按时完成 | 一本好书既要有思想～，又要有科学～。

性别 3级

xìngbié

n. sex

[短语] ～半等 | 人的～

[句子] 这所大学的男女生～比例是多少？ | 这个工作对～没有要求，男生、女生都可以报名。

性格 3级

xìnggé

n. personality

[短语] ～特点 | ～活泼

[句子] 每个人的～都不一样，有时候同一个人的～也会变化 | 人的～具有社会性，是人在社会生活中的表现形式。

姓 2级

xìng

n. surname

v. be surnamed

中国人的姓名构成是姓在前、名在后，这和西方国家的习惯不同。常见的姓有“张、王、李、陈、郑”等。

[短语] 百家～ | ～什么

[句子] 我的～不太常见 | 您好！我～章，立早章，您可以叫我“小章”。

姓名 2级

xìngmíng

n. full name

中国人的姓名多是两个字或三个字的，如“张明”“李晓芳”。也有一些复姓可以组成四个字的名字，如“司马相如”“上官婉儿”。

[短语] 写上～ | ～文化

[句子] 不同时代的～都带有那个时代的特色 | 这篇文章怎么没有作者的～？

休假 2级

xiū//jià

go on holiday

[短语] ～两周 | 休几天假

[句子] 她这段时间在～，没有来上班 | 我已经工作满 20 年了，按照单位规定，我每年可以休 15 天假。

X

幸福	△ □ ☆	幸运	△ □ ☆	性	△ □ ☆	性别	△ □ ☆
性格	△ □ ☆	姓	△ □ ☆	姓名	△ □ ☆	休假	△ □ ☆

休息 1级

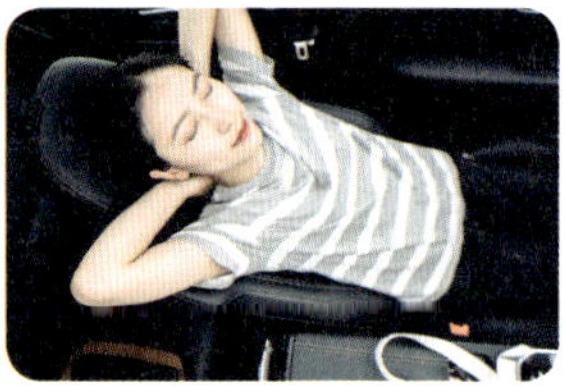

xiūxi

v. have a rest, have a break; go to sleep

［短语］今天～｜在车里～

［句子］最近工作太累了，她明天想～一天｜今天聊得太晚了，先到这儿吧，我要去～了。

修 3级

xiū

v. repair; build; study

［短语］～车｜～路｜～中文课

［句子］我的手机坏了，想去～一～｜听说这里要～一个新的地铁站｜王老师上课很有意思，每个学期有很多学生～他的课。

修改 3级

xiūgǎi

v. alter

［短语］～计划｜～作业

［句子］这篇文章～了一次又一次，越来越完美了｜经理，您觉得这个部分应该怎么～？

需求 3级

xūqiú

n. need

［短语］满足～｜人才～

［句子］你在工作和生活中有什么～，可以跟我说｜这本书的市场～很大，我们要赶快把它做出来。

需要 3级

xūyào

v. need, require

n. need

［短语］～带身份证｜实际～

［句子］工作不仅～热情，更～专业能力｜教师应该从学生的～出发，和他们共同完成学习任务。

许多 2级

xǔduō

num. many, much, a great deal

［短语］～年前｜～次

［句子］今天咱们单位门口有～车辆，是有什么重要活动吗？｜十年没有见到你了，我有～～的话想和你说。

X

宣布 3级

xuānbù

v. announce

［短语］～结果｜正式～

［句子］他今天向媒体～了结婚的消息｜我～，秋季运动会现在开始！

宣传 3级

xuānchuán

v. publicize

n. publicity

［短语］～教育｜负责～

［句子］这件事先不要～，我们还要准备准备｜靠自己在街上发广告不行，要联系媒体部门做～才更有效果。

休息	△ □ ☆	修	△ □ ☆	修改	△ □ ☆	需求	△ □ ☆
需要	△ □ ☆	许多	△ □ ☆	宣布	△ □ ☆	宣传	△ □ ☆

选 2级

xuǎn

v. select; elect

[短语] ～衣服｜～市长

[句子] 你要哪个颜色？自己～｜她是我们～出来的谈判代表。

选手 3级

xuǎnshǒu

n. contestant, competitor

[短语] 参赛～｜优秀的～

[句子] 她是今年的新～，将带给观众新的感受｜男子100米短跑比赛刚刚结束，那位～打破了世界纪录。

学 1级

xué

v. study; imitate

[短语] ～跳舞｜～别人

[句子] 我在学校～到了很多知识｜弟弟总是～爷爷走路的样子。

学费 3级

xuéfèi

n. tuition fee

[短语] ～不贵｜收～

[句子] 他从小学到高中都没交过～｜一节课的～是100元，如果您一次性交800元的话，可以上十节课。

学期 2级

xuéqī

n. school term

[短语] 新～｜下～

[句子] 我要去中国学习一个～，主要学中文和中医｜等这个～结束，王老师就退休了，会来一位新老师教我们信息科技课。

学生 1级

xué · shēng

n. student; follower

[短语] ～和老师｜他的～

[句子] 她现在还是个～，不过已经在帮妈妈经营一家公司了｜我刚进单位时是王经理的～，她教会了我很多东西。

学习 1级

xuéxí

v. study

[短语] 喜欢～｜～文化

[句子] 她最近在～中文，准备明年考HSK六级｜老师的教学方法和学生的～方法都很重要。

学校 1级

xuéxiào

n. school

[短语] 中小～｜在～上课

[句子] 今天是我们～建校100周年的日子｜这是一所国际～，学生们可以使用多个国家的语言交流。

X

选	△ □ ☆	选手	△ □ ☆	学	△ □ ☆	学费	△ □ ☆
学期	△ □ ☆	学生	△ □ ☆	学习	△ □ ☆	学校	△ □ ☆

学院 1级

xuéyuàn
n. college

［短语］外语～｜管理～
［句子］这所大学有计算机～、教育～、艺术～等｜她是音乐～的学生，同时也在中文～上课。

雪 2级

xuě
n. snow

［短语］一场～｜～人
［句子］我来自南方，还从没见过～｜天气预报说今天晚上有～，明天上午转晴。

训练 3级

xùnliàn
v. train
n. training

［短语］～足球队｜参加～
［句子］离全国大学生运动会只有两个月了，我们从今天开始每天增加～时间｜我们京剧团的每一位演员都至少受过五年的专业～。

压 3级

yā
v. press; lay aside

［短语］大雪～青松｜～了一个月
［句子］小心点儿，别把这里面的花～坏了｜你手上～了那么多工作，赶快处理一下吧。

压力 3级

yālì
n. pressure

［短语］～很大｜增加～
［句子］失去工作后，她面对的经济～明显上升｜年轻人要学会把～变成动力。

烟 3级

yān
n. tobacco product; smoke

［短语］一支～｜一阵黑～
［句子］为了爷爷的身体健康，爸爸不再给爷爷买～了｜我们先去那边玩儿一会儿吧，这儿～太大了。

Y

颜色 2级

yánsè
n. colour

［短语］各种～｜深～的裤子
［句子］你最喜欢什么～？｜不同的～能给人带来不同的感受。

眼 2级

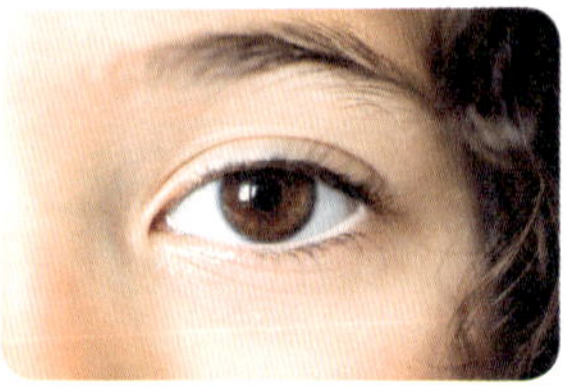

yǎn
n. eye
m. a look, a glance

［短语］双～｜看了一～
［句子］她长大以后想当一名～科大夫｜第一～看到这个作品，我就知道它会大受欢迎。

学院	△□☆	雪	△□☆	训练	△□☆	压	△□☆
压力	△□☆	烟	△□☆	颜色	△□☆	眼	△□☆

眼睛 2级

yǎnjing

n. eye

[短语] 黑色的～ | 保护～

[句子] 一直看电脑会让～不舒服，休息一会儿吧 | 她的～里有光，那是对知识的热爱、对生活的热情。

眼前 3级

yǎnqián

n. before one's eyes; the present

[短语] 出现在～ | ～的问题

[句子] 看着～美丽的景色，她忘记了痛苦 | 我们不仅要努力做好～的每一件事，而且要关注社会将来的发展。

演 3级

yǎn

v. perform

[短语] ～电视剧 | ～得很精彩

[句子] 他们合作～过多部有名的电影 | 马上就要到我的节目了，我很怕自己～不好。

演唱 3级

yǎnchàng

v. perform a song

[短语] ～京剧 | 快乐地～

[句子] 母亲节快到了，他想把对妈妈的爱用～的方式表达出来 | 来自世界各地的青年共同～了一支歌，打动了全场观众的心。

演唱会 3级

yǎnchànghuì

n. vocal concert

[短语] 一场～ | 举办～

[句子] 昨天那场～的舞台效果好极了 | 你最爱的歌手要来这里开～了，我们一起去看吧。

演出 3级

yǎnchū

v. perform

n. performance

[短语] 正在～ | 参加～

[句子] 能和那位国家级艺术家同台～，你真幸运 | 今天的～非常成功，你的努力是值得的！

演员 3级

yǎnyuán

n. performer

[短语] 专业～ | 当电影～

[句子] 为了成为一名话剧～，她每天都坚持训练 | 这位导演要求很高，他选的～都是非常有实力的。

羊 3级

yáng

n. sheep

[短语] 一只～ | 放～

[句子] 一群小～正在山上吃草 | 哈哈，你属～啊，听说属～的人性格很好。

眼睛 △ □ ☆　眼前 △ □ ☆　演 △ □ ☆　演唱 △ □ ☆

演唱会 △ □ ☆　演出 △ □ ☆　演员 △ □ ☆　羊 △ □ ☆

阳光 3级

yángguāng

n. sunshine

［短语］温暖的～｜向着～生长

［句子］这里～很好，结出来的苹果又大又甜｜太阳升起来了，～照在草地上，又是美好的一天！

养 2级

yǎng

v. support; raise, grow; convalesce

［短语］挣钱～家｜～一只猫｜在家～病

［句子］他们家经济条件不错，再生两个孩子也～得起｜看着自己～的花一天天长大，她开心极了｜你刚出院，还得好好～～身体。

样子 2级

yàngzi

n. appearance, look

［短语］高兴的～｜～很特别

［句子］你丢的包是什么～的？我们帮你找一找｜看着学生们认真记笔记的～，老师满意地笑了。

要求 2级

yāoqiú

v. demand

n. requirement

［短语］～八点到达｜满足～

［句子］老板～我们必须在一个月内完成这个任务｜新时代对人才提出了新～。

药 2级

yào

n. medicine

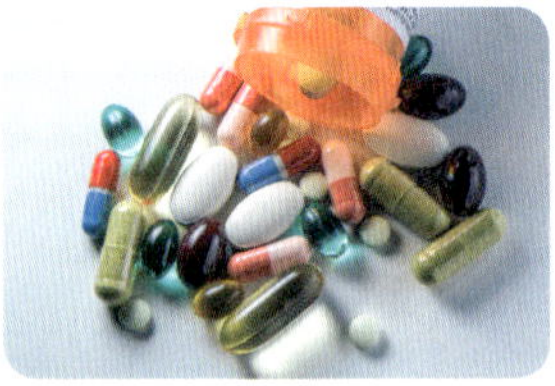

［短语］去医院开～｜～到病除

［句子］试验结果表明，这种～非常有效｜这家公司只是换了个名字，没有真正提高管理和服务水平，真是换汤不换～。

药店 2级

yàodiàn

n. chemist's, drugstore

［短语］一家～｜大病去医院，小病去～

［句子］这种药很常见，在大部分～都买得到｜现在，越来越多的人在网上～买药。

药片 2级

yàopiàn

n. medicinal tablet

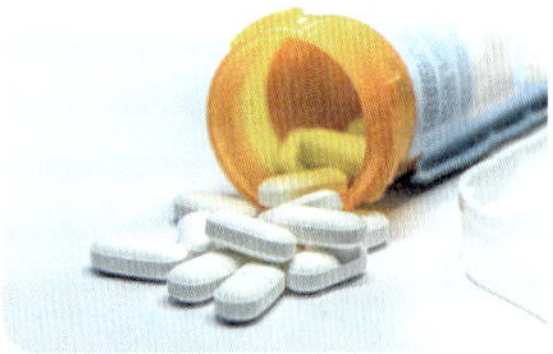

［短语］白色～｜把～装进瓶里

［句子］"医生，请问这种～怎么吃？""一日三次，每次两片。"｜这种～太大了，每次都要弄碎才吃得下去。

药水 2级

yàoshuǐ

n. liquid medicine

［短语］一瓶～｜喝下～

［句子］这种～是水果味儿的，适合孩子们喝｜你的手受伤了，快用～处理一下。

阳光 △□☆	养 △□☆	样子 △□☆	要求 △□☆
药 △□☆	药店 △□☆	药片 △□☆	药水 △□☆

要 1级

yào

v. want; ask for; need, must, be determined; be about to

[短语] ~玩具 | ~爸爸买礼物 | ~得第一名 | ~放假了

[句子] 我~一杯可乐 | 老师~我们好好准备考试 | 你一个人出门旅行一定~注意安全 | ~下雨了，赶快走吧。

要是 3级

yàoshi

conj. if; suppose; in case

"要是"和"如果"

二者都可以表示假设，"要是"多用于口语，"如果"用于口语和书面语。"要是"可直接带名词、代词；"如果"要先加"是"，才能带名词、代词。如"要是昨天（如果是昨天），我就来不了了"。

[句子] ~明年还有这么多生日礼物就好了 | ~你改变主意了，一定要早点儿告诉我 | 他~有时间的话，就会来看你的。

爷爷 1级

yéye

n. (paternal) grandfather; respectful form of address for an old man

[短语] 我~ | 白胡子~

[句子] 他很喜欢听~讲故事 | 妈妈，公园里那位~太有意思了！

1900

也 1级

yě

adv. also, too; even if; used to indicate the result; used for emphasis; with no other choice

1. 表示两件事相同或并列。
   ◇来也可以，不来也可以。
2. 表示无论怎样，都会出现某种结果。
   ◇你去我也去，你不去我也去。
3. 表示强调。
   ◇五六岁的孩子也会用电脑了。

[短语] ~喜欢 | ~只好先这样 | 什么困难~不怕

[句子] 看到大家都在网上买东西，他~开始买 | 你工作再忙~要多关心父母 | 我一点儿~不累，您别担心。

也许 2级

yěxǔ

adv. perhaps

[短语] ~有用 | ~知道

[句子] 他没来上课，~是病了 | "明天有中文课吗？""~吧，我不确定。"

页 1级

yè

m. page

[短语] 新的一~ | 第八~

[句子] 这部小说一共有500~ | 这个词在课本哪一~？

夜 2级

yè

n. night

[短语] 白天黑~ | 三天三~

[句子] ~深了，快去休息吧 | 天凉了，~也越来越长。

夜里 2级

yè · lǐ

n. at night

[短语] 在~ | 深秋的~

[句子] 昨天他一直工作到~ | 这孩子~总哭，可能是哪儿不舒服。

Y

要	△ □ ☆	要是	△ □ ☆	爷爷	△ □ ☆	也	△ □ ☆
也许	△ □ ☆	页	△ □ ☆	夜	△ □ ☆	夜里	△ □ ☆

一 1级

yī

num. one; first; all; used in the middle of a reduplicated verb meaning a little, slightly at once

"一"的变调

当"一"后面的字是第四声时，"一"不读yī，而是读yí。如"一共（yígòng）"。当"一"后面的字是第一、二、三声时，"一"读yì，如"一天（yì tiān）""一年（yì nián）""一点儿（yìdiǎnr）"。

［短语］～杯水｜～年级｜笑了～路｜读～读

［句子］消息～传十，十传百｜他们班在篮球比赛中得了第～｜今年～冬没下雪｜你得好好想～想该怎么办。

衣服 1级

yīfu

n. clothes

［短语］一件～｜换～

［句子］新年来了，我们每人都买了一身新～｜他把这些脏～洗干净了。

衣架 3级

yījià

n. clothes rack

［短语］一个～｜木～

［句子］你可以把大衣挂在门后的～上｜衣服太多了，这么多～都不够用。

医生 1级

yīshēng

n. doctor

［短语］一位～｜当牙科～

［句子］～给病人检查了身体｜听了～的建议，他决定再也不喝酒了。

医院 1级

yīyuàn

n. hospital

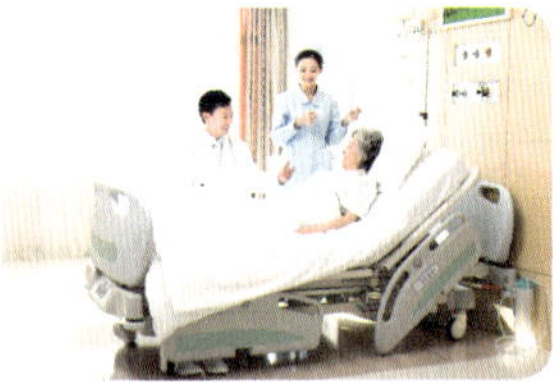

［短语］一所～｜在～上班

［句子］这家～的服务很好｜冬天容易感冒，～里看病的人特别多。

一半 1级

yíbàn

num. one half

［短语］分～｜占～

［句子］这个苹果我们一人吃～吧｜退休后，他一年中～以上的时间都在旅行。

Y

一部分 2级

yí bùfen

part

［短语］～人｜整体中的～

［句子］我们学校～学生参加了这次活动｜手机已经成为人们生活的～了。

一定 2级

yídìng

adj. certain, fair; definite; specific

adv. certainly, definitely

"一定"和"必然"

二者都表示肯定是这样。"一定"主要表示说话人的判断，具有主观性；"必然"主要从规律、道理上来判断，具有客观性。

［短语］产生～的影响｜～按时完成

［句子］这种现象是在～的条件下才出现的｜答应别人的事情你～要做到。

一 △□☆　衣服 △□☆　衣架 △□☆　医生 △□☆

医院 △□☆　一半 △□☆　一部分 △□☆　一定 △□☆

一共 2级

yígòng

adv. altogether

[短语] ~几个 | ~用了三天时间

[句子] 数一数，~有多少块？| 这个月我~花了 7 000 块钱。

一会儿 1级

yíhuìr

num. a little while; soon; for quite a while

[短语] 等~ | ~就好了 | 过了好~

[句子] 我们休息~再继续开会吧 | 电脑~就修好了 | 你玩儿了有~了，该做作业了。

一会儿 2级

yíhuìr

adv. now…then…

"一会儿A，一会儿B"，表示两种相反或对立的情况在短时间内交替变化。比如："他们的关系一会儿好，一会儿坏。"

[短语] ~哭~笑 | ~跑~跳

[句子] 这里六月的天气，~是晴天，~又下雨 | 你认真一点儿，不要~吃东西，~看手机。

一块儿 1级

yíkuàir

n. the same place

adv. together

[短语] 放~ | ~去上学

[句子] 他结婚以后和父母住在~ | 这次合作非常成功，我们~庆祝一下吧。

一路平安 2级

yílù-píng'ān

have a safe journey

[句子] 再见，我的朋友，祝你~ | ~！保持联系！

一路顺风 2级

yílù-shùnfēng

have a good trip, have a safe journey

[句子] 祝爸爸~！到了以后给我们打个电话 | 他~，平安到家。

一切 3级

yíqiè

pron. all; everything

"一切"和"全部"

1. "全部"可作状语，"一切"不能。
◇这些水果我全部买了。
（*一切）
2. "一切"可作主语、宾语，"全部"一般不作主语。
◇夜里，一切都是那么安静。
（*全部）

[短语] ~机会 | ~都好

[句子] ~努力都不会白费，~困难都可以克服 | ~都要从实际出发。

一下儿 1级

yíxiàr

used after a verb to indicate one action or an attempt

"一下儿"用在动词后面，表示做一次或试着做。如"看一下儿""试一下儿"。也说"一下子"。

[短语] 听~ | 商量~

[句子] 让我来看~这里面是什么礼物 | 怎么解决这个问题，我们还需要认真讨论~。

Y

一共	△□☆	一会儿	△□☆	一会儿	△□☆	一块儿	△□☆
一路平安	△□☆	一路顺风	△□☆	一切	△□☆	一下儿	△□☆

一样 1级

yíyàng

adj. same

［短语］完全~ ｜ ~美丽

［句子］找一找，这两张图有什么不~ ｜弟弟已经长得和爸爸~高了。

已 3级

yǐ

adv. already

［短语］时间~过｜车~到达

［句子］种子~长成大树｜父母~老，你应该常回家看看。

已经 2级

yǐjīng

adv. already

“已经”和“已”

“已”多修饰单音节词语，多用于书面语；“已经”多修饰双音节词语，可用于口语和书面语。“已经”可修饰名词，“已”不能。

［短语］~走了｜~不热了

［句子］科技~成为推动经济发展的重要力量｜~一个月了，我还没有收到他的信。

以后 2级

yǐhòu

n. afterwards

［短语］下课~｜从今~

［句子］~的事情谁都说不准，还是做好眼前的事情吧｜大学生要多参加社会活动，为~做准备。

以来 3级

yǐlái

n. since

［短语］长期~｜学习中文~

［句子］21世纪~，人们的生活方式发生了很大的变化｜这家公司自2018年成立~，不断改进各方面的服务。

以前 2级

yǐqián

n. earlier times

“以前”和“从前”

“从前”只能表示过去的时间，“以前”还能表示将来的时间。比如：“天黑以前，你一定要回家。”这里的“以前”不可换作“从前”。

［短语］很久~｜~去过

［句子］结婚~，他很少自己做饭｜最近，我经常想起~那些快乐的日子。

Y

以上 2级

yǐshàng

n. above; the above

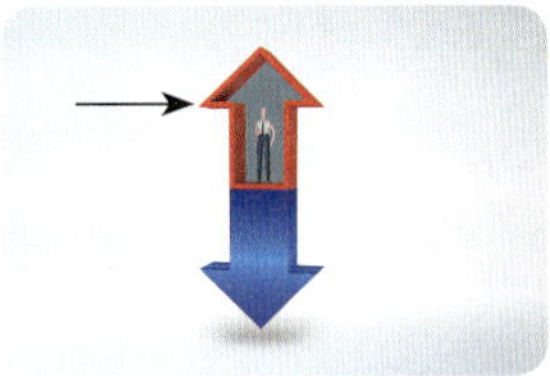

［短语］18岁~｜~情况

［句子］她有三年~的教学经验，非常适合做这份工作｜~就是我今天想跟大家交流的内容，谢谢各位的关注！

以外 2级

yǐwài

n. beyond

［短语］十公里~｜课堂~

［句子］这件事真的在我能力范围~，我办不了｜除春节~，中国还有很多重要的节日。

一样	△ □ ☆	已	△ □ ☆	已经	△ □ ☆	以后	△ □ ☆
以来	△ □ ☆	以前	△ □ ☆	以上	△ □ ☆	以外	△ □ ☆

以为 2级

yǐwéi

v. think

［短语］一直～｜～是这样

［句子］你怎么今天就来了？我～你还在上海呢｜你别～书上说的都是对的。

以下 2级

yǐxià

n. below; the following

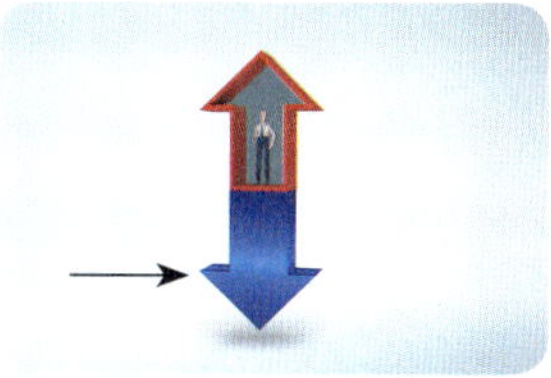

［短语］一米二～｜请听～通知

［句子］明天的气温在零度～，你出门多穿一点儿｜～是我们这个月的工作安排。

椅子 2级

yǐzi

n. chair

［短语］两把～｜坐在～上

［句子］我们一共六个人，～不够，麻烦再加一把｜听到门外有声音，他赶紧从～上站了起来。

一般 2级

yìbān

adj. same; ordinary; usual

［短语］和哥哥～高｜味道～｜～情况

［句子］我们要像保护自己的眼睛～保护环境｜他在这次比赛中的表现很～｜她早上～七点起床。

一边 1级

yìbiān

n. one side; (by) the side of

adv. indicating two actions taking place at the same time

［短语］这～朝下｜放在～｜～唱～跳

［句子］两家公司的想法不太一样，你支持哪～？｜别在～站着看，快来帮忙｜妈妈～做饭，～听音乐。

一点点 2级

yì diǎndiǎn

a bit (of), a little (bit)

［短语］还有～｜～消失

［句子］杯子里只有～牛奶了｜再努力～，可能就成功了。

一点儿 1级

yìdiǎnr

an indefinite small amount; a bit; used with a negative implication, not at all

“一点儿”和“有点儿”

1. “一点儿”用在形容词后，“有点儿”用在形容词前。
   ◇这件衣服长了一点儿。
   这件衣服有点儿长了。
2. “有点儿”可作状语，“一点儿”不能。
   ◇有点儿不合适（＊一点儿）

［短语］～钱｜快～｜～都不知道

［句子］你再给我～时间｜这件衣服买大了～｜今天～也不冷。

一方面 3级

yìfāngmiàn

n. one side, aspect or dimension; on the one hand…, on the other hand…

“一方面……，（另）一方面……”连接并列的两种相互关联的事物，或一个事物的两个方面。后面可加“又、也、还”等。

［短语］某～｜问题的～

［句子］他们在性格这～有很多共同点｜我们～要学习理论，另～也要坚持理论联系实际。

Y

以为 △□☆	以下 △□☆	椅子 △□☆	一般 △□☆
一边 △□☆	一点点 △□☆	一点儿 △□☆	一方面 △□☆

一起 1级

yìqǐ
adv. together
n. the same place

［短语］～商量｜坐在～
［句子］明天你跟我～去看演出吧｜我们以前在～上学。

一生 2级

yìshēng
n. all one's life

［短语］～平安｜爷爷的～
［句子］人的～中会有各种不同的经历｜他～从事中小学教育工作。

一些 1级

yìxiē
a few, a little; more than one, certain; some

［短语］～小事｜～城市｜～温暖
［句子］怎么就这么～人？｜我们有～年没见了｜再买～水果吧。

一直 2级

yìzhí
adv. straight; all long; all the way

［短语］～向前｜～坚持｜从头～到脚
［句子］～往北走，十分钟左右就到了｜雨～下了三天三夜｜从年初～到年底，他都很忙。

亿 2级

yì
num. a hundred million

汉语中的计数单位包括“个、十、百、千、万、十万、百万、千万、亿”等。“一亿”等于“一万万”。

［短语］一～五千万｜值多少～
［句子］他们公司每年收入上～｜对一个有十几～人口的大国来说，农业安全非常重要。

艺术 3级

yìshù
n. art; skill

［短语］～作品｜说话的～
［句子］她以后想学表演～｜管理也是一门～。

意见 2级

yì · jiàn
n. idea; discontent

［短语］发表～｜对这件事～很大
［句子］我们讨论以后决定采用你的～｜不少人对他的做法有～。

意思 2级

yìsi
n. meaning; view

［短语］词语的～｜我的～
［句子］这篇文章的中心～是要乐观地对待生活｜原来是这样，我懂你的～了。

一起	△ □ ☆	一生	△ □ ☆	一些	△ □ ☆	一直	△ □ ☆
亿	△ □ ☆	艺术	△ □ ☆	意见	△ □ ☆	意思	△ □ ☆

意外 3级

yìwài
adj. unexpected
n. accident

[短语] 感到～ | 发生～
[句子] 我在飞机上碰到了多年不见的老朋友，真是～ | 如果不出～，这场比赛我们一定会赢。

意义 3级

yìyì
n. meaning; significance

[短语] 生命的～ | 过一个有～的假期
[句子] 你查查词典，看看这个词的准确～ | 发展教育对社会进步有很大的～。

因此 3级

yīncǐ
conj. therefore

“此”意思是“这个”，“因此”意思是“因为这个”。“因此”用在后一个句子的开头或主语后，表示因为前面提到的原因，导致后面的结果。

[句子] 这家饭馆的菜做得很好吃，～生意一直很好 | 这件事只是一个意外，你不能～否认自己的努力。

因为 2级

yīn · wèi
conj. because
prep. because of

[句子] ～身体不舒服，王老师今天没来学校上课 | 不要～这么一点儿困难就停止努力。

阴 2级

yīn
adj. cloudy

[短语] 天～了 | ～转晴
[句子] 预计今天白天～有小雨 | 月有～晴圆缺，人有悲欢离合。

阴天 2级

yīntiān
n. cloudy day

[短语] ～比较凉快 | 又是～
[句子] 天气预报说明天～ | 最近～多，晴天少，很少见到太阳。

音节 2级

yīnjié
n. syllable

[短语] 双～ | 重读～
[句子] 在中文里，一个汉字一般就是一个～ | “车”是单～词，“出租车”是多～词。

音乐 2级

yīnyuè
n. music

[短语] 听～ | ～学院
[句子] 他创作了很多流行～ | 心情不好的时候听听轻～吧。

Y

意外	△ □ ☆	意义	△ □ ☆	因此	△ □ ☆	因为	△ □ ☆
阴	△ □ ☆	阴天	△ □ ☆	音节	△ □ ☆	音乐	△ □ ☆

音乐会 2级

yīnyuèhuì

n. concert

[短语] 一场～ | 举办～

[句子] 这次～上，乐队演奏了一些新作品 | ～结束后，许多观众还久久不愿离去。

银 3级

yín

n. silver

[短语] 真金白～ | 一双～筷子

[句子] 你喜欢金的还是～的？| 这个碗是～的，样子太漂亮了！

银行 2级

yínháng

n. bank

[短语] 一家～ | 商业～

[句子] 我下午去～取了点儿钱 | 现在人们可以通过手机～进行交易。

银行卡 2级

yínhángkǎ

n. bank card

[短语] 一张～ | 办～

[句子] 我可以用～支付吗？| 你把钱转到我的～上吧，我告诉你卡号。

银牌 3级

yínpái

n. silver medal

[短语] 一块～ | 取得～

[句子] 在这次比赛中，她得到一块金牌和两块～ | 这个高难度动作使他拿下了～。

印象 3级

yìnxiàng

n. impression

[短语] 第一～ | ～深刻

[句子] 三年以前我们见过一面，还有～吗？| 他给女朋友的父母留下了很好的～。

Y

应当 3级

yīngdāng

v. should

[短语] ～坚持 | 不～这样

[句子] 你～继续保持好的习惯 | 我们～按照规定做事。

应该 2级

yīnggāi

v. should

“应该”和“应当”

二者都表示从情理上说必须这样，多数情况下可互换。“应该”可用于口语和书面语，“应当”一般用于书面语。

[短语] ～注意 | 太不～了

[句子] 你别客气，是朋友就～相互帮助 | 春天来了，天气～暖和了。

音乐会	△□☆	银	△□☆	银行	△□☆	银行卡	△□☆
银牌	△□☆	印象	△□☆	应当	△□☆	应该	△□☆

英文 2级

Yīngwén
n. English (language)

[短语] 26个~字母 | 看~书
[句子] 我的~老师教得很好 | 她每天坚持用~写作，~水平提高得很快。

英语 2级

Yīngyǔ
n. English (language)

[短语] 上~课 | 听得懂~
[句子] 你会说~吗？你的~水平怎么样？| 他从小就能说一口流利的~。

迎接 3级

yíngjiē
v. welcome; be ready for

[短语] ~客人 | ~考试
[句子] 爸爸去机场~他的好朋友了 | 全家人都做好了准备，~这个新生命。

营养 3级

yíngyǎng
n. nutrition

[短语] 有~ | ~丰富
[句子] 人的身体需要各种~ | 你最近太累了，多补充一些~吧。

赢 3级

yíng
v. win; make a profit

[短语] ~了三个球 | ~了不少钱
[句子] 这场比赛我们队~得很容易 | 他这几年做生意有~有亏。

影片 2级

yǐngpiàn
n. film, movie

[短语] 功夫~ | 观看~
[句子] 他拍的几部~都得到了观众的认可 | 这部~讲了一个动人的爱情故事。

影视 3级

yǐngshì
n. film and television

[短语] ~作品 | ~节目
[句子] 这次活动请来很多~明星 | 以前他只是一个~爱好者，现在自己开了一家~公司。

影响 2级

yǐngxiǎng
v. affect
n. influence

[短语] ~健康 | 造成深远的~
[句子] 最近家里发生的事情~了他的学习 | 老师的语言和行为会对学生产生很大的~。

英文 △□☆　英语 △□☆　迎接 △□☆　营养 △□☆
赢 △□☆　影片 △□☆　影视 △□☆　影响 △□☆

应用 3级

yìngyòng

v. apply

［短语］～新技术｜普遍～

［句子］这种方法在生产和生活的各方面都得到了～｜我们要把学到的知识～到实际工作中去。

永远 2级

yǒngyuǎn

adv. forever

［短语］～记得｜～快乐

［句子］爸爸妈妈，我～爱你们｜亲爱的朋友，希望你～幸福。

用 1级

yòng

v. use

［短语］怎么～｜古为今～

［句子］我可以～一下你的字典吗？｜我喜欢～手机付钱，不喜欢～银行卡。

优点 3级

yōudiǎn

n. advantage

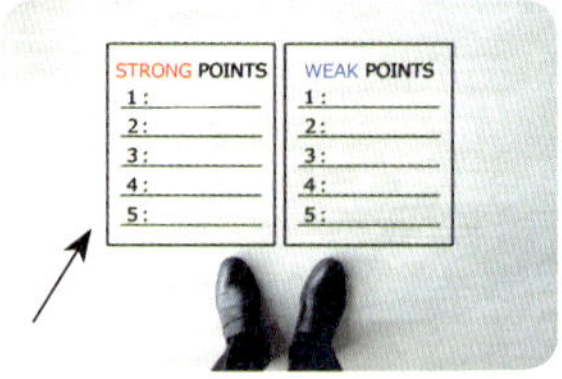

［短语］～很明显｜～和缺点

［句子］他做事认真的～值得我学习｜新手机在功能上有很多～，但价格也比较高。

优势 3级

yōushì

n. a favourable or dominant position, advantage

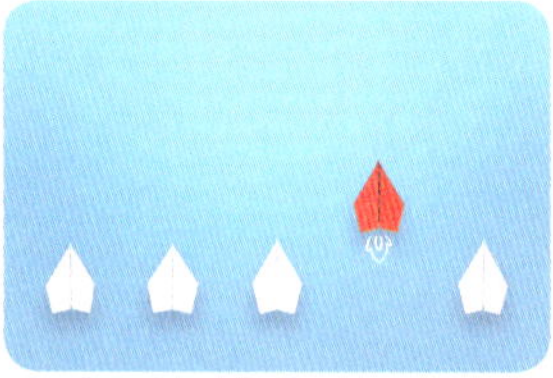

［短语］占～｜制度～

［句子］为了最后的胜利，你要想办法保持领先的～｜我们要利用好市场～，推动消费增长。

由 3级

yóu

prep. by; from

［短语］～你决定｜～大门进入

［句子］今天上午的会议～李老师主持，午餐～王老师负责安排｜她的声音～远到近，越来越清楚。

由于 3级

yóuyú

prep. because of

conj. since

“由于”和“因为”

“由于”多用于书面语，“因为”用于书面语和口语。“因为”可以用在后一个句子中，“由于”不行。

［句子］～老师的帮助，他的成绩提高得很快｜～缺少经验，他第一次创业没有成功。

邮件 3级

yóujiàn

n. post, mail

［短语］一封～｜发～

［句子］你回来的时候帮我取一下～吧｜您的～我已经收到了，会马上处理。

Y

应用	△□☆	永远	△□☆	用	△□☆	优点	△□☆
优势	△□☆	由	△□☆	由于	△□☆	邮件	△□☆

邮票 3级

yóupiào

n. postage stamp

［短语］一张～ ｜ ～市场

［句子］我买了一套牛年的纪念～ ｜ 爷爷家存了很多老～。

邮箱 3级

yóuxiāng

n. letter box, mailbox

［短语］把信放进～ ｜ 打开～

［句子］教学楼一层有一个绿色的～ ｜ ～里还有 18 封电子邮件没看。

油 2级

yóu

n. oil; petrol

［短语］少放一点儿～ ｜ ～的价格

［句子］吃太多～对身体不好 ｜ 这种车很费～，马上就要没～了，我们去前面加一点儿吧。

游 3级

yóu

v. swim; travel, play

［短语］～得很快 ｜ 一日～

［句子］他比我～得快 ｜ 上周末我们去～长城了。

游客 2级

yóukè

n. tourist

［短语］外国～ ｜ 天南海北的～

［句子］她带着来自世界各地的～参观这里 ｜ 各位～，请大家四点前回到旅游车上。

游戏 3级

yóuxì

n. game

［短语］玩儿～ ｜ 汉字～

［句子］老师带着小朋友们开心地做～ ｜ 手机～在年轻人中很流行。

游泳 3级

yóuyǒng

n. swimming

v. swim

［短语］～比赛 ｜ 在小河里～

［句子］所有的运动中，我最喜欢～ ｜ 这周他没去体育馆～。

友好 2级

yǒuhǎo

adj. friendly

［短语］～合作 ｜ 关系～

［句子］她对人非常～，所以朋友很多 ｜ 他是客人，你的态度应该～一点儿。

邮票	△ □ ☆	邮箱	△ □ ☆	油	△ □ ☆	游	△ □ ☆
游客	△ □ ☆	游戏	△ □ ☆	游泳	△ □ ☆	友好	△ □ ☆

有 1级

yǒu

v. exist; have; used to indicate sth. that appears or occurs; used to express sth. indefinite

[短语] ~人 | ~钱 | ~进步 | ~一天

[句子] 桌子上~一个苹果 | 我~一个姐姐 | 情况~变化了 | 你不喜欢吃，~人喜欢吃。

有的 1级

yǒude

pron. some

[短语] ~大~小 | ~同学

[句子] 大家对这件事的看法不同，~支持，~反对 | ~人活着，他已经死了；~人死了，他还活着。

有的是 3级

yǒudeshì

have plenty of

[短语] 时间~ | ~钱

[句子] 家里~鞋，别再买新的了 | 别难过，这种机会以后还~。

有空儿 2级

yǒukòngr

v. have time, be free

[短语] ~来玩儿 | 最近~

[句子] 她一~就在网上看电影 | 你什么时候~？我明天一天都~，咱们一起去打球吧！

有利 3级

yǒulì

adj. advantageous

[短语] ~条件 | 十分~

[句子] 科技创新对社会进步非常~ | 新的规定对社会经济发展十分~。

有名 1级

yǒu//míng

famous

[短语] ~的城市 | 长城很~

[句子] 他创作的音乐在全世界都非常~ | 她因为在艺术方面的成就有了名。

有人 2级

yǒu rén

somebody

[短语] 屋子里~ | ~来过

[句子] 里面~吗？我可以进去吗？| 刚才~打电话说需要帮忙，发生了什么事情？

有时候 | 有时 1级

yǒushíhou | yǒushí

adv. sometimes

[短语] 有时候很忙 | 有时去海边旅游

[句子] 我们周末一般在家休息，有时候也出去走一走 | 人生就像开车，有时需要向左，有时需要向右，有时需要向前。

有	△ □ ☆	有的	△ □ ☆	有的是	△ □ ☆	有空儿	△ □ ☆
有利	△ □ ☆	有名	△ □ ☆	有人	△ □ ☆	有时候 | 有时	△ □ ☆

有效 3级

yǒuxiào
v. hold, remain available

[短语] ~证件｜成绩~
[句子] 这种药对治好你的病非常~｜教师应该通过~的方式开展教育，保护孩子的个性发展。

有（一）点儿 2级

yǒu (yì) diǎnr
adv. somewhat, rather, a bit

[短语] ~不高兴｜~不放心
[句子] 去年买的衣服~小了，再买几件合适的吧｜这个包~重，你能帮我拿一下吗？

有（一）些 1级

yǒu (yì) xiē
pron. some

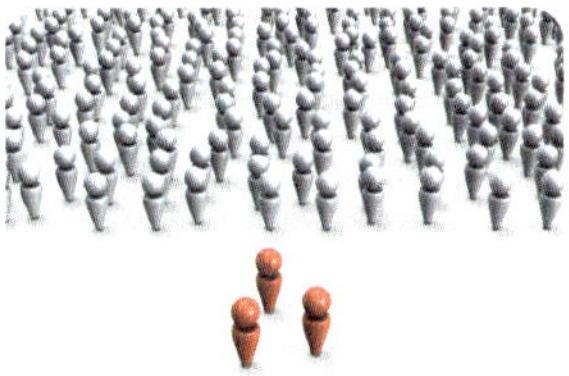

[短语] ~情况｜~地方
[句子] ~学生今天没来上课｜公园里人很多，~在散步，~在唱歌。

有意思 2级

yǒu yìsi
be meaningful; be interesting

[短语] ~的话题｜~极了
[句子] 他的发言很~，值得我们好好讨论一下｜那张小猫的图片挺~的。

有用 1级

yǒuyòng
v. be useful

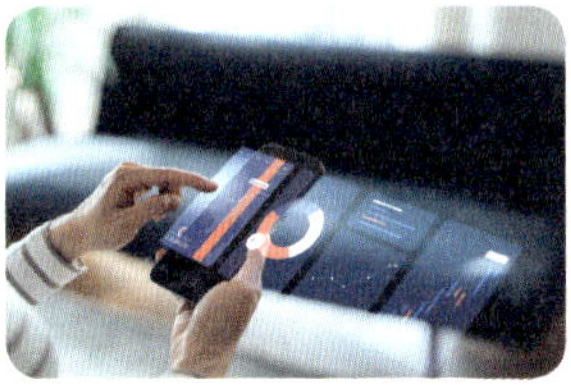

[短语] ~的信息｜真的很~
[句子] 手机上这几个功能非常~｜我要努力学习，做一个对社会~的人。

又 2级

yòu
adv. used for the repetition of an actual action; expressing the coexistence of several conditions or qualities; in addition to

1. 表示重复或继续。
   ◇今天又下雨了。
2. 表示并列关系。
   ◇苹果又大又甜。
3. 表示补充。
   ◇孔子是教育家，又是思想家。

[短语] ~疼了｜~好~快｜倒了茶~拿水果
[句子] 这本书我~看了一遍｜这家饭店~好吃~便宜｜她给女儿买了一条裙子，~给儿子买了一辆小车。

右 1级

yòu
n. the right

[短语] 向~转｜~脚
[句子] 往~走二百多米就到银行了｜这孩子常常分不清左和~。

右边 1级

yòubian
n. the right (side)

[短语] 在~｜靠~走
[句子] 电影院~有一个商场｜爸爸坐在我的左边，妹妹坐在我的~。

有效	△□☆	有（一）点儿	△□☆	有（一）些	△□☆	有意思	△□☆
有用	△□☆	又	△□☆	右	△□☆	右边	△□☆

鱼 2级

yú

n. fish

[短语] 一条～｜美人～

[句子] 很多中国人过年会吃～，因为代表“年年有余”｜～离不开水，鸟离不开林。

雨 1级

yǔ

n. rain

[短语] 一场～｜春～贵如油

[句子] 天气预报说北部地区明天有～｜～下得很大，咱们晚一会儿再走吧。

语言 2级

yǔyán

n. language

[短语] 多种～｜～教师

[句子] 学习一种～也是了解一种文化｜～是人类交流思想的重要工具。

预报 3级

yùbào

v. forecast

n. forecast

[短语] ～比赛安排｜节目～

[句子] 科学技术能够帮助专家更准确地～天气｜天气～说下周都是晴天。

预防 3级

yùfáng

v. guard against, prevent

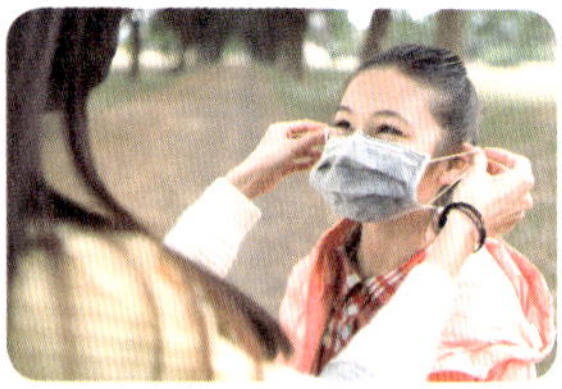

[短语] ～感冒｜～交通事故

[句子] 很多病都可以提前～｜我们要采取有效的方法～危险发生。

预计 3级

yùjì

v. anticipate

[短语] ～八点到达｜很难～

[句子] 我们～明年三月完成这一工作｜这台机器～可以使用十年。

预习 3级

yùxí

v. (of students) prepare lessons before class

[短语] ～生词｜检查～情况

[句子] 同学们回家以后把明天要学的课文～一下｜课前～和课后复习同样重要。

元 1级

yuán

m. *yuan*, basic unit of money in China

人民币的货币单位有元、角、分。“1元”也叫“1块”，相当于10角、100分。

[短语] 50～｜0.25～

[句子] 这些东西一共要320～｜昨天我借给他1 000～钱。

Y

鱼	△□☆	雨	△□☆	语言	△□☆	预报	△□☆
预防	△□☆	预计	△□☆	预习	△□☆	元	△□☆

员 3级

yuán

suff. a person engaged in a certain field of activity; a member (of an organization)

语言积累

教员　学员　船员
公务员　列车员
营业员　保育员
航天员　技术员

[短语] 女演~ | 酒店服务~
[句子] 他从小就想当一名飞行~ | 她是国家一级运动~。

员工 3级

yuángōng

n. staff

[短语] 公司~ | 合格的~
[句子] 下午两点全体~在会议室开会 | 负责人管理部门~时，要注意方式方法。

原来 2级

yuánlái

adj. original, former

adv. as it turns out

[短语] ~的样子 | ~是你啊
[句子] 跑了一年步，她比~少了十几斤 | 我还以为这道题目很难呢，~这么简单。

原因 2级

yuányīn

n. reason

[短语] 主要~ | 查一查~
[句子] 他向老师说明了没交作业的~ | 出了问题，要多从自己身上找~。

远 1级

yuǎn

adj. (of time or space) far, distant, remote; (of differences) far

[短语] 山高路~ | ~~超过
[句子] 我家离学校不~，只有两公里 | 我做的菜比你做的差~了。

院 2级

yuàn

n. courtyard; designation for certain government offices and public places; college

语言积累

医院　剧院　法院
电影院　博物院
养老院　卫生院
商学院　研究院

[短语] 四合~ | 国务~ | 高等~校
[句子] 我们两家住在一个~里，我住后~，她住前~ | 他在中国科学~工作 | 她是外语学~大四的学生。

院长 2级

yuànzhǎng

n. director, dean

[短语] 医院~ | 当上了~
[句子] 教育学院的~是谁？ | 社会科学院现在由王~主持工作。

院子 2级

yuànzi

n. courtyard

[短语] 干净的~ | 走进~
[句子] 奶奶家的~里有很多花 | 孩子们正在~里做游戏。

Y

员	△□☆	员工	△□☆	原来	△□☆	原因	△□☆
远	△□☆	院	△□☆	院长	△□☆	院子	△□☆

愿望 3级

yuànwàng

n. desire

[短语] 美好的～ | 满足～

[句子] 世界和平是人类的共同～ | 她终于实现了去北京读大学的～。

愿意 2级

yuànyì

v. be willing; hope

[短语] ～帮忙 | ～不～

[句子] 她大声地对他说："我～！" | 大家都不～让你走，你可以继续留下吗？

约 3级

yuē

v. make an appointment; invite

[短语] ～个时间 | ～朋友

[句子] 我和他～好五点在学校门口见面 | 明天我～了几个大学同学一起吃晚饭。

月 1级

yuè

n. month

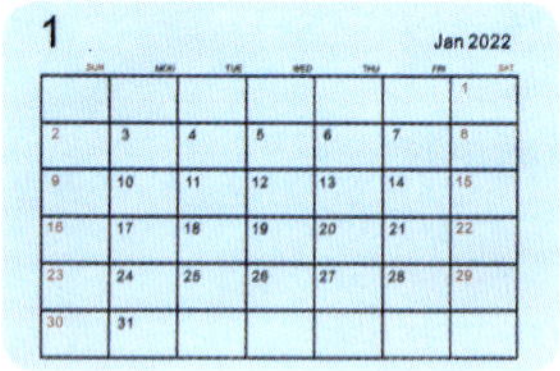

[短语] 一～ | 两个～

[句子] 十～一日是中国的国庆节 | 这个～有 31 天。

月份 2级

yuèfèn

n. a (particular) month

[短语] 几～ | 出生的～

[句子] 他五～要去上海旅行 | 妹妹是七～出生的，所以我们叫她小七。

月亮 2级

yuèliang

n. moon

[短语] 大大的～ | 八月十五的～

[句子] ～升起来了，又大又亮 | ～像小船一样挂在天空。

乐队 3级

yuèduì

n. band

[短语] 一支～ | 成立～

[句子] ～的表演十分精彩，现场观众反应热烈 | 由于身体原因，昨天他宣布退出～。

越 2级

yuè

adv. the more…the more…

[短语] ～快～好 | ～难～要努力

[句子] 春天来了，小树～长～高 | 读书～多，知识～丰富。

愿望	△ □ ☆	愿意	△ □ ☆	约	△ □ ☆	月	△ □ ☆
月份	△ □ ☆	月亮	△ □ ☆	乐队	△ □ ☆	越	△ □ ☆

Y

越来越 2级

yuè lái yuè
more and more

[短语] ~多的人 | ~重要
[句子] 你的中文说得~流利 | 我~喜欢吃中国菜了。

云 2级

yún
n. cloud

[短语] 蓝天白~ | 万里无~
[句子] 太阳从~里出来了 | 天上有这么多~，会下雨吗？

运动 2级

yùndòng
v. to participate in sports, work out
n. movement, campaign

[短语] 室内~ | 文化~
[句子] 我每天坚持~一个小时 | 这场爱国~影响很大。

运输 3级

yùnshū
v. transport

[短语] 交通~ | ~商品
[句子] 飞机~比铁路~快 | 那个时代~工具很落后，人们出门很不方便。

杂志 3级

zázhì
n. magazine

[短语] 体育~ | 订~
[句子] 这种~三个月出版一期 | 他在专业~上发表了许多文章。

再 1级

zài
adv. again; then; further, more; in addition

"再"和"又"

"再"多用于还没有发生的行为或情况，动词后不能跟"了"；"又"多用于已经发生的行为，动词后一般有"了"。比如："明天我再去找他。""我昨天又去找他了。"

[短语] ~试一次 | 吃完饭~走 | ~高点儿 | ~不然
[句子] 你~说一遍 | 我们下次~讨论 | 声音~大一些 | 我们要三碗面条儿，~来点儿喝的。

再见 1级

zàijiàn
v. goodbye

[短语] 说~ | 下次~
[句子] 车来了，快跟爷爷奶奶~ | ~了，我的朋友，我会想你的。

在 1级

zài
v. exist; be living; lie in, up to
prep. used to indicate time, place, scope, condition, etc.
adv. used to indicate an action in progress

[短语] 问题还~ | 人不~了 | ~家里 | ~教室上课 | 雨~下
[句子] 祝你青春常~ | 我的父母都已经不~了 | 去不去都~你 | ~学习上，老师经常帮助我 | 他~写作业呢。

越来越 △□☆	云 △□☆	运动 △□☆	运输 △□☆
杂志 △□☆	再 △□☆	再见 △□☆	在 △□☆

在家 1级

zàijiā

v. to be at home, be in

[短语] ~吃饭 | ~的同事

[句子] 爸爸去外地开会了，不~ | ~靠父母，在外靠朋友。

咱 2级

zán

pron. we (including both the speaker and the person spoken to); I

[短语] ~一起去 | ~自己

[句子] ~学校什么时候开学啊？| 这不是~一个人的问题。

咱们 2级

zánmen

pron. we (including both the speaker and the person spoken to); used to mean oneself or the person addressed

"咱们"和"我们"

"咱们"包括说话人和听话人，和"他们"相对；"我们"不包括听话人，与"你们"相对。比如："他们帮过我们一次，帮过你们一次，这次该咱们帮他们了。"

[短语] ~国家 | ~这儿

[句子] ~永远都是一家人 | 孩子，~别哭，你妈妈马上就回来了。

脏 2级

zāng

adj. dirty

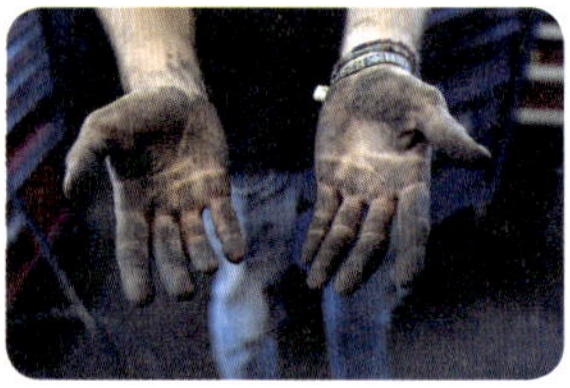

[短语] ~衣服 | ~乱差

[句子] 你的手太~了，快去洗一洗吧 | 别把房间弄~了，要保持干净。

早 1级

zǎo

adj. early; (as a word of greeting) morning

[短语] ~一点儿 | 您~

[句子] 妈妈一般六点起床，起得比姐姐~ | 王老师~！

早餐 2级

zǎocān

n. breakfast

[短语] 一份~ | ~店

[句子] 今天~吃什么？包子还是油条？| 她觉得~要吃好，午餐要吃饱，晚餐要吃少。

Z

早晨 2级

zǎochen

n. early morning

[短语] 每天~ | ~的空气

[句子] 很多老人喜欢~去公园活动一下 | 他~七点就到办公室了。

早饭 1级

zǎofàn

n. breakfast

[短语] 吃~ | ~时间

[句子] 以前都是妈妈给我做~，今天我给妈妈做~ | 不吃~对身体不好，你多少吃点儿吧。

在家	△ □ ☆	咱	△ □ ☆	咱们	△ □ ☆	脏	△ □ ☆
早	△ □ ☆	早餐	△ □ ☆	早晨	△ □ ☆	早饭	△ □ ☆

早就 2级

zǎo jiù
long since

[短语] ~到了 | ~准备好了
[句子] 我~听说过你的名字，很高兴认识你 | 这个办法~有人试过了。

早上 1级

zǎoshang
n. morning

[短语] ~好 | ~的火车
[句子] 你每天~几点上课？| 飞机明天~八点到北京。

早已 3级

zǎoyǐ
adv. long ago

"早已"意思是"很早已经"，表示动作行为或情况在说话以前很早就发生了，句末多带助词"了"。比如："会议早已结束了。"

[短语] ~出现 | ~决定
[句子] 几百年过去了，这座城~不是原来的样子了 | 人们~习惯科技进步带来的各种变化。

造 3级

zào
v. make

[短语] ~船出海 | ~不出好句子
[句子] 在农村，一些农民会自己~房子 | ~纸技术的出现，是人类重要的文明成果。

造成 3级

zàochéng
v. cause

[短语] ~浪费 | ~不好的影响
[句子] 这次交通事故是由天气原因~的 | 工业生产在一定程度上对环境~了危害。

责任 3级

zérèn
n. responsibility; blame

[短语] ~重大 | 负~
[句子] 每个父母都有~把孩子教育好 | 造成这么严重的后果，主要~在你。

怎么 1级

zěnme
pron. what, why, how; used in the negative to indicate degree; used to indicate surprise

[短语] ~走 | 不~高兴 | ~这么快
[句子] 你昨天~没来？| 他不~爱说话 | ~，这么小的问题到现在还没解决？

怎么办 2级

zěnme bàn
what to do, how to do

[短语] 这件事~ | ~更好
[句子] 现在不好好学习，以后你打算~？| 找工作很不顺利，我不知道接下来该~。

早就 △ □ ☆　早上 △ □ ☆　早已 △ □ ☆　造 △ □ ☆
造成 △ □ ☆　责任 △ □ ☆　怎么 △ □ ☆　怎么办 △ □ ☆

怎么样 2级

zěnmeyàng

pron. how, what; used in the negative to form a mild understatement

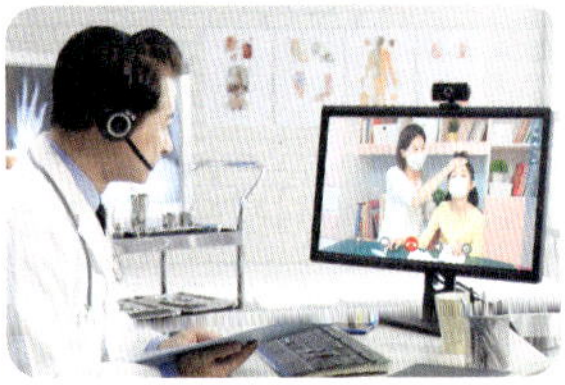

[短语] ~做｜这个人不~

[句子] 你今天感觉~？哪儿不舒服？｜他唱歌唱得不~，一点儿也不好听。

怎样 2级

zěnyàng

pron. how, what; in whatever way

[短语] ~学好中文｜~都行

[句子] 你的父亲是~一个人？｜这个道理我跟他~说也说不明白。

增加 3级

zēngjiā

v. increase

[短语] ~人员｜不断~

[句子] 他今年的收入比去年~了不少｜这个厂的工人已经从 800 名~到了 1 000 名。

增长 3级

zēngzhǎng

v. enhance

[短语] 人口~｜~知识

[句子] 市场需求的~带动了工业生产的~｜各地区经济高速~，人们的生活水平不断提高。

展开 3级

zhǎn//kāi

spread out; launch

[短语] ~世界地图｜~热烈的讨论

[句子] 美丽的画卷在眼前慢慢~｜未来双方会在教育、文化、艺术等方面进一步~交流和合作。

占 2级

zhàn

v. grab, seize, take possession of; occupy; constitute, hold, make up

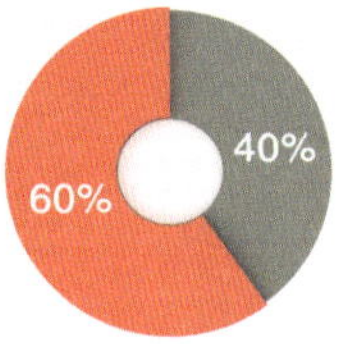

[短语] ~座位｜~时间｜~优势

[句子] 不能随便~别人的东西｜自行车放在家里太~地方了｜同意这种观点的人~大多数。

Z

站 1级

zhàn

n. station; centre

[短语] 公交车~｜工作~

[句子] 我还有三~就到了｜前边有个加油~，我们去加点儿油吧。

站 2级

zhàn

v. stand; stop; hold certain opinion

[短语] ~起来｜不怕慢，就怕~｜~在你这边

[句子] 照相时爷爷奶奶坐着，我和妹妹~着｜别急，车~好了你再上去｜要试着~在不同的角度看问题。

怎么样	△□☆	怎样	△□☆	增加	△□☆	增长	△□☆
展开	△□☆	占	△□☆	站	△□☆	站	△□☆

站住 2级

zhàn//zhù
stop; gain a firm footing; make sense

[短语] 突然~ | 腿站不住 | 观点站得住
[句子] ~，别动！| 经过十年的努力，他终于在这个城市~了 | 这个理由实在站不住，没有人会相信。

张 3级

zhāng
m. used for paper, painting, table, bow, human face and mouth, etc.
v. open, spread, draw, stretch

语言积累

一张画　两张报纸
三张脸　四张唱片
五张弓　六张邮票

[短语] 一~纸 | ~嘴
[句子] 房间里只能放下一~床和一~桌子 | 衣来伸手，饭来~口。

长 2级

zhǎng
v. grow, spring out; increase, enhance

[短语] ~叶子 | ~学问
[句子] 地里~出了很多小草 | 他在这次旅行中~了不少知识。

长大 2级

zhǎngdà
v. grow up

[短语] 在北京~ | 快点儿~
[句子] ~以后他想当一名医生 | 一天天过去了，小树慢慢~了。

找 1级

zhǎo
v. look for; do sth. bad on purpose; give change, make up (a deficiency)

[短语] ~工作 | ~麻烦 | ~钱
[句子] 小虫子跑到哪里去了？让我来~一~ | 我很忙，你别~事儿 | 应该~我五块钱，你多~了一块钱。

找出 2级

zhǎochū
find out, hunt out

[短语] ~不同 | ~那本中文书
[句子] 通过调查，公司~了产生问题的原因 | 想了一晚上，他也没有~更好的办法。

找到 1级

zhǎodào
find out

[短语] ~出口 | ~目标
[句子] 我终于~解决方法了 | 希望你能很快~属于自己的幸福。

照 3级

zhào
v. shine; reflect; take a photo
prep. in accordance with, in the direction of

[短语] ~亮 | ~~你的脸 | ~张照片 | ~我说的做
[句子] 阳光~着草地 | 她喜欢~镜子 | 我想在长城~张相 | ~着这个方向一直往前走，十分钟就到了。

照顾 2级

zhàogù

v. look after; pay attention to; show consideration for

[短语] ~病人 | ~行李 | ~到各方面

[句子] 请大家~好老人和孩子 | 我们要多~有困难的家庭 | 分配工作任务时，要~到员工的实际情况。

照片 2级

zhàopiàn

n. photograph

[短语] 彩色~ | 洗~

[句子] 这张~是在哪儿照的? | 这几张~拍得真好!

照相 2级

zhào//xiàng

take a photograph

[短语] 给你~ | 照了一张相

[句子] ~的时候，要选好角度 | 我们一起照张相吧，留个纪念。

者 3级

zhě

suff. used after a word or phrase to indicate the doer of sth. or a person doing the stated work or following the stated doctrine

语言积累

读者　作者　记者

学者　老者　强者

劳动者　达到标准者

[短语] 建设~ | 能~多劳

[句子] 公司经营~要重视管理 | 文学艺术工作~应该深入实际，深入生活。

这 1级

zhè

pron. this; now, then; used together with 那 to indicate numerous indefinite people or objects

[短语] ~天 | 从~以后 | 买~买那

[句子] ~是你画的苹果吗? | 你怎么~才来啊! | 小华今年六岁，总喜欢问~问那。

这边 1级

zhèbiān

pron. this side, this way, over here

[短语] 走~ | 在~

[句子] 孩子，快到妈妈~来 | 我~的天气很好，你那边呢?

这里 1级

zhè · lǐ

pron. here

[短语] 在~ | ~的交通

[句子] ~景色很好，我想再坐一会儿 | 今天就学到~吧，明天接着学。

这么 2级

zhème

pron. such

[短语] ~做 | ~一个人

[句子] 这些树怎么~高? | 他~爱你，你还不满足吗?

Z

照顾	△ □ ☆	照片	△ □ ☆	照相	△ □ ☆	者	△ □ ☆
这	△ □ ☆	这边	△ □ ☆	这里	△ □ ☆	这么	△ □ ☆

这儿 1级

zhèr

pron. here

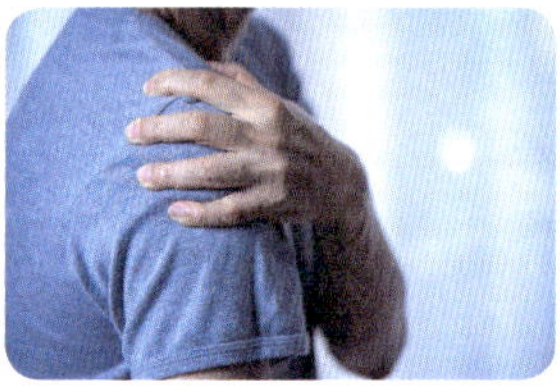

[短语] 坐~ | ~疼

[句子] 夏天我们~常常下雨 | ~的人都很热情。

这时候|这时

2级

zhè shíhou | zhè shí

at this time, at this moment

[短语] 明天这时候 | 就在这时

[句子] 已经这时候了，商店早就关门了 | 她正准备睡觉，这时手机响了。

这些 1级

zhèxiē

pron. these

[短语] ~汉字 | 知道~

[句子] ~是我们今天学习的内容 | 我会永远记得在中国的~日子。

这样 2级

zhèyàng

pron. such

[短语] 像我~ | ~办

[句子] ~的表演我以前没有看过 | 事情就是~，你要是不相信，我也没办法。

着 1级

zhe

aux. used after a verb or an adjective to indicate the continuation of an action or a state; used for emphasis after verbs or adjectives in imperative sentences

[短语] 听~音乐 | 慢~点儿吃

[句子] 已经12点多了，他房间里的灯还亮~ | 你看~点儿路，注意安全！

真 1级

zhēn

adv. truly, really

adj. true, real

“真”和“很”

“真”一般用于感叹句，“很”一般用于陈述句。“很+形容词”可以作宾语、状语，“真”无此用法。

[短语] ~好玩儿 | 说~话

[句子] 时间过得~快 | 我相信这是~人~事。

真的 1级

zhēn de

true (ly), real (ly)

[短语] 变成~ | ~不容易

[句子] 那两朵花是~还是假的？| 那天特别冷，~，零下20度。

真实 3级

zhēnshí

adj. true

[短语] ~的感情 | 报道不~

[句子] 我总是看不到他~的样子 | 这部小说~地表现了当时的社会情况。

Z

这儿	△□☆	这时候 | 这时	△□☆	这些	△□☆	这样	△□☆
着	△□☆	真	△□☆	真的	△□☆	真实	△□☆

真正 2级

zhēnzhèng

adj. genuine

[短语] ~的自由 | ~的目的

[句子] ~的朋友在最困难的时候也会互相帮助 | 能够为实现自己的理想努力才是~的幸福。

争 3级

zhēng

v. contend, compete, strive; argue, dispute

[短语] ~第一 | ~对错

[句子] 同学们上课时~着回答问题 | 事实已经很清楚了，你不要再~了。

争取 3级

zhēngqǔ

v. fight for

[短语] ~胜利 | 努力~

[句子] 我终于~到了参加比赛的机会 | 我要好好学习，~考上理想的大学。

整 3级

zhěng

adj. whole

v. put in order

[短语] 一~年 | 一~~书架

[句子] 下午两点~我们开会讨论这套书的写作计划 | 领导让我把这些文件~好。

整个 3级

zhěnggè

adj. whole

[短语] ~西瓜 | ~星期

[句子] 这只是~教育事业的一小部分 | 在教学的~过程中，我们要关注每个学生的特点。

整理 3级

zhěnglǐ

v. straighten out

[短语] ~房间 | ~得很干净

[句子] 明天就要出发了，我得赶紧把行李~好 | 先把有用的建议都~出来，再一起商量怎么改进。

整齐 3级

zhěngqí

adj. orderly; regular, neat

[短语] 排得很~ | 服装~

[句子] 教室里的桌子放得整整齐齐的 | 这一组技术人员的水平非常~。

整体 3级

zhěngtǐ

n. whole

[短语] 组成~ | ~情况

[句子] 我们要从~出发想问题 | 人类是一个相互联系的~，各个国家应该加强交流和合作。

真正 △□☆ 争 △□☆ 争取 △□☆ 整 △□☆

整个 △□☆ 整理 △□☆ 整齐 △□☆ 整体 △□☆

整天 3级

zhěngtiān

n. all day (long)

[短语] ~玩儿 | 一~时间

[句子] 今天忙了一~，休息一会儿吧 | 她花了两~才把家里整理干净。

整整 3级

zhěngzhěng

adv. fully

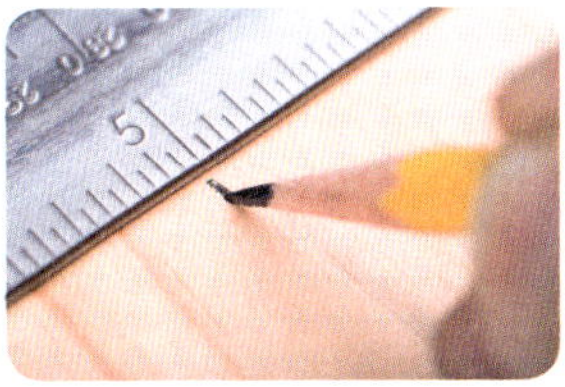

[短语] ~五厘米 | ~等了一夜

[句子] 离考试还有~十天，加油！| 他搬家了，东西很多，~装了两车。

正 1级

zhèng

adv. just happening, just continuing; just

[短语] ~吃饭 | ~合适

[句子] 你打电话的时候，我~忙着呢 | 现在的情况~像你想的那样。

正 3级

zhèng

adj. straight, middle; regular, standard; principal

[短语] ~前方 | 味道很~ | ~副主任

[句子] 我最喜欢~中间那张画儿 | 这个人很~，值得信任 | 他今年当上~教授了。

正常 2级

zhèngcháng

adj. normal

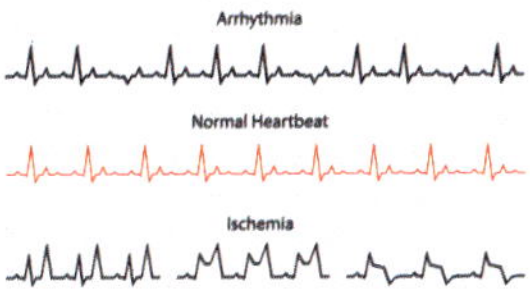

[短语] ~现象 | ~进行

[句子] 病人现在的身体状况基本~ | 他今天表现得不太~，发生什么事了？

正好 2级

zhènghǎo

adj. just right

adv. by chance

[短语] 来得~ | ~看到他

[句子] 你的那双鞋小了，给弟弟穿~ | 你要问的这件事我~知道。

正确 2级

zhèngquè

adj. correct

[短语] 回答~ | 判断得很~

[句子] 他一直坚持走~的道路 | 我们要~地认识人和自然的关系。

正式 3级

zhèngshì

adj. formal

[短语] ~场合 | ~开始

[句子] 你今天怎么穿得这么~？| 这家商店在下周一~开业。

Z

整天	△ □ ☆	整整	△ □ ☆	正	△ □ ☆	正	△ □ ☆
正常	△ □ ☆	正好	△ □ ☆	正确	△ □ ☆	正式	△ □ ☆

正是 2级

zhèngshì
v. be exactly or precisely

[短语] ~这样 | ~因为
[句子] 夏天~去海边旅游的好时候 | ~有大家的帮助，他最后才取得了成功。

正在 1级

zhèngzài
adv. in process of

[短语] ~吃饭 | ~进行
[句子] 我找到他时，他~图书馆看书 | 现在她~上课，你过一会儿再给她打电话。

2100

证 3级

zhèng
n. certificate, card, licence

语言积累

证人 证书 证据
工作证 出入证
结婚证 毕业证
学生证 许可证

[短语] 教师~ | 记者~
[句子] 你带工作~了吗? | 进入公司必须有员工~。

证件 3级

zhèngjiàn
n. credentials

[短语] 办理~ | ~照片
[句子] 出门旅行要带好护照、身份证等各种~ | 进门时需要检查~，请提前准备好。

证据 3级

zhèngjù
n. evidence

[短语] ~不足 | 拿出~
[句子] 抓人要有可靠的~ | 他给你发的信息就是有力的~。

证明 3级

zhèngmíng
v. prove
n. certificate

[短语] 用证据~ | 开~
[句子] 事实~你的判断是正确的 | 办这个手续需要结婚~和孩子的出生~。

Z

支 3级

zhī
m. used as a classifier for long, thin, inflexible objects, songs or musical compositions, troops, fleets, etc.

[短语] 一~笔 | 一~乐队
[句子] 她又给观众唱了两~歌 | 学校正准备成立一~足球队。

支持 3级

zhīchí
v. hold out; support

[短语] 大力~ | ~你的观点
[句子] 她已经练了一个小时了，身体有点儿~不住了 | 我认为正确的，我就~。

正是 △□☆	正在 △□☆	证 △□☆	证件 △□☆
证据 △□☆	证明 △□☆	支 △□☆	支持 △□☆

支付 3级

zhīfù

v. pay

［短语］~生活费 | ~方式

［句子］我没有现金，可以通过手机~吗？| 大城市的房租很贵，他~不起。

只 3级

zhī

m. used for certain animals; one of certain paired things; certain containers, small boats, etc.

［短语］一~鸟 | 两~手 | 一~箱子

［句子］奶奶养了一~小狗 | 你看见我那~鞋了吗？| 河里有几~小船。

知道 1级

zhī · dào

v. know

［短语］~不~ | ~得很多

［句子］你~张老师去哪儿了吗？| 我们都~这件事很重要。

知识 1级

zhīshi

n. knowledge

［短语］科学~ | 学习~

［句子］王老师在外国文学方面的~很丰富 | 他不懂这个学科的~，所以不知道这道题该怎么做。

直 3级

zhí

adj. straight; candid, frank, straightforward

v. straighten

adv. directly; continuously

［短语］~走 | 心~口快 | ~起身体 | ~飞中国 | 气得~哭

［句子］马路又~又平 | 你有话~说 | 她从椅子上~起腰来 | 这条路~通北京 | 他疼得~出汗。

直播 3级

zhíbō

v. televise live

［短语］现场~ | 新闻~间

［句子］电视台会~世界杯足球比赛 | 现在网上~节目越来越流行。

直到 3级

zhídào

v. be until

［短语］~今天 | ~天亮

［句子］他一直在车站等她，~火车开了她也没来 | 我们要不断改进服务，~顾客满意。

直接 2级

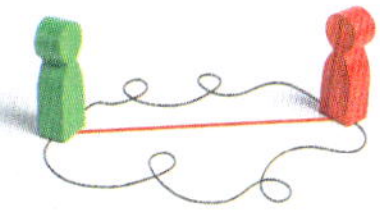

zhíjiē

adj. direct

［短语］~原因 | ~影响

［句子］这个问题问得太~了，她不知道怎么回答 | 有急事你就~给我打电话。

支付	△ □ ☆	只	△ □ ☆	知道	△ □ ☆	知识	△ □ ☆
直	△ □ ☆	直播	△ □ ☆	直到	△ □ ☆	直接	△ □ ☆

值 3 级

zhí
v. be worth

[短语] ~100 块｜家书~万金
[句子] 这套房子现在~多少钱？｜这本书内容很好，~这个价格。

值得 3 级

zhí// · dé
be worth; be worthwhile

[短语] ~纪念｜~学习
[句子] 做好这份工作意义重大，累一点儿也~｜花那么多钱买一个杯子，值不值得？

职工 3 级

zhígōng
n. workers and staff

[短语] 退休~｜~代表
[句子] 她是我们厂今年的先进~｜每名~都应该关注公司的经营和管理。

职业 3 级

zhíyè
n. occupation

[短语] ~理想｜~教育
[句子] 你以后想从事什么~？｜正式工作前，你需要接受专门的~技术训练。

只 2 级

zhǐ
adv. only

[短语] ~知道｜~会说英文
[句子] 每个人~发一个面包，不能多拿｜任务很重，~你一个人行吗？

只好 3 级

zhǐhǎo
adv. have to

[短语] ~这样做｜~下次再说
[句子] 前边修路，他~把车停了下来｜图书馆没有这本书，我~自己买了一本。

Z

只能 2 级

zhǐ néng
can only

[短语] ~选一个｜~你去
[句子] 她受伤了，~退出长跑比赛｜这个问题~靠专业人员解决。

只是 3 级

zhǐshì
adv. only; simply
conj. but

[短语] ~个人想法｜~笑笑｜~太贵了
[句子] 我~想买瓶水，不买别的｜每次开会，他都~安静地听，很少发表意见｜这里景色太美了，~交通有点儿不方便。

值 △□☆	值得 △□☆	职工 △□☆	职业 △□☆
只 △□☆	只好 △□☆	只能 △□☆	只是 △□☆

只要 2级

zhǐyào

conj. as long as

“只要”表示必要的条件，常和“就”配合使用，如“只要你愿意，就可以参加”。有时也可以不用“就”，如“我可以帮你拿，只要东西不太多”。

[句子] 你～不断努力，就一定会成功｜～顾客有需求，我们就应该尽量满足。

只有 3级

zhǐyǒu

conj. only

[句子] ～他才能打开那个门｜～不断提高科学文化水平，我们才能更好地适应现代社会的发展。

纸 2级

zhǐ

n. paper

[短语] 一张白～｜～船

[句子] 请你把名字写在这张～上｜～包不住火，我觉得你应该早些把实际情况告诉他。

指 3级

zhǐ

v. point at; indicate, refer to; rely on

[短语] ～向那边｜我～的是他｜～着父母帮忙

[句子] 请给我～一下公园在哪儿｜我～的是客观存在，不是～观念上的东西｜别人都～不上，我们得靠自己。

指出 3级

zhǐchū

point out

[短语] ～问题｜～前进方向

[句子] 老师～了我作业中的错误｜他在这篇文章中明确～，人和自然是一个整体。

指导 3级

zhǐdǎo

v. guide

[短语] ～工作｜分别～

[句子] 父母要多～孩子合理安排时间｜我们应该坚持科学的～思想。

至今 3级

zhìjīn

adv. so far

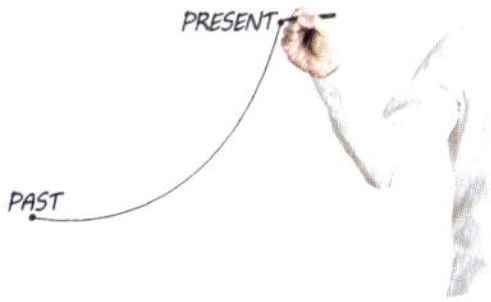

[短语] 持续～｜从古～

[句子] 事故的原因～都没有查出来｜我～也忘不了你多年前对我的大力帮助。

至少 3级

zhìshǎo

adv. at least

[短语] ～两米｜～有 500 人

[句子] 从这里到机场，打车去的话～要一个小时｜这个地方就算你没有来过，～听说过吧。

只要 △□☆　只有 △□☆　纸 △□☆　指 △□☆

指出 △□☆　指导 △□☆　至今 △□☆　至少 △□☆

Z

志愿 3级

zhìyuàn

n. aspiration

[短语] 第一～ | 伟大的～

[句子] 他的～是当一名科学家 | 老师让我们每个人都谈谈自己的～。

志愿者 3级

zhìyuànzhě

n. volunteer

[短语] 当～ | 青年～

[句子] 上万名大学生～参加了这次环境保护活动 | 在比赛过程中，运动员们深深感受到了～热情的服务。

制定 3级

zhìdìng

v. formulate

[短语] ～规范 | ～语言能力标准

[句子] 这个发展计划是由国家～的 | 公司的安全管理办法还没～好，需要进一步讨论。

制度 3级

zhìdù

n. regulation; system

[短语] ～创新 | 制定～

[句子] 我们要建立和完善安全生产责任～ | 一个国家的基本～是由社会经济基础决定的。

制造 3级

zhìzào

v. manufacture; create

[短语] ～汽车 | ～麻烦

[句子] 你知道这种设备是怎么～出来的吗？ | 他故意～了这条新闻，目的是得到更多关注。

制作 3级

zhìzuò

v. make, manufacture; produce

[短语] ～家具 | 影视～

[句子] 这个杯子的～方法很简单 | 为了向人们介绍当地的特色，电视台专门～了两期节目。

中 1级

zhōng

n. centre; inside; used after a verb or verbal phrase to mean in the process of

[短语] 东西南北～ | 家～ | 发展～国家

[句子] 我打算八月～回家 | 她眼里有光，心～有爱，脚下有路 | 会议在进行～，大概六点结束。

中部 3级

zhōngbù

n. central section

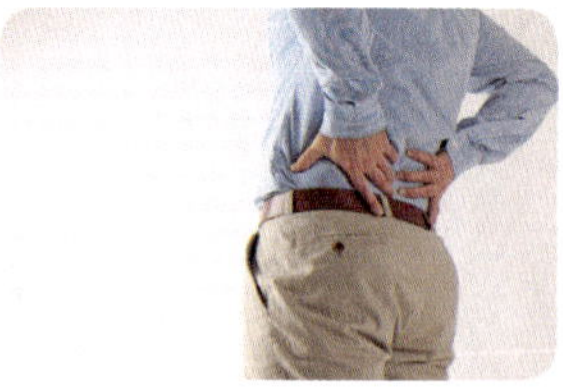

[短语] 城市的～ | ～各省

[句子] 头在上部，腰在～，脚在下部 | 这个国家的～地区经济比较发达。

志愿	△ □ ☆	志愿者	△ □ ☆	制定	△ □ ☆	制度	△ □ ☆
制造	△ □ ☆	制作	△ □ ☆	中	△ □ ☆	中部	△ □ ☆

中餐 2级

zhōngcān

n. Chinese food; lunch

[短语] 喜欢～｜12 点吃～

[句子] 晚上吃～还是西餐？｜我今天没吃早餐，咱们早点儿去吃～吧。

中国 1级

Zhōngguó

n. China

[短语] ～朋友｜在～举行

[句子] 北京是～的首都｜我正在学习～的语言和文化。

中华民族 3级

Zhōnghuá Mínzú

n. Chinese nation

[短语] ～一家亲｜～的精神文明

[句子] 春节是～的重要节日｜～是由 56 个民族组成的大家庭。

中级 2级

zhōngjí

adj. mid-level

[短语] ～班｜～以上

[句子] 他的中文已经达到～水平｜三年前，她就取得了～专业技术资格。

中间 1级

zhōngjiān

n. the midst; the centre, the middle

[短语] 人群～｜正～

[句子] 这两座山～有一条河｜桌子～放着一瓶花。

中年 2级

zhōngnián

n. middle age

[短语] ～男子｜进入～

[句子] 人到～，上有老，下有小，压力很大｜～科技工作者是推动科技创新的重要力量。

中文 1级

Zhōngwén

n. Chinese language

[短语] 会写～｜～系

[句子] 她一直从事国际～教育工作｜～能力包括听、说、读、写等各方面。

中午 1级

zhōngwǔ

n. midday, noon

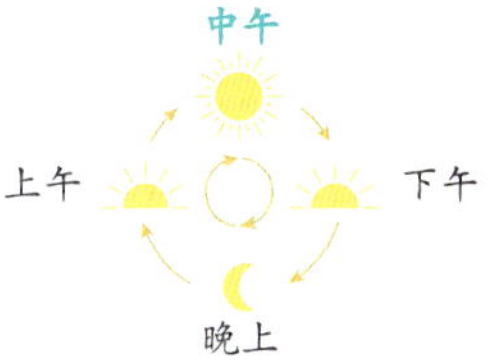

[短语] 在～｜～12 点

[句子] 夏天的～很热｜我们单位～有两个小时休息时间。

中小学 2级

zhōng-xiǎoxué
primary and secondary schools

［短语］～教师｜全市的～
［句子］～教育是基础教育，大学教育是高等教育｜～一般是9月1日开学。

中心 2级

zhōngxīn
n. centre; the key component of sth., a core; a unit or an institution serving as a centre in a field

［短语］广场的～｜抓住～思想
［句子］精彩的表演使她成为整个晚会的～｜学校的就业指导～主要是为学生就业服务的。

中学 1级

zhōngxué
n. middle school

［短语］上～｜初级～
［句子］她考上了我们市的重点～｜他和弟弟都在这所～读书，他读高中，弟弟读初中。

中学生 1级

zhōngxuéshēng
n. middle school student

［短语］一名～｜～代表
［句子］她在全国～作文比赛中得了一等奖｜参加一定的社会活动对～的成长有利。

中医 2级

zhōngyī
n. traditional Chinese medicine (TCM); doctor of traditional Chinese medicine

［短语］学～｜看～
［句子］～是中国科学和文化发展成果的重要组成部分｜他是一名经验丰富的老～。

终于 3级

zhōngyú
adv. finally

［短语］～到达｜～成功
［句子］经过长期的试验，这种药～可以安全使用了｜火车快到了，她～等到了最想见的人。

Z

钟 3级

zhōng
n. clock; bell; time

［短语］～停了｜一口～｜几点～
［句子］教室的墙上挂着～，方便大家看时间｜河那边传来古～的声音｜现在已经12点～了。

种 3级

zhǒng
m. type, kind

［短语］几～颜色｜两～不同的观点
［句子］这～现象并不常见｜他们不是一～人，没有什么共同语言。

中小学	△ □ ☆	中心	△ □ ☆	中学	△ □ ☆	中学生	△ □ ☆
中医	△ □ ☆	终于	△ □ ☆	钟	△ □ ☆	种	△ □ ☆

种子 3级

zhǒngzi

n. seed; seeded player

[短语] 树的～｜～队员

[句子] 不同的～需要不同的生长条件｜他目前排名世界第三，是这次比赛中的一号～选手。

重 1级

zhòng

adj. heavy; important; serious

[短语] 我比姐姐～｜责任很～｜得～病

[句子] 这些书太～了，我一个人拿不动｜他把朋友看得很～｜那个运动员伤得很～，需要好好养一养。

重大 3级

zhòngdà

adj. great, major, significant

[短语] ～成就｜意义～

[句子] 十年来，这个地区的基础建设取得了～进展｜教育评价是教育工作中的一个～问题，必须认真对待。

重点 2级

zhòngdiǎn

n. emphasis

adv. with the focus on

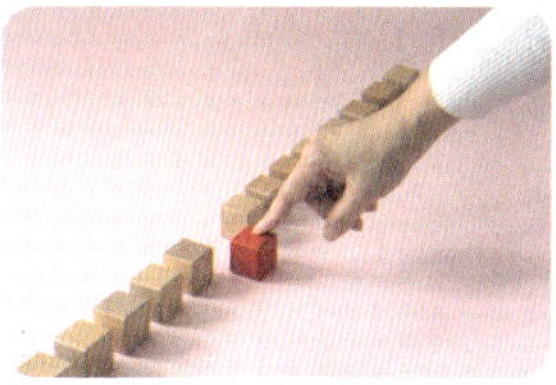

[短语] 工作～｜～发展

[句子] 这篇文章～不突出，需要修改｜今天的会议～讨论以下几个问题。

重视 2级

zhòngshì

v. attach importance to

[短语] ～人才｜受到～

[句子] 他很～别人对他的看法｜这几年公司发展得很好，但也出现了一些值得～的新问题。

重要 1级

zhòngyào

adj. important

[短语] ～作用｜对我很～

[句子] 我在等一个～的电话｜学好基础知识非常～。

周 2级

zhōu

m. circuit

[短语] 地球的一～｜飞了整整一～

[句子] 他在学校运动场跑了两～｜月亮围着地球运动一～大约需要一个月。

周末 2级

zhōumò

n. weekend

[短语] 上个～｜一起过～

[句子] 你下～有什么计划？｜她每个～都回家看父母。

Z

种子 △ □ ☆　重 △ □ ☆　重大 △ □ ☆　重点 △ □ ☆

重视 △ □ ☆　重要 △ □ ☆　周 △ □ ☆　周末 △ □ ☆

周年 2级

zhōunián

n. anniversary

[短语] 满一～ | 建国 75 ～

[句子] 今天是他们结婚 50～纪念日 | 明天公司举办晚会，热烈庆祝公司成立十～。

周围 3级

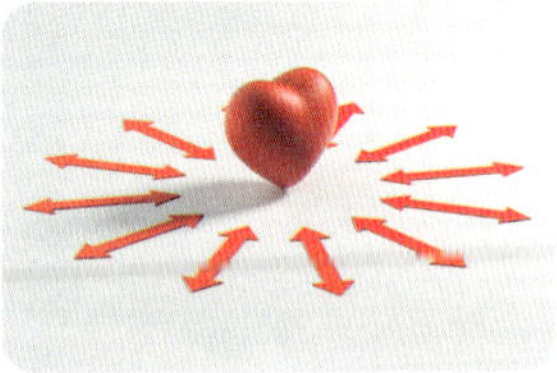

zhōuwéi

n. all-round environment

[短语] 广场～ | ～的环境

[句子] 孩子们经常在这～玩儿 | 这个村～都是山，交通不太方便。

猪 3级

zhū

n. pig

[短语] ～狗不如 | 人怕出名～怕壮

[句子] 他家养了十几头～ | 弟弟是 2019 年出生的，属～。

主持 3级

zhǔchí

v. preside over, take charge of, host

[短语] ～会议 | ～节目

[句子] 他曾经在多个单位～过工作，管理经验十分丰富 | 这次技术合作交流会由双方代表共同～。

主动 3级

zhǔdòng

adj. on one's own initiative; having the initiative

[短语] ～提出 | 争取～

[句子] 课堂上，同学们积极～地回答问题 | 如果不早些采取行动，我们就会失去～。

主人 2级

zhǔ · rén

n. host; owner

[短语] 热情的～ | 房子的～

[句子] ～为客人准备了丰盛的晚餐 | 小狗和它的～安静地坐在草地上。

主任 3级

zhǔrèn

n. director

[短语] 中文系～ | 副～

[句子] 请问，～办公室在哪儿？| 市场部的张～向大家介绍了他们部门的工作经验。

主要 2级

zhǔyào

adj. main

[短语] ～特点 | ～负责

[句子] 这座大楼的～部分已经建好了 | 这次活动的目的～是帮助学生明白合作的重要意义。

周年 △□☆	周围 △□☆	猪 △□☆	主持 △□☆
主动 △□☆	主人 △□☆	主任 △□☆	主要 △□☆

主意 3级

zhǔyi

n. decision; idea

[短语] 改变～｜好～

[句子] 他是公司老板，很多事情最后都需要他来拿～｜假期去哪儿旅行好？你给我出出～吧。

主张 3级

zhǔzhāng

v. advocate

n. position

[短语] ～和平｜提出不同的～

[句子] 他～通过制度创新去发现新的发展机会｜他们在交流各自的艺术～。

住 1级

zhù

v. live; used as a complement after a verb indicating a stop, steadiness, being able or unable to reach sth.; stop

[短语] ～在哪儿｜站～｜风停雨～

[句子] 他们一家五口人～在一起｜快来帮帮我，我坚持不～了｜因为身体不舒服，那个孩子不～地哭。

住房 2级

zhùfáng

n. housing

[短语] 一套～｜～条件

[句子] ～制度改革明年实行｜相关部门正在重点解决低收入家庭的～问题。

住院 2级

zhù//yuàn

be hospitalized

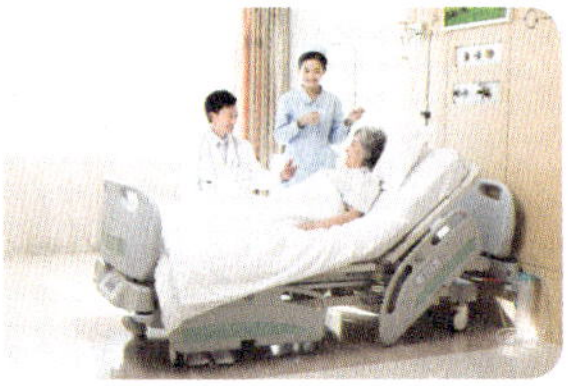

[短语] ～费用｜住过一次院

[句子] 你的病还没好，需要接着～｜奶奶这次生病住了一个月院。

注意 3级

zhù//yì

take notice of

[短语] ～听讲｜注点儿意

[句子] 如果你不说，他根本～不到这个问题｜你注没注意，小张今天穿了一条新裙子。

祝 3级

zhù

v. pray, wish, offer good wishes

[短语] ～新年快乐｜～学习进步

[句子] 再见，～大家平安顺利！｜妈妈，～你生日快乐，身体健康！

抓 3级

zhuā

v. grab; capture; grasp; be in charge of

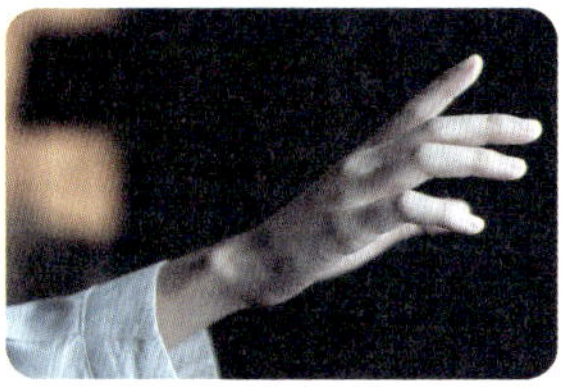

[短语] ～起筷子｜～鱼｜～重点｜～生产

[句子] 她～起面包，三口两口就吃完了｜警察把坏人～走了｜读文章要学会～中心内容｜王校长主要～教学，李校长～全面工作。

主意	△ □ ☆	主张	△ □ ☆	住	△ □ ☆	住房	△ □ ☆
住院	△ □ ☆	注意	△ □ ☆	祝	△ □ ☆	抓	△ □ ☆

抓住 3级

zhuāzhù
grab; grasp

[短语] ~小球 | ~重点
[句子] 他马上就要~我了，却突然停下了 | 你一定要~这次机会，这样的好事以后很难再有了。

专家 3级

zhuānjiā
n. expert

[短语] 两位~ | 计算机~
[句子] 参加这次会议的~主要来自国内大学和新闻单位 | 他的病很严重，父母带他去北京看了~。

专门 3级

zhuānmén
adv. specifically; specially

[短语] ~教中文 | ~过来见你
[句子] 这个机器是~加工面包的 | 为了宣传新产品，公司~开了两场记者会。

专题 3级

zhuāntí
n. special topic

[短语] ~报道 | ~讨论
[句子] 电视台制作了一期关于春节的~节目 | 请问这种~报告应该怎么写？

专业 3级

zhuānyè
n. special field of study; specialized trade

[短语] 中文~ | ~技术
[句子] 刚考上大学时我还不知道什么~适合我，大二的时候我从外国文学~转到了法学 | 我市积极为留学回国人员创造工作条件，使他们能发挥~优势。

转 3级

zhuǎn
v. turn; transfer

[短语] ~过来 | ~些钱
[句子] 她~过头对我笑了笑 | 这是我送给你姐姐的生日礼物，请你帮忙~给她。

转变 3级

zhuǎnbiàn
v. change

[短语] ~想法 | ~思想
[句子] 她决定~自己的生活方式，每天早睡早起 | 人生总是在不断地~，谁也不知道下一分钟会发生什么。

装 2级

zhuāng
v. load; install; pretend

[短语] ~东西 | ~电脑 | ~明白
[句子] 买了这么多东西，你的车~得下吗？| 从网上买了一把椅子，可我不太会~ | 我大声喊小王，可他却~听不到。

抓住	△□☆	专家	△□☆	专门	△□☆	专题	△□☆
专业	△□☆	转	△□☆	转变	△□☆	装	△□☆

状况 3级

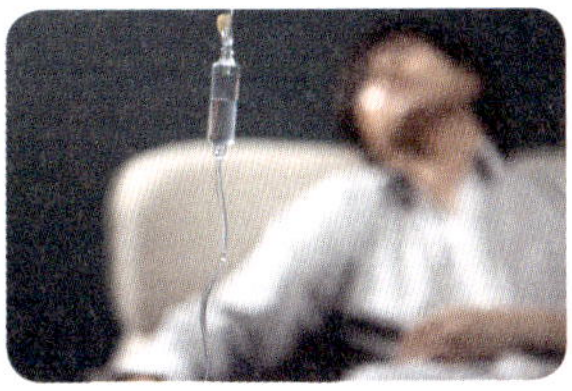

zhuàngkuàng
n. state of affairs

[短语] 家庭～｜生活～
[句子] 他最近身体～不太好，经常生病｜从这几年的人口～报告可以发现，老龄化社会已经到来。

状态 3级

zhuàngtài
n. state

[短语] 精神～｜调整～
[句子] 想要保持好的～，最好每天早睡早起｜只有创新才能改变落后～。

追 3级

zhuī
v. chase; pursue

[短语] ～上来｜～明星
[句子] 小狗喜欢～着球跑，妹妹喜欢～着小狗跑｜我～她～了三年，终于成了她男朋友。

准 3级

zhǔn
adj. accurate, definite
adv. definitely

[短语] 说不～｜这样～行
[句子] 现在几点了？我的表不太～｜别担心，你～能做好这件事。

准备 1级

zhǔnbèi
v. prepare; plan

[短语] ～早餐｜～回家
[句子] 咱们一起～一下明天要用的东西吧｜各个电视台都为春节～了精彩的节目。

准确 2级

zhǔnquè
adj. accurate

[短语] 数字～｜～的判断
[句子] 会议记录要～地体现会议时间、参加人员和主要内容｜我记得不一定～，但我确定他那天不在现场。

桌子 1级

zhuōzi
n. table

[短语] ～和椅子｜几张～
[句子] 我们一家人围坐在～旁边，一起庆祝新年的到来｜为了不碰到孩子，他用布包上了～的四个角。

资格 3级

zīgé
n. qualifications; seniority

[短语] 教师～证｜老～
[句子] 经过努力，他终于取得了金牌会员的～｜您经验最丰富，最有～当我们的代表。

状况 △□☆　状态 △□☆　追 △□☆　准 △□☆
准备 △□☆　准确 △□☆　桌子 △□☆　资格 △□☆

资金 3级

zījīn

n. fund, capital

[短语] 缺少～ | 活动～

[句子] 国家每年投入大量～在科技创新上 | 由于～、技术、管理等方面的问题，我们公司的发展不太顺利。

子女 3级

zǐnǚ

n. children, son or daughter

[短语] 独生～ | ～教育问题

[句子] 爷爷奶奶一共有七个～，我爸爸是老大 | ～可以为父母带来很多快乐，有时也会带来一些苦恼。

自从 3级

zìcóng

prep. since

“自从”和“从”

二者都可以表示时间的起点，如“自从今年二月”“从明年三月”。但“从”还可以表示空间的起点，“自从”无此用法。如“从上海到北京”，这里的“从”不能换为“自从”。

[短语] ～进入21世纪 | ～参加工作

[句子] ～见到她，我的心情一直很好 | ～上了大学，他就一边学习一边打工，再也没向父母要过钱。

自动 3级

zìdòng

adj. self-generated, automatic

adv. automatically

[短语] 全～生产线 | ～检查

[句子] 我买了一个～洗衣机，把衣服放进去就什么也不用管了 | 工厂最近遇到了困难，每天到了下班时间大家也不走，都～留下来加班。

自己 2级

zìjǐ

pron. oneself; one's own

[短语] 他们～知道 | 相信～

[句子] 我～能解决，不需要别人帮忙 | ～的事情～做，每个人的未来就在～手中。

自觉 3级

zìjué

adj. conscious

[短语] ～排队 | ～完成任务

[句子] 公交车上虽然没有人专门卖票，但大家都～地支付票钱 | 孩子这几天都很～，学习非常主动。

自然 3级

zìrán

n. nature

adj. natural

adv. naturally

[短语] ～环境 | ～的过程 | 功到～成

[句子] 美，来自～，来自生活，来自热爱 | 听完我的话，他笑得很不～ | 你告诉旅行社需要什么，他们～会帮你做好。

自身 3级

zìshēn

n. oneself

“自身”和“自己”

二者都可以代指前文出现过的人或事物。如“这可能和我自己的个性有关”，这里“自己”可换为“自身”。但“自己”还可以泛指，“自身”不能。如“自己的工作应当自己完成”，这里“自己”不能换为“自身”。

[短语] ～的情况 | ～条件

[句子] 一个人去旅行，要注意～的安全 | 每个人都在努力实现～的价值。

Z

2200

资金 △□☆　子女 △□☆　自从 △□☆　自动 △□☆

自己 △□☆　自觉 △□☆　自然 △□☆　自身 △□☆

自行车 2级

zìxíngchē
n. bicycle

［短语］一辆～｜旧～
［句子］咱们学校离那里十公里，骑～去的话得一个多小时｜地铁站旁边停着很多共享～，有的人下了地铁就骑～回家，成功解决了“最后一公里”的问题。

自由 2级

zìyóu
n. freedom, liberty
adj. free

［短语］喜欢～｜～活动
［句子］在一个幸福的家庭里，每个成员既有～也有责任｜市场经济不是～经济，需要国家相关部门管理。

自主 3级

zìzhǔ
v. be one’s own master

［短语］～学习｜～创新
［句子］以前我什么都靠父母，出国以后一切都要～，我还真有些不适应｜这所大学为学生创造了很多～创业的机会。

字 1级

zì
n. character

［短语］学写～｜不识～，不明理
［句子］很多～的意思可以从它的组成部分看出来，比如有“扌”的～和手的动作有关系｜他在桌子上写了一个“早”～，告诉自己每天都要早起读书。

字典 2级

zìdiǎn
n. dictionary

［短语］查～｜一本～
［句子］谁把我的～拿走了？｜这本～用图片说明汉字的意思，让人觉得汉字并不难学。

子 1级

zi
suff. used after a noun, an adjective or a verb to form a noun

读一读

车子	包子	刷子
鼻子	虫子	鞋子
尺子	毯子	剪子
帽子	面子	肚子

［句子］我学会包饺～了｜屋～里面有桌～、有椅～，椅～上坐着一个孩～。

总 3级

zǒng
adv. always; sooner or later; probably

［短语］～吃方便面｜～能学会｜～有十年了
［句子］我说话他～不听，你帮我说说他｜别急，～有解决办法的｜他都请了一周假了，明天～该回来上班了。

总结 3级

zǒngjié
v. sum up
n. summary

［短语］～报告｜写工作～
［句子］请你们～一下这次成功的经验，明天向大家介绍介绍｜年底了，大家每人交一份今年的工作～和明年的工作计划。

自行车 △□☆	自由 △□☆	自主 △□☆	字 △□☆
字典 △□☆	子 △□☆	总 △□☆	总结 △□☆

总是 3级

zǒngshì

adv. always

［短语］～下雪｜～得第一

［句子］她～坐地铁上下班｜王老师～能用一些简单的话把复杂的问题讲清楚。

走 1级

zǒu

v. walk; leave; pass through, pass by

［短语］～快点儿｜早～半个小时｜～东门

［句子］我～不动了，休息一会儿吧｜你怎么现在才～？天都黑了｜这条路不好～，注意安全。

走过 2级

zǒuguò

pass by, have been to

［短语］～公司门口｜～千山万水

［句子］这一生～的路、遇见的人、经历的事，都使我们成为现在的自己｜你～中国多少地方？

走进 2级

zǒujìn

walk into

［短语］～酒店｜～剧场

［句子］我刚刚～房间，还没坐下，他就来了｜今天，让我带领大家一起～世界杯，一起看足球！

走开 2级

zǒukāi

go away

［短语］别～｜快～

［句子］不要～，精彩节目马上回来｜看到有人需要帮助，我怎么会～呢？

走路 1级

zǒu//lù

walk

［短语］～回家｜走了一天路

［句子］小孩儿总是刚学会～，就想跑起来｜我昨天爬山时受了伤，今天走不了路了。

Z

租 2级

zū

v. rent, lease

［短语］～车｜～设备

［句子］他回到家乡后，～了一座山，带领大家种苹果｜老人把房子～给了几位年轻人。

足够 3级

zúgòu

v. be enough, suffice

［短语］～三个人吃｜～强大

［句子］你给我的钱～了，我花不了那么多｜其他的都不重要，只要全家人在一起就～了。

总是 △□☆	走 △□☆	走过 △□☆	走进 △□☆
走开 △□☆	走路 △□☆	租 △□☆	足够 △□☆

足球 3级

zúqiú
n. football, soccer

[短语] 喜欢～ | ～运动
[句子] 世界杯～比赛受到广大球迷的关注 | 这支来自西部地区的～队取得了全国中学生～比赛的金牌。

组 2级

zǔ
v. organize
n. group

[短语] ～队参赛 | 四人一～
[句子] “力”这个字能～什么词? | 这次演出活动中，技术～的作用非常重要。

组成 2级

zǔchéng
v. make up

[短语] ～工作小组 | ～家庭
[句子] 来自全国各地的 12 位先进工作者～了这个报告团 | 我们这个国际班由 20 名留学生～。

组合 3级

zǔhé
v. make up, combine

[短语] ～方法 | 重新～
[句子] 这个椅子不好装，我看了说明书才知道这两部分是怎么～起来的 | 他们三个人～成乐队以后，受到很多歌迷的欢迎。

组长 2级

zǔzhǎng
n. group leader

[短语] 体育～ | 选～
[句子] 谁是你们的～? | ～的责任是带领全体成员按照要求完成任务。

嘴 2级

zuǐ
n. mouth; what is said, words

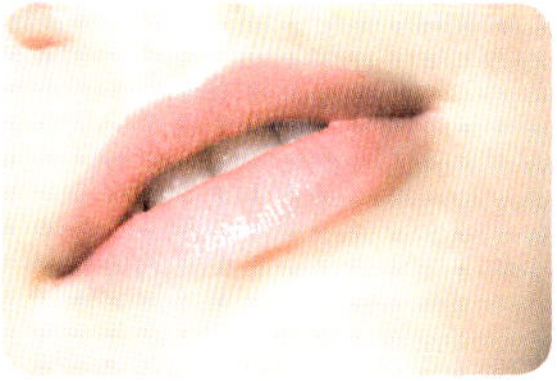

[短语] 张～ | 住～
[句子] 她看着我，～里好像要说些什么，最后却什么也没说 | 你怎么这么多～? 别总是在外面乱讲话。

最 1级

zuì
adv. most

[短语] ～多 | ～小
[句子] 在我家，爸爸个子～高 | 春节是中华民族～重要的传统节日。

最好 1级

zuìhǎo
adv. had better

[短语] ～别来 | ～八点前到
[句子] 坐公交车太慢了，你～打车去 | 这种商品非常受欢迎，您～多买两个。

Z

足球 △ □ ☆　组 △ □ ☆　组成 △ □ ☆　组合 △ □ ☆
组长 △ □ ☆　嘴 △ □ ☆　最 △ □ ☆　最好 △ □ ☆

最后 1级

zuìhòu

n. the last

［短语］～一块｜～的机会

［句子］她学习非常努力，每天都～一个离开图书馆｜第八节课是今天～一节课，也是我退休前给你们讲的～一次课。

最近 2级

zuìjìn

n. recent time

［短语］～几天｜～的生活

［句子］～一直下雨，洗的衣服总也干不了｜～公布的数据说明，我市经济的增长主要来自旅游业。

昨天 1级

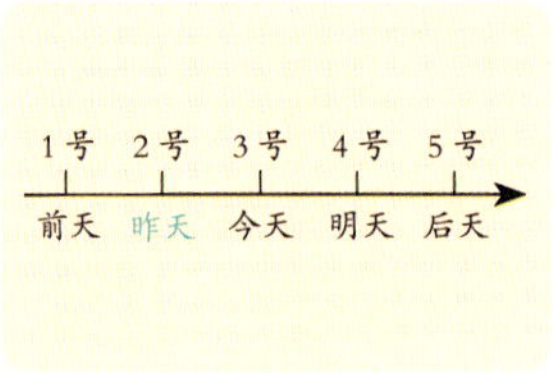

zuótiān

n. yesterday

［短语］～晚上｜～的天气

［句子］你～干什么去了？我给你打了一天电话你也不接｜～收到了你的邮件，我们会按照要求尽快办理。

左 1级

zuǒ

n. the left

［短语］靠～走｜～前方

［句子］昨天跳舞的时候，我的～脚受伤了｜进入大门，向～转是实验楼，向右转是教学楼，向前一直走就是体育馆。

左边 1级

zuǒbian

n. the left (side)

［短语］在～｜～的房子

［句子］这张照片里，我的～是王老师，右边是我的好朋友小红｜在我们国家，车辆和行人都靠右行走，所以过马路时要先看看～。

左右 3级

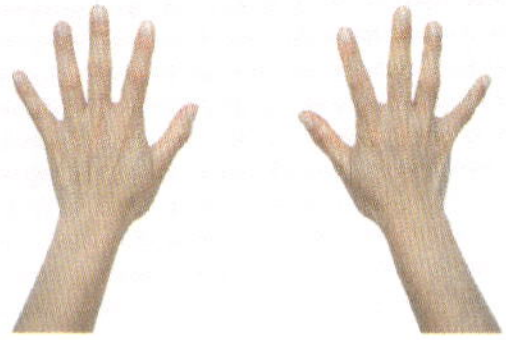

zuǒyòu

n. left and right sides; (used after a number) or so

v. master

［短语］～手｜十分钟～｜被人～

［句子］路上车太多了，前后～都是车｜我可能下午五点～到你家｜他决定要做的事情，谁也～不了。

Z

作家 2级

zuòjiā

n. writer

［短语］有名的～｜几位～

［句子］他不光是～，还是教育家、思想家｜他是一位伟大的～，一生创作了很多文学作品。

作品 3级

zuòpǐn

n. works

［短语］艺术～｜电影～

［句子］你更喜欢哪个～？｜这位歌手的音乐～在全世界都很流行。

最后	△□☆	最近	△□☆	昨天	△□☆	左	△□☆
左边	△□☆	左右	△□☆	作家	△□☆	作品	△□☆

作文 2级

zuòwén
n. composition

［短语］一篇～｜小学生～
［句子］老师说你写得好，可以把你的～给我看看吗？｜～要写在～本上，不要写在白纸上。

作业 2级

zuòyè
n. school assignment

［短语］中文～｜完成～
［句子］今天的～不多，我半个小时就写完了｜课本上的练习是课堂～，练习册上的题目是家庭～。

作用 2级

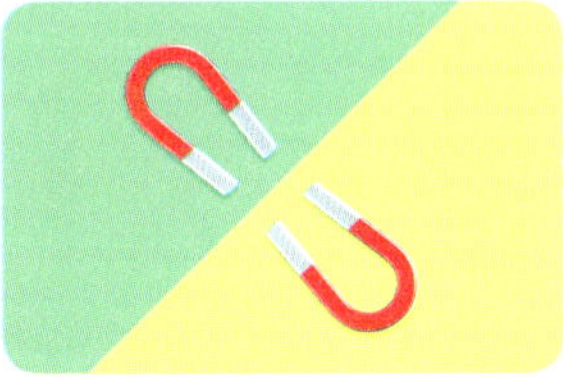

zuòyòng
n. effect

［短语］～明显｜产生～
［句子］我的话对他没有任何～，我说什么他都不听｜广大青年在科技创新中起着重要～。

作者 3级

zuòzhě
n. author

［短语］青年～｜两位～
［句子］这本故事书的～是一个可爱的小朋友｜～希望有机会听到读者的声音。

坐 1级

zuò
v. sit; travel by

［短语］～不住｜～公共汽车
［句子］这张桌子只能～四个人，建议您买一张大点儿的桌子｜～火车去北京比开车快，一个多小时就到了。

坐下 1级

zuòxia
sit down

［短语］先～｜可以～
［句子］咱们～喝杯茶，慢慢说｜这间教室能～一百多人。

座 2级

zuò
m. used for large, immovable things

语言积累

一座高山　一座水库
一座大楼　一座城堡
一座小桥　一座孤岛

［短语］一～工厂｜一～城市
［句子］前面这～楼就是电视台办公大楼｜我们学校建在一～大山上。

座位 2级

zuò · wèi
n. seat

［短语］找～｜占～
［句子］这个剧场一共有两千多个～｜你帮我看看教室里还有没有空～。

Z

作文	△ □ ☆	作业	△ □ ☆	作用	△ □ ☆	作者	△ □ ☆
坐	△ □ ☆	坐下	△ □ ☆	座	△ □ ☆	座位	△ □ ☆

做 1级

zuò
v. make; do; become; serve as

[短语] ~菜 | ~报告 | ~母亲 | ~教室用
[句子] 弟弟用木头~了一辆汽车 | 说得好不如~得好 | 她从小就有~医生的愿望 | 这个房间可以用来~我的办公室。

做到 2级

zuòdào
achieve

[短语] 很难~ | 努力~最好
[句子] 她在三天内就完成了这个任务，你能~吗? | 说到必须~，这是双方合作的基本原则。

做法 2级

zuò · fǎ
n. a way of doing or making sth.; method of work

[短语] 面包的~ | 不同的~
[句子] 接下来，我向大家介绍一下这道菜的~ | 你们处理这件事的~不错，想一想还有没有更好的~。

做饭 2级

zuò//fàn
cook

[短语] 给父母~ | 做什么饭
[句子] 我不太会~，经常点外卖 | 妈妈做的饭，有世界上最美好的味道。

做客 3级

zuò//kè
be a visitor

[短语] 在中国~ | 做过客
[句子] 欢迎来我家~ | 我们虽然去他家做过一次客，但并不是很熟。

做 △ □ ☆　做到 △ □ ☆　做法 △ □ ☆　做饭 △ □ ☆
做客 △ □ ☆

主要参考文献

1. 北京语言文化大学汉语水平考试中心. 汉语 8000 词词典 [M]. 北京：北京语言文化大学出版社，2000.
2. 杨寄洲，贾永芬. 1700 对近义词语用法对比 [M]. 北京：北京语言大学出版社，2005.
3. 赵新，李英. 商务馆学汉语近义词词典 [M]. 北京：商务印书馆，2009.
4. 吕叔湘. 现代汉语八百词 增订本 [M]. 北京：商务印书馆，2010.
5. 牛津大学出版社，外语教学与研究出版社. 牛津 · 外研社英汉汉英词典 [M]. 北京：外语教学与研究出版社，2010.
6. 商务印书馆辞书研究中心. 现代汉语学习词典 [M]. 北京：商务印书馆，2010.
7. 商务印书馆辞书研究中心. 新华词典 第 4 版 [M]. 北京：商务印书馆，2013.
8. 中国社会科学院语言研究所词典编辑室. 现代汉语词典 第 7 版 [M]. 北京：商务印书馆，2016.
9. 潘绍中. 新时代汉英大词典 第 2 版 缩印本 [M]. 北京：商务印书馆，2017.
10. 教育部中外语言交流合作中心. 国际中文教育中文水平等级标准 [M]. 北京：北京语言大学出版社，2021.
11. 教育部中外语言交流合作中心 . 国际中文教育中文水平等级标准（英文版）[M]. 上海：上海外语教育出版社，2022.
12. 李行健，张世平，李佩泽等. 国际中文学习词典（初阶）[M]. 北京：人民教育出版社，2022.
13. 李行健，张世平，李佩泽等. 国际中文学习词典（中阶）[M]. 北京：人民教育出版社，2024.